왜 사전투표가 승부를 갈랐나?

조원룡·한성천 지음

도서출판 광화

추천사 - 민계식 〔선진사회만들기연대〕 이사장

〔국민주권회복운동본부〕 상임대표 조원룡 변호사가 제21대 총선거가 '총체적 부정선거'라고 주장하는 저서 『왜 사전투표가 승부를 갈랐나?』를 발간하였습니다.

조 변호사는 본인이 이번 '4.15총선거'에 미래통합당 황교안 대표를 독려하기 위해 종로구에 출마하였다가 사퇴한 전력이 있다는 인연을 들어, 본인에게 추천사를 의뢰하였습니다.

'4.15총선이 부정선거'라는 주장은 참패한 우파의 자기반성이 우선되어야만 차기 대선에서 정권탈환이 가능하다는 우파 일각의 주장과 아울러, 수만 명의 선거종사원과 선관위 공무원들의 눈을 속이면서 어떻게 부정선거를 저지를 수 있었겠느냐는 반론에 비추어볼 때, 이성적인 조 변호사가 어떻게 해서 그런 주장을 하게 되었나 궁금하기도 하고 걱정되기도 했던 것이 사실입니다.

그런데 조 변호사가 보내준 원고를 읽다 보니, 부정선거의 증거로 충분하다는 생각을 하게 되었습니다.

아울러, 부정선거라고 주장하는 것은 자유민주주의 국가에서 반드시 보호되어야 할 절차적 권리입니다. 그럼에도 불구하고 민경욱 의원 등이 선거무효소송의 증거보전 절차에서 투표지와 같은 아날로그 증거는 증거보전 신청을 받아들였으나, 개표분류기나 컴퓨터 서버와 같은 디지털 증거의 보전신청은 받아들이지 않았습니다. 디지털 조작 여부 확인이 중요합니다.

주요 언론조차 디지털 증거의 중요성에 대해서는 귀머거리 행세를 하고 있습니다. 총선거에서 참패한 야당이 주관하여 부정선거 규명활동을 해야 하는 것이 당연하나, 불행하게도 그렇지 못한 상황이므로 시민들이 들고일어나 의혹을 제기할 수밖에 없습니다. 판사가 직접 참석한 선거무효소송 증거보전 집행에 대해 선관위가 매우 불성실하게 응하는 것을 보면서, 부정선거가 이루어졌다는 상당한 의구심을 떨쳐버릴 수가 없습니다.

그리고 사전투표에 명백하게 불법적인 QR코드를 사용하였다는 사실은 적어도 선관위의 선거관리가 매우 허술하고 부실했다는 결정적인 근거가 되는데, 이것이 단순한 실수가 아니라 의도적인 것이라는 생각도 들었습니다.

저들은 자신들의 범죄가 드러날까 봐 전전긍긍하면서, 그들의 2중대인 이준석과 하태경을 내세워 선관위의 태도를 대신 해명하도록 하여 우파 내부에서 갈등을 유발하고 있습니다. 이러한 상황에서 최대의 피해자라고 할 수 있는 미래통합당의 총괄선거대책위원장이었고 현재 비상대책위원장을 맡고 있는 김종인이, 이에 대해 일언반구도 없는 것은 정말 상식적으로 납득하기 어려운 일입니다.

더욱 충격적인 것은 QR코드는 중국 공안이 인민통제용으로 즐겨 사용하는 것으로 알려져 있는데, 이것을 사전투표용지에 사용한 것은 부정선거를 획책하였다고 의심하기에 충분한 것입니다. 따라서 시중에는 '투표는 한국인, 개표는 중국인, 조작은 선관위'라는 말들이 회자되고 있습니다.

더구나 부정선거에 사용된 것으로 의심을 받고 있는 전자개표기에 대하여 제3자의 지위에 있는 독립기구를 구성하여 객관적으로 검증하는 것이 아니라, 중앙선관위에서 자체적 시연회를 열어 자체적으로 해명하는 것은 부정선거에 대한 증거인멸이라는 의혹을 새로이 일으키고 있습니다.

특히 이 책은 부정선거가 일어난 메커니즘을 너무나 생생하게 서술하고 있어, 과연 부정선거가 일어났는지를 궁금해 하는 독자가 있다면 충분한 해답을 줄 수 있으리라 생각합니다. 독자 여러분들께서 자신의 주권을 지키기를 원하신다면, 이 책의 내용을 일독하셔서 북한이나 중공의 해킹이나 공작에 의한 망국의 선거조작이 아닌지 여부도 함께 검토해 주시기 바랍니다.

감사합니다.

—

추천사 - 김석우 전 통일부차관

4.15총선이 끝난 지 한 달 반이 지났는데도 부정선거 의혹이 가라앉지 않는다. 오히려 불어나고 있다. 선거 패배세력의 반발이라고 하기에는 부정선거 냄새가 너무 독하기 때문이다. 중앙선거관리위원회 같은 혐의자들은 냄새를 덮는 데 열중하고 있다.

초기엔 일부 보수 논객까지 "투개표 참여자 수만 명을 감쪽같이 속일 수 없다."고 거들었다. 선거 패배로 지리멸렬한 미래통합당은 좌파 정권의 2중대 역할로 기어가려 한다. 부정선거 문제에 앞장서지 못하고 시민단체의 투쟁에 기대려고 한다. 이러한 상황에서 시의 적절하게, 지난 5월 16일부터 서초역 7번 출구 인근 서울중앙지검 앞에서 매주 토요일 오후 2시부터 '4.15총선 진실규명 촉구대회'를 주관하고 있는 〔국민주권회복운동본부〕의 상임대표 조원룡 변호사가 중앙선관위 전 노조위원장 한성천과 공저로 제21대 총선거가 총체적 부정선거였다는 내용의 『왜 사전투표가 승부를 갈랐나?』라는 책을 펴냈다.

아날로그 시대라면, 대명천지에 선거부정을 저지를 수 없다는 생각은 통할 수도 있다. 그러나 지금은 디지털 시대다. 이미 드루킹 여론조작 사건에서 악당들은 킹크랩 같은 기계적 수법의 디지털 범죄로 여론을 조작했고, 선거에 결정적 영향을 주었다. 이처럼 선량한 시민은 상상도 못 할 수법의 디지털 범죄에 관해, 조원룡 변호사는 『드루킹의 따거』라는 저술에서 선도적으로 밝힌 바 있다.

지금 너무나 많은 부정선거 의혹이 계속 쏟아져 나오고 있다. 그런데 핵심은 사전투표와 디지털 조작에 있다. 사전투표 후 개표까지의 4~5일 간은 투표지 관리를 어떻게 하는지, 국민적 감시가 어려운 사각지대다. 당일투표보다 사전투표에서 여당 후보가 수학적 계산처럼 일정하게 많은 표를 얻은 결과는 부정선거 의혹을 제기하기에 충분한 근거임을, 이 책은 적확하게 잘 지적하고 있다.

또한, 【공직선거법】 제151조에 "사전투표용지에 일련번호는 막대형 바코드 형태로 표시해야 한다."고 규정했음에도 선관위는 QR코드로 인쇄하였다. 이에는 수많은 정보가 담길 수 있고, 투표자의 투표내용까지 확인할 수 있다는 점에서는 비밀투표의 원칙을 어기는 것이다. 그 자체가 법 위반이다. "국회에서 법 개정을 해주지 않아서 QR코드를 썼다."는 해명은 선관위가 국회보다 상위기관이라고 억지를 부리는 것이다. 조원룡 변호사는 이 점을 간파하여, 이미 지난 4월 20일 이를 부각시켜 대검찰청에 가장 먼저 고발장을 접수시킨 바 있다.

개표가 빠르다고 해서 좋은 것이 아니다. 보통 사람이 육안으로 식별하기 어려운 전자기기로 개표하는 것은 인간의 인지능력의 한계 때문에, 마술사에게 속는 결과를 가져온다. 그러기에 우리보다 앞선 선진국들도 전자개표를 금지하고 있다. 독일 헌법재판소의 2009년 5월 10일 판결이 좋은 예다. 보통 사람이 확인하기 어려운 전자개표를 위헌으로 판정하였다.

한국의 전자개표기를 수입해 간 필리핀·이라크와 같은 나라에서 사용이 금지되었다. 2018년 9월 10일 당시 유엔주재 미국대사 니키 헤일리는 안보리 발언에서 콩고 대통령 선거에 한국산 전자투표기 사용을 포기하라고 경고했다. 이라크와 콩고에 장비를 납품한 미루시스템이 콩고 정치인들의 비자금 조성에 연루되었다. 이번 4.15총선에서도 미루시스템의 전자개표기가 사용되었다.

그럼에도 불구하고 선관위는 증거를 숨기려는 의도가 역력하다. 시민이 분노를 표시하지 않으면 깔아뭉개고 넘어가려는 심산인 것 같다. 검찰청 앞의 '검은 우산' 청년·여성들 토요집회가 점점 확산되고 있다. 나라를 지켜낼 희망이다. 조원룡 변호사는 〔국민주권회복운동본부〕의 상임대표로 청년들과 함께 이 집회를 이끌어 나가고 있다. 공병호 박사가 "이번 총선은 인류 역사상 가장 조직적이고 대규모로 조작했을 가능성이 농후하다."고 지적한 것처럼, 이 책을 읽는 독자들은 60년 전 3.15 부정선거보다 더 심각한 결과를 대비해야 한다는 사실을 발견하게 될 것이다.

그들이 '긴급생활지원금'이라는 당근으로 우리 국민을 위하는 척 선전하고 있는 이 때, 이 책이야말로 우리에게 점점 다가오는 디지털 독재를 깨닫게 해줄 좋은 교사의 역할을 할 책이라고 생각되어 독자 제현의 일독을 추천하는 바이다.

—

추천사 - 김주성 전 한국교원대학교 총장

4.15총선은 많은 부정선거 의혹을 낳고 있다. 통계학적으로 이해할 수 없는 득표유형이 부지기수인 데다가, 불법적인 QR코드가 이용되었으며 전자개표기에 무선 랜카드가 설치되었기 때문이다. 국민들은 이제 디지털 선거조작에 대한 합리적 의심을 풀고자 거리로 나오고 있다.

디지털 해킹을 통한 선거조작에 대한 의심과 우려는 우리나라에서만 일어나는 현상이 아니다. 이미 여러 나라에서 제기되어 왔고, 미국에서는 올 11월에 치러질 대선에 대한 디지털 해킹 우려가 벌써부터 뜨겁게 달아오르고 있다.

아날로그 시대와 달리, 디지털 시대의 부정선거 방법은 보통사람들이 이해하기도 어렵고 확인하기도 어렵다. 그래서 독일헌법재판소는 "컴퓨터로 진행된 투표와 개표는 위헌"이라고 판결하였다. 디지털 시대의 국민주권을 지키기 위한 고육지책이었던 셈이다.

이제 우리나라에서도 국민의 선거주권을 지키기 위한 시민운동과 선거개혁이 필요한 시점이다. 조원룡 변호사가 때 맞추어 펴낸 저서는 이러한 시대적 고민을 풍부하게 담아내고 있다. 디지털 시대의 정치적 삶을 살아갈 많은 젊은이들이 깊이 살펴보길 바란다.

—

추천사 – 심하보 은평제일교회 담임목사

중국발 코로나 바이러스로 전 세계가 몸살을 앓고 있습니다. 특히 대한민국은 중국 사람들의 입국을 막는 골든타임을 놓쳐 엄청난 피해를 입었으나, 대구 '신천지' 집단의 우한 코로나 바이러스 집단감염으로 인해 사이비 '신천지' 집단의 실체를 알리는 계기가 된 것이 득이라면 득일 수 있었습니다.

사실 우리나라의 주요 정치사에 이단이 미치는 영향은 지대했는데, 그 대표적 사건이 유병언의 '구원파'와 이만희의 '신천지' 집단입니다. 사이비 이단들은 정치권과 매우 밀접하게 관련되어 있습니다. 바로 자신들의 치부와 위선을 감추기 위해 정치권력에 접근하고, 정치권력은 자신의 편익을 위해 이런 집단을 활용할 수 있기 때문일 것입니다.

'대한민국호'를 이끌 선원을 선발하는 과정인 4.15총선이 이러한 이단들과의 영적인 교류를 통해 사탄의 궤계를 실행하려는 외부의 개입으로, 완전히 부정선거로 얼룩져 있음을 의심하지 않을 수 없습니다. 이대로 간다면 대한민국은 영적인 타락과 함께 심해저(深海底)와 같은 '스올'로 침몰할 수밖에 없겠다는 생각이 듭니다. 이즈음에 우리 대한민국을 뒤흔들고 있는 북한과 중국의 디지털과 아날로그 방식이 총체적으로 동원된 부정선거의 실체에 대하여, 이 책은 의심이 아닌 객관적 사실을 바탕으로 분석하고 있다고 볼 수 있습니다.

이 시대의 진정한 애국자 조원룡 변호사와 전 선관위 노조위원장 한성천, 두 분의 이론과 실무를 통한 땀이 섞여 만들어진 이 책 『왜 사전투표가 승부를 갈랐나?』는 아침에 떠오르는 태양과 같이 어둠을 몰아내는 서책이라고 생각합니다.

조원룡 변호사는 제가 시무하는 '은평제일교회'에 출석하는 성도입니다. 어려운 여건에도 불구하고 〔국민주권회복운동본부〕를 결성하여, 마치 십자가를 지는 심정으로 자유민주주의를 지키려는 운동을 시작하였습니다. 이들이 하려는 선한 운동에 하나님의 무한한 은총과 축복이 함께 하기를 주님의 이름으로 기도합니다.

우리 대한민국은 중국, 북한과 이웃하며 저들의 영향을 받지 않을 수 없습니다. 미국과 중국의 패권전쟁의 각축장이 되어 온 대한민국의 생존전략과 저들의 전략에 대해 정확히 알리는 책으로 추천합니다. 정치적으로, 법률적으로 분석하여 알리는 서책으로 적극 추천 드립니다.

—

추천사 – 이범찬 강원대학교 초빙교수 겸 〔공정연〕 공동대표

이 책의 저자 조원룡 변호사는 보통사람들과 다른 삶은 사는 사람인 것 같다. 서초동의 대다수 변호사들은 어떻게든 돈이 되는 사건을 많이 수임해 많은 돈을 벌어 가족과 함께 잘 먹고 잘 사는 삶을 추구한다. 또 일부는 정치적으로 성공해 입신양명하고자 한다. 그런데 변호사 조원룡은 부귀영화도 일신의 정치적 영달도 아니고, 오직 대의만을 쫓는 삶을 살고 있다. 불의를 보면 가슴의 불덩이가 치밀어 올라 참을 수 없다고 한다. 이 또한 하나님의 뜻이요 팔자가 아닌가 싶다.

많은 사람들은 정의가 뭔지도 알지만, 뭐가 자신에게 편한지도 알기 때문에 불의의 현장을 애써 외면한다. 인간 조원룡은 불의에 분노하고 정의에 강한 열망을 갖고 있다. 불의를 보고 눈감을 수 없다는 것이다. 국민들은 부정선거로 잠 못 자고 분노하고 있는데, 어찌 지성인으로 못 본 체할 수 있단 말인가 하고 되묻는다. 위선과 거짓이 판을 치는 이 시대는, 죽느냐 사느냐를 따지지 않고 목숨을 건 투사가 필요하다. 바로 조원룡 변호사가 그런 사람이다.

조 변호사는 4.15총선이 있기 18개월 전부터 문재인과 종북세력이 총선에서 사전투표를 조작할 것으로 예상하고, 〔공정선거국민연대〕를 만들어 공동대표로서 '사전투표 NO 당일투표 YES'라는 캐치프레이즈를 걸고 대국민 캠페인을 전개했다. 예상대로, 4.15총선에서 사전선거가 조작되었다는 정황이 드러나면서 의식 있는 국민들을 분노케 했다. 최근에는 4.15 부정선거에 항거하는 젊은 청년들과 함께 〔국민주권회복운동본부〕을 이끌고 있다. 이번 부정선거를 밝히지 않으면 내일이 없다는 것이고, 이제 잃어버린 국민의 주권을 되찾아야 한다는 것이다.

일전에 나는 조 변호사한테 부정선거에 항거하는 블랙 젊은이들을 잘 지도해 진실이 거짓을 이긴다는 것을 보여줄 것을 부탁하면서, "표를 세는 자들이 아니라 표를 찍는 유권자들이 모든 것을 결정하는 세상을 만들자."는 캐치프레이즈를 건의한 적이 있다. 이는 전체주의 독재자 스탈린이 한, "표를 찍는 사람은 아무것도 결정하지 못한다. 표를 세는 사람이 모든 것을 결정한다."는 말을 뒤집어본 것이다. 이 땅에도 전체주의 독재자가 부상하는 것인가? 투표에서 이기고 개표에서 진다면 우리의 내일은 없다. 선거부정 의혹을 명명백백하게 밝히지 못하면, 2022년 대선의 희망은 없다.

4.15선거 부정 의혹을 파헤쳐 진실이 무엇인지를 밝혀달라는 것은 미래통합당을 찍은 41%의 지지자들의 엄중한 명령일 텐데, 당은 애써 눈을 감아버리고 있다. 어쩌면 큰 꿈을 꾸는 정치인에게는 절호의 찬스이기도 할 텐데, 도포자락 뒤에 숨어버린다. '21세기에 어떻게 선거조작을 한다는 말인가?'라는 확신과 선거 결과에 불복했다는 오점을 남

길까 봐 못 나서는 것인가? 선거 결과가 통계학적으로는 도저히 나올 수 없다는 의혹에 대해서는, 통합당이 당(黨) 차원에서 의혹이 있다고 하니 정권과 선관위 등의 명예와 신뢰 회복을 위해서라도 샘플로 확인해 보자고 할 수도 있을 것이다. 그리고 사전투표 제도의 많은 문제점을 확인했으니 다가오는 대선에서는 부재자 투표를 제외한 사전투표를 폐지하고, 컴퓨터가 아닌 수개표로 하는 방향으로 선거법 개정에라도 나서야 할 것이다.

정보통신기술이 급속히 발전해, 인터넷을 넘어 스마트 폰으로 전(全)세계가 초(超)연결되는 사회로 진화하고 있다. 세계는 총성 없는 정보전쟁이, 보이지 않지만 엄청나게 일어나고 있다. 2016년 러시아 정보기관이 미국의 대선에 개입한 것은 공공연한 비밀이다. 금년 미국 대선에는 러시아를 비롯해 중국과 북한도 트럼프를 떨어뜨리기 위해 개입할 것으로 전망된다. 4.15총선에 중국이 개입했다는 의혹도 점차 현실로 나타나고 있다. 우리의 적대국인 북한 김정은은 개입하지 않았을까? 이 정부는 4.15선거 조작 의혹이 진실로 밝혀지면 중국이나 북한이 했다고 핑계대지는 않을까? 진실은 주머니 속의 송곳과 같아, 반드시 옷을 뚫고 나와 거짓을 이길 것이다.

강호제현이여! 4.15총선과 중국, 그리고 북한 연계에 대해 의문을 갖고 계신다면 이 책을 일독해 주시길 강력히 추천합니다.

발간사

우리는 제3차 산업혁명이 이루어지던 20세기와는 너무도 다른, 제4차 산업혁명의 21세기에 살고 있습니다. 보통사람들은 현기증을 일으킬 정도로 정치문화가 급변하여, 자신의 정체성마저 혼란에 빠집니다. 즉, 정보화시대에 접어들면서 현실적으로 인간의 우월함과 연약함이 동시에 나타난 현상 때문에 초불확실성(hyper-uncertainity)의 시대가 열렸습니다. 독특한 각국의 정치 환경 아래서도 일일생활권이 된 지구촌 시대에, 21세기 정보화 네트워크가 전 세계를 하나의 망(網)으로 연결하고 있습니다. 그런데 한반도는 미·중 패권전쟁의 전략적 요충지입니다. 이러한 정보화시대에 대한민국은 직접민주주의의 장밋빛 가능성과 아울러, 조지 오웰의 소설 『1984』에서 언급된 빅 브라더(Big Brother)에 의해 국가는 기록을 조작하고 개인의 일거수일투족을 감시하며 언어와 사고를 통제하여 영구적인 집권을 획책한 것처럼, 결국 디지털 독재체제를 완성한 중공의 속국으로 전락할 가능성이 동시에 나타나고 있는 것입니다.

이러한 상황에서 치러진 4.15총선의 결과를 놓고, 일부 국민들이 부정선거에 대한 의혹을 제기하고 있습니다. '디시인사이드 우한갤러리'

라는 사이버 공간에서 '우붕'[1]이라는 필명의 한 논객이 '부정선거 의혹 제기'를 하자, 이에 대한 반박이 논쟁으로 발전했습니다. 이후 컴퓨터 관련 엔지니어인 〈바실리아TV〉의 죠수아가 중앙선관위 자료에 대한 분석을 했고, 이를 과감하게 수용하여 부정선거 관련 플랫폼 역할을 〈공병호TV〉가 수행하였습니다. 이를 이어 〈뉴스타운TV〉·〈가로세로연구소〉·〈신의한수〉·〈이봉규TV〉 등이 합력, 집단지성의 힘을 유감없이 발휘하며 부정선거로 인해 침탈된 국민주권의 회복운동을 벌이고 있습니다. 그 결과, 이번 총선에서 여당을 지지했던 젊은 층으로까지 점점 더 그 의혹이 확산되어 나가고 있습니다. 동시에, 박근혜 전 대통령의 탄핵에 반대하는 소위 태극기 세력들을 중심으로, 야당 지지자 일각에서 4.15총선은 박근혜 전 대통령의 탄핵사태와 똑같은 패턴으로 부정선거가 자행되었다고 가열차게 주장되고 있습니다. 이에 대해, 박근혜 전 대통령의 탄핵반대운동을 소위 '틀딱들의 주장'이라며 외면했던 젊은이들조차 부정선거에 관해서는 청·장·노년을 가릴 것 없이 한 목소리로 규탄하고 있습니다. 합리성과 공정성을 신봉하는 젊은 층은, 비록 여당을 지지했을지라도 만약 정부나 여당이 부정선거를 저질렀다면 이는 국민주권을 침해하는 불법이므로 용인할 수 없다는 태도입니다. 이로 인해 야당 지지자들 일부의 부정선거 의혹 주장에 관심을

---

1 우붕(牛棚)이란 소를 매어 넣은 외양간이라는 뜻으로, 중국의 문화혁명 때 홍위병들이 지식인들을 가두어 놓고 무릎을 꿇리고 따귀를 때리고 심지어 교화를 명분으로 강제노동을 시켰던 집단수용소를 의미한다. 10년 뒤 원상회복이 된 후, 중국의 원로학자 계선림(季羨林, 지센린)이 『우붕잡억』을 써서 이 시대의 광기를 비판하였다. 문화대혁명은 현대판 분서갱유라 할 만하다.

기울이는 국민들이 점점 늘어나 이미 범(凡)우파 진영에서는 부정선거가 있었다는 견해가 대세가 되었고, 젊은 층에서조차 우붕이[2]들을 중심으로 "중앙선관위 메인서버를 보존하라."는 시위에서 시작되어 "구리시 선관위는 증거인멸을 중단하라!"는 구호가 요원의 불길처럼 번져나가고 있습니다.

이미 사전투표 반대운동을 벌여왔던 필자는 투표일 바로 다음날인 4월 16일 〔공정선거국민연대〕 MT에서 〔공정연〕의 이름으로 "총체적인 부정선거를 규탄한다"는 대국민 성명서를 발표하였습니다. 그리고 선거 5일 후인 4월 20일, 오전 11시부터 대검찰청 앞에서 필자는 〔공정선거국민연대〕·자유당·〔국가원로회〕와 함께 '4.15총선 부정선거 규탄 기자회견'을 하였습니다. 곧이어 중앙선거관리위원회 사무총장과 전산국장·서울지방선거관리위원회와 인천지방선거관리위원회와 경기지방선거관리위원회 사무처장 5인을 피고발인으로 하여, 【공직선거법】 제151조 제6항에서 사전투표용지에 막대모양의 바코드를 사용하기로 명문으로 규정되어 있음에도 불구하고 중국 공안이 인민통제용으로 사용하는 QR코드가 찍혀 당연무효인 투표용지를 사용하여 중앙선거

2 이 용어는 '디시인사이드 우한갤러리'의 부정선거 의혹 최초 제기자의 필명 '우붕'이의 주장을 따르는 지지자들을 통칭하여 지칭하고 있다. 이들은 5월 5일 저녁 6시 반부터 약 8천여 명 중 2천여 명이 검은 우산에 검은 복장을 하고 과천 중앙선관위에 모여 밤늦게까지, 중앙선관위의 메인서버를 파기하거나 디가우징하지 말고 보존할 것을 요구하며 시위를 벌였다. 우붕이는 중국 문화대혁명의 탄압받은 지식인을 상징하는데, 디지털 독재에 대항하여 일어서 디지털 민주주의를 주장하는 자유시민을 지칭하는 용어로 그 의미가 확장되어 사용될 가능성이 매우 크다.

관리위원회 전산장치인 서버 등을 조작하는 등 불상의 방법으로 투표 방해죄·사위투표죄· 투표위조증감죄 등을 저지른 점을 규탄하고, 이러한 내용의 고발장[3]을 대검찰청에 제출하였습니다.

유럽에서 진행된 선거개혁운동은 시민의 권리를 보호하기 위한 양심적인 해커그룹과 보안전문가들의 목소리를 통해 진행되어 왔습니다. 대한민국에서도 '디시인사이드 우한갤러리' 우붕이의 문제 제기를 필두로 〈바실리아TV〉의 유튜버 조슈아의 조작 가능성 주장, 현직 고등학교 수학과정 학원강사가 운영하는 〈수학쨈〉이라는 유튜브 방송에서의 '모비율의 추정' 방식을 통한 통계학상 불가능성 주장 등이 4.15 총선이 부정선거였음을 증거하고 있습니다. 이에 더하여, 선거부정 연구의 세계 최고 권위자인 미국 미시간 대학의 정치학자 월터 미베인(Walter R. Mebane) 교수가 「대한민국 4.15총선이 사기」라는 최초 논문에 이어 후속으로 4차례 추가 발표하기도 했습니다. 또한, 한국인 어머니를 둔 벤자민 윌커슨은 IBM의 CPU 등 컴퓨터 설계자로 지내다가 10여 년 전 한국에 선교사로 파송되어 하나님을 전도하던 중, 구리시선관위에서 자신이 직접 찍은 사진으로 전자개표기에 의한 조작 가능성을 알리고 4.15부정선거의 '스모킹 건'을 밝혀냈습니다. 이처럼 국내외 양심적인 학자와 전문가들이 참여한 집단지성에 의해, 4.15총선은 부정선거가 자행되었음이 점점 더 명확하게 밝혀지고 있습니다.

---

3 이 고발장의 내용은 이 책의 말미에 〈첨부 1〉로 게재함.

공정한 선거제도를 준비하고 이에 관한 의혹을 해소하는 것은 투표시스템을 운영하는 국가, 특히 선거관리위원회가 담당해야 할 본연의 직무입니다. 그러한 공정선거의 책임을 맡고 있는 중앙선거관리위원회를 비롯한 각급 선거관리위원회는 선거의 부정을 방지하고, 민주정치의 발전에 기여할 책임을 맡은 최후의 보루 역할을 하여야 합니다. 따라서 불필요한 의혹을 사전에 차단할 수 있도록 선거시스템을 개선하는 것도 국가와 선관위의 몫이므로, 이를 해태하는 것은 일반직 공무원의 직무유기 차원을 넘어 국기를 문란하게 하는 중대한 범죄행위입니다.

그럼에도 불구하고 선관위는 민경욱 의원이 재검표 신청을 하면서 얻어낸 '증거보전처분결정'의 집행을 위한 자료 제출을 거부하였고, 사전투표에서 가장 필수적이고 중요한 '통합선거인명부'가 없다고 거짓말을 서슴지 않았습니다. 또한, 부정선거에 대한 공익제보를 받아 국회기자회견을 통해 발표한 내용을 밝히기는커녕, 이를 빌미로 선관위가 대검찰청에 고발하자 오히려 공익제보자와 민경욱 의원을 압수·수색하고 소환조사하는 등 국민들의 분노 게이지를 올리고 있습니다. 특히 QR코드가 삽입된 투표용지가 【공직선거법】 제151조 제6항에 위반하여 수차례 시정요구를 받았음에도 불구하고, 위법하여 당연무효인 투표용지를 강행하여 사용하였습니다. 더구나 각종 개표 결과에서 선거인수보다 투표수가 많은 선거구가 무려 40여 곳에 이르고, 아예 투표소 전체 집계수가 실종되는 사례마저 발생하였습니다. 더구나 미국이 중공의 위장업체로 백도어를 통해 해킹을 일삼는 화웨이 장비에 대해 수차례 주의할 것을 요청했음에도, 선관위가 부당입찰의 의혹을 무릅

쓰고 화웨이 장비를 가장 많이 사용하는 LG U+를 선거관리통신장비 업체로 긴급 입찰하면서도 자신의 잘못을 조달청 탓으로 돌리려 하고 있습니다.

이러한 행위는 '고양이에게 생선가게를 맡긴 것'처럼, 선관위가 앞장서서 불법을 자행한 의혹이 마치 화장실의 악취처럼 온 나라를 진동케 합니다.

이미 이러한 사실들은『중국 우한바이러스 이만희와 세월호 유병언』을 통해, 4.15총선에서 사전투표로써 총체적인 부정선거가 자행될 것이므로 이를 원천적으로 차단하기 위해서는 가능한 한 사전투표를 하지 않아야 함을 강조한 바 있습니다. '4.15부정선거'를 방치하면【헌법】제1조의 '국민주권'이 형해화됩니다. 이 상태에서 7월 초 제21대 국회의 원(院)구성을 마치면, 문재인 정부는 공수처를 앞세워 검찰과 법원을 무력화시킨 후 급속도로 중공식 공안통치를 실시할 것입니다. 이러한 공안통치와 아울러, 스마트시티를 빙자한 디지털 독재사회가 도래할 것이기에 이 책을 서둘러 내고자 합니다.

이 책이 나오기까지 각종 자료의 사용을 허락해 주신 박주현 변호사님께 감사드립니다. 또한 '왜 사전투표가 승부를 갈랐나?'라는 부분의 작성에 결정적인 도움을 주신 건국대병원 두경부외과 과장 이용식 교수님께도 무한한 감사를 드립니다. 아울러 이 책의 발간에 불철주야 노력을 아끼지 않으신 [도서출판 광화]의 편집장 이하 식구들에게 깊은 감사를 드리며, 독자 제현들께서 일독하시고 널리 전파해서 이 나라의 국민주권을 수호해 주시기를 정중히 부탁드립니다.

2020년 5월 3일 새벽

국민주권회복을 위해 투쟁하는 조원룡

—

프롤로그

중국에서 발생한 코로나 바이러스가 아직도 진행중이다. 코로나 바이러스 확산 방지를 이유로, 국민주권 행사의 성스러운 축제인 제21대 총선이 '제2의 3.15부정선거'라는 의혹이 전국 방방곡곡에서 터져 나오고 있다. 마치 이러한 사태를 예견하기라도 하듯이, 베스트셀러 『폭정(On Tyranny)』의 저자이며 예일대 사학과 교수인 티머시 스나이더[4]는 2020년 5월 1일 〈조선일보〉와의 화상 인터뷰에서 "코로나 바이러스에 대한 막연한 불안은 전체주의 정권을 자라게 할 자양분이 될 위험성이 있습니다. '코로나가 무서우니 지금까지 지켜온 원칙은 일단 접어두어도 되고, 정부가 무엇을 해도 받아들이겠다'는 자세가 전체주의의 문을 열 수 있음을 명심하십시오."라고 했다. 『폭정』에서 자유와 진실의 가치를 분명하게 강조했던 그는 "위기상황인 지금이야말로 공포가 아닌, 정확한 사실에 근거한 냉철한 판단이 중요하다."고 했다. 그리고 "코로나라는 위기는 정부가 해결해야 할 문제일 뿐, 정부가 무엇을 해도 기회

---

4 그는 미국 오하이오주 출신으로 중유럽·동유럽 및 홀로코스트를 주로 연구해 온 역사학자다. 브라운대를 졸업하고 영국 옥스퍼드대에서 박사학위를 받았다. 두 차례 세계대전과 홀로코스트·전체주의 출현의 과정 등을 다룬 『피의 땅』, 『20세기를 생각한다』 등의 책을 썼다. 20세기 역사를 토대로, 전체주의 확산을 막기 위한 시민지침 20개를 담은 2017년의 책 『폭정: 20세기의 스무 가지 교훈』은 세계적인 베스트셀러다.

가 아니”라며, “자유의 가치를 믿는 국민이라면 심호흡 한번 하고 침착하게 판단해야 한다.”고 말했다. 우리에게 닥친 코로나를 계기로 전체주의가 확산될 위험에 대하여 “거대한 위기는 일반적으로 전체주의를 지향하는 지도자들에게 유리한 기회를 제공한다. 단적으로 그 어느 때보다 쉽게 ‘우리’와 ‘저들’을 나누고, ‘저들’을 공공의 적으로 만들어버릴 수 있지 않나. 전체주의 정권이 즐겨 쓰는 전형적인 도구다. 방역을 이유로 시민에 대한 감시체제를 강화하기도 용이하다. 여기에 미국·유럽에서의 방역 실패를 들어 ‘자유민주주의는 위기에 취약하다’는 메시지를 설파하려는 자들까지 보인다는 점은 우려스럽다.”고 했다. 그러면서 “전체주의를 막기 위해 명심해야 할 사안들 중 특히 코로나 위기에 더 적용해야 할 두 가지가 ‘진실을 믿어라’, 그리고 ‘상상할 수 없는 일이 벌어지더라도 침착하라’라면서 누군가 의견이나 주장을 내세워 프로파간다를 설파하려고 한다면 듣지 않는 편이 좋다.”고 했다.

정보화 시대가 도래하면서 좌파·우파의 양분법이 희미해짐으로써, 전통적 의미의 보수·진보가 어려움을 겪게 되어 포퓰리스트인가 아닌가라는 구도가 더 명확하게 형성되었다. (인터넷 등) 지금의 환경은 포퓰리스트에게 훨씬 유리하다. 그는 이러한 현상에 대해 “나는 현재 상황이 ‘진실의 위기’에 가깝다고 말하고 싶다. 진실이 무너지는 시대에 보수는, 역(逆)으로 사실과 현실을 부각함으로써 그 가치를 다시 세워야 한다.…정적을 욕하는 전략만으로 지지받기는 어렵다. 나는 냉철하게 현실과 사실을 직시하고 조심스럽게 실용적인 해법을 도출해 가던 보수의 정신이 그립다.”고 말했다. 이러한 그의 조언을 받아들인다면, 우리는 '제2의 3.15부정선거'에 대한 차고 넘치는 증거에 대해 더 이상 참아서는 안 된다.

그런데 자칭 '우파'라고 지칭해 온 일부 유튜버와 논객은 물론이고 미래통합당의 하태경 의원과 청년최고위원 이준석이 앞장서서, 4.15총선의 부정선거 주장에 대해 "근거 없는 선거 불복이나 부정선거라는 주장은 오히려 자신의 탓을 남으로 돌려, 우파 진영의 철저한 반성을 바탕으로 발전해 나가 대선의 승리를 쟁취해야 하는 우파의 집권을 방해한다."는 논리로 사전투표가 조작된 부정선거라는 주장을 터무니없는 '음모론'이라고 몰아붙이고 있다. 이들은 마치, 축구경기 중에 심판의 애매한 편파적 판정에 항의하면서 VAR 판독을 요청한 자기 팀 감독에게 판정이 정당하다며 항의하는 것과 같이 어처구니없는 행동을 하고 있다. 하물며 조직적으로 부정선거를 저지른 문재인정부와 더불어민주당은 '강 건너 불 보듯이' 느긋하게, 이들의 활약을 감상하고 있다. 자기 재산을 도둑질이나 강도당하면 악착같이 찾으려고 수사기관에 신고하는 국민들과 미래통합당의 낙선자들이 재산권과 자유권 등 모든 권리의 근원인 주권(主權)을 도둑맞고도 잠자코 있는 행태를 과연 어떻게 이해하여야 할까?

정보화 사회에서 너무나 교묘한 방법으로 벌어진 선거부정 때문에 자신의 주권을 도둑맞았는지조차 깨닫지 못하는 우리가 안타까워, 우리들을 향해 태평양 건너편 우리의 우방인 미국 대통령 트럼프(Donald J. Trump)가 자신의 트윗에서 "Don't allow RIGGED

ELECTIONS!(조작된 선거를 용납하지 말라!)"라는 내용을 날렸다. 이것은 미국의 우방인 우리나라의 4.15총선이 부정선거였음을 널리 알려, 한국의 국민들이 4.15부정선거에 대하여 철저하게 싸우도록 분발을 촉구하는 것이다. 그럼에도 불구하고 4.15총선이 끝난 지 약 한 달이 지나도록, 최대 피해자인 미래통합당은 민경욱 의원과 대전지역 출마자들을 제외하고는 당 차원에서 부정선거에 조직적으로 대응하지 못하고 우왕좌왕하면서 지리멸렬한 모습을 보이고 있다.

국민들 사이에서는 4.15총선에 대한 부정선거 논란이 뜨겁다. 그러나 이번 부정선거 주장은 과거와 같은 아날로그가 아닌 디지털 방식이라서, 이를 이해하지 못하는 미래통합당에서는 디지털 전문가라 자처하는 이준석 청년최고위원이 트로이목마와 같은 역할을 하고 있어 더 문제가 되고 있다. 이에 반해 부정선거를 방지하기 위하여 약 1년 동안 사전투표 반대운동을 펼쳐왔던 필자가 공동대표인 〔공정선거국민연대(공정연)〕가 선거 다음날인 4월 16일에 즉각 총체적인 불법선거에 대한 대국민 성명서를 발표하고, 4월 20일에 자유당·〔국가원로회〕와 함께 중앙선관위 사무총장과 중앙선관위 전산국장 외 3인을 피고발인으로 하는 고발장을 대검찰청에 제출하였다. 곧이어 4월 24일부터 대검찰청의 조속한 수사를 촉구하는 '4.15부정선거 국민불복종 인간띠 잇기 운동(일명, white cap movement)'을 약 20일 간 펼친 데 이어, 〔국민주권회복운동본부〕를 결성하여 토요일 주말집회를 개최하는 등 전방위적으로 4.15부정선거 폭로운동을 벌이고 있다.

이 책은 이 운동을 위해, 남녀노소 가릴 것 없이 북 콘서트 등 다양한 활동에 쓰일 교재로 준비된 셈이다. 동시에, 이 책의 판매 수익금은 전적으로 부정선거를 알리는 활동과 〔국민주권회복운동본부〕의 활동에 쓰일 것이다. 볼리비아에서는 표갈이로 의심되는 부정선거로 당선된 모랄레스 대통령이, 트럼프의 지지로 국제조사단이 파견되어 작성한 「OAS(Organization of American State)의 보고서」 때문에 하야하고 해외로 도망을 갔다. 따라서 이 책이, 볼리비아처럼 한국에서 그런 보고서 역할을 하게 되어 우리가 향유하고 있는 자유의 원천인 국민주권을 지켜내는 데에, 그리고 민주주의의 꽃인 선거가 정의를 회복하는 데에 길잡이가 되기를 간절히 소망한다.

| 목차 |

| 제1부 |

국민주권의 실현을 위협하는 디지털 독재

| 제1부 |

국민주권의 실현을 위협하는 디지털 독재

1. 공화정과 국민주권주의

우리나라 【헌법】 제1조 제1항은 "대한민국은 민주공화국이다."라고 천명하고 있다. 여기서 '공화국'이란 정부형태를 의미한다. 즉, 왕이 통치자인 왕정의 형태가 아닌 정부형태를 '공화정(共和政)'이라 한다.

공화정은 고대 그리스와 로마의 '원로원'과 같은 과두정 형태의 귀족정치에 연원을 두고 있으나, 근대적인 의미의 공화정은 1776년 미국의 독립과 1787~1799년에 걸쳐 발생한 프랑스대혁명을 거치면서 발전하여 '헌법에 따라 정기적으로 정치적 지도자가 바뀌는 체제'를 뜻하게 되었다.

문재인을 위시한 주사파 독재정부에 의하여 공화정 또는 공화제 자체가 흔들리는 정치상황에 비추어 공화정의 정의와 어원 및 발전과정과 그 종류, 동아시아 국가의 공화정 수용과정과 국민주권주의에 대하여 살펴보자.

가. 공화정의 정의와 어원 및 발전과정[1]

근대적 의미의 공화정은 형식적으로나 실제적으로 주권이 국민에게 있고, 입헌제를 기반으로 국민이 정치적 의사결정에 법적 차별 없이 평등하게 참여하는 정치체제를 말한다. '공화제'라고도 하며, 이를 주장 내지 실천하려는 이념을 공화주의라고 한다. 영어로 공화정을 뜻하는 'republic'은 '공공의 일' 또는 '공공의 재산'을 의미하는 라틴어 'res publica'에서 유래한 것이다.

공화정은 고대 그리스·로마에서 비롯되었다. 그리스의 도시국가들이 폭군과 전제정치에 대항하고, 또 로마에서 황제권을 축출하는 과정을 통하여 공화정이 처음 나타났다. 중세기 그리스도교의 속박에서 벗어나 그리스·로마 시대의 자유롭고 풍부한 인간성을 되찾고, 개인의 존중과 개성의 해방 등을 주장하는 르네상스를 맞으면서 공화정에 대한 관심이 되살아났다. 마키아벨리는 공화정을 군주제를 반대하는 정치체제로 파악했고, 종교 개혁가들도 교회에 대한 국가 기능의 약화를 주장하면서 공화주의 내지 공화정의 이념을 발전시켰다. 르네상스기를 통해 발전된 공화주의 이념은 17세기 중반 청교도혁명에 뒤이어 영국과 네덜란드에 공화정을 성립시키기도 했으나, 이것은 존속기간도 짧았고 귀족정치적 공화제에 지나지 않았다.

오늘날과 같이 영속성을 가진 국가형태 또는 정치체제로서 공화정이 등장한 것은 1776년 미국의 독립선언과 독립전쟁, 1789년의 프랑스

---

1 가, 나, 다, 라 항의 내용은 '다음백과'를 참조하여 작성하였다.

혁명, 1917년의 러시아혁명을 통해서였다. 이처럼, 공화정은 혈통적으로 세습된 주권자 1인이 국가권력의 행사를 독점하던 군주제를 부정하는 역사적 과정에서 확립되었다. 영국이나 일본은 세습군주가 존재하지만 주권이 국민에게 있기 때문에, 입헌군주제도 공화제로 규정할 수 있다.

나. 공화정의 종류

학자들에 따라서 차이는 있지만, 공화정은 통상 민주적·귀족적·과두적인 것의 세 가지로 분류하거나 단일국가적인 것과 연방적인 것의 두 가지로 구분하며, 혹은 의회공화제와 소비에트공화제로 나누기도 한다. 고대 그리스·스위스·미국·프랑스 등은 민주제적 공화국, 고대 로마는 군인과 귀족에 의한 귀족제적 공화국, 중세 이탈리아의 베네치아는 상인 귀족에 의한 과두제적 공화국으로 분류된다. 그리고 민주제적 공화국에서도 주권행사에 참여하는 방식에 따라서 고대 그리스나 스위스와 같은 직접민주제적 공화국, 미국과 프랑스와 같은 간접민주제적 공화국으로 분류하기도 한다. 중요한 것은 공화정은 주권을 가진 국민이 선출한 대표자가 국민의 인권과 이익을 위해 국정을 행하며 그 대표자가 국민의 선거에 의해 선출되고 일정한 임기로 교체되는 정치체제로서, 민주주의·국민주권주의·대의정치의 일반원리를 함축하고 있으며, 그 전형적인 형태가 민주공화제라는 점이다.

다. 중국·일본의 공화정 수용과 발전과정

우리나라는 일본처럼 서구 사상이나 문물을 그대로 받아들인 것이 아니라, 중국과 마찬가지로 이를 주체적으로 변용하여 적용하려 하였다. 이것은 공화정에도 마찬가지였다.

서양의 공화정이 동양사회에 소개되기 시작한 것은 19세기 이후였다. 중국과 한국에서 사용된 '공화'라는 용어는 'republic'을 일본이 번역한 것을 수용한 것이다. 19세기 동아시아의 한·중·일 세 나라는 모두 전통의 창문을 통하여 서양을 이해하고 수용하려고 했다. 중국은 '중체서용(中體西用)'의 입장에서, 한국은 '동도서기(東道西器)'의 입장에서, 일본은 '화혼양재(和魂洋才)'의 입장에서 서양 문물을 인식하여 근대 이행에 변용하려고 했다. 그러나 당시 근대국가 건설과 근대 이행의 시기에 있던 세 나라는 서양 열강의 침략에 처한 조건, 즉 역사발전 과정과 외압의 강도가 달랐다. 또한 세 나라가 상호 영향을 주고받는 상황에서, 그 변용의 결과도 나라마다 달랐다.

주자학적 전통이 강했던 한국과 중국은 서양의 정치체제를 수용하면서 민(民)의 존재를 민본사상을 통해 추상했듯이, 중체 또는 동도의 전통이 강조되어 처음부터 서양 정치사상을 수용해 정치체제 자체를 개혁하는 데는 한계가 있었다. 반면, 중국과 한국에 비해 상대적으로 외압의 강도와 주자학적 전통이 약했던 일본은, 신도사상(神道思想)을 바탕으로 왕정복고로 나아감으로써 1868년 메이지유신을 통해 입헌군주제를 일찍 수립할 수 있었다.

중국은 청일전쟁에 패배한 뒤 무술변법운동을 통해, 서양의 정치제도를 염두에 둔 제도개혁으로 부국강병론이 대두하면서 중체에 변용을 가할 수 있는 정치적 기반이 마련되었다. 이후 중국은 청조의 군권 제한과 신사(紳士)의 자치(議院)를 주장하는 입헌파와 청조 타도를 통한 공화제 수립을 주장하는 일본 유학생 중심의 혁명파에 의하여 정치개혁 운동이 본격화되어, 결국 신해혁명을 통해 민주공화제의 중화민국 수립으로 귀결되었다.

라. 우리나라의 공화정 수용과정

개항 직후 한국의 개화파도 서양의 정치체제를 군민동치(君民同治)와 합중공화(合衆共和)로 나누고, 군민동치를 지향했다. 갑오개혁은 동도에 변용을 가할 수 있는 계기가 되어 독립협회의 의회개설 운동으로 나타났다. 특히 1905년 을사늑약을 계기로, 계몽파들은 대한제국을 대신할 정치개혁안으로 입헌군주제와 지방자치를 본격적으로 논의하기 시작했다. 계몽파들이 당시 수용한 입헌군주론은 중국의 변법자강론자인 량치차오(梁啓超)에 의해 변용된 것이었다. 즉, 개인의 권리나 자유보다는 군주 주권의 입장을 강조하는 입헌군주제로서 일본과 프로이센형이 모델이었다.

계몽파나 이전 개화파들이 개인의 권리 확장을 위한 공화제를 부정한 데는 정치개혁 문제를 국가와 개인의 관계로까지 인식하지 못하고, 정치제도의 개혁에 머문 때문이기도 하다. 그렇지만, 중요하게는 교육을 통해 민지(民智)를 개발, 근대적 국민을 만들어 국가 위기를 극복할 수 있다고 믿은 엘리트 의식이 크게 작용했다. 그러나 입헌군주론 논의는 기본적으로 민권을 무시하고 일제의 통감정치를 현실로 받아들인 위에서 주장되었기 때문에, 1910년 한일 병합과 함께 자연히 소멸되었다.

그런데 1907년 이후, 〈대한매일신보〉와 〈황성신문〉 계열의 계몽파들에 의해 공화주의가 논의되기 시작하였다. 이것은 1907년 8월 고종의 황제 양위와 군대 해산을 계기로 확산된 항일의병운동의 영향에 기인했다. 사실상 나라가 망한 상황에서 민(民)들이 국권 회복의 주체로 나선 것을 목격하면서, 국가와 개인의 관계를 새롭게 인식하는 계기가 되었던 것이다. 이들은 20세기 한국의 새로운 국민이 건설해야 할 새로운 국가로서 영역(국토)·국민·(정치)주권의 3요소를 강조함으로써, 비로소 국민을 주권 소유자로 인식하는 공화주의가 형성되기 시작했다.

한일병합 직전 싹튼 공화주의는 독립운동 과정에서 계승·발전했다. 1910년대 국내 비밀결사의 한 단체인 〔대한광복회〕는 국권 회복의 목적을 공화정치의 실시에 두었으며, 그 방안으로 중국의 신해혁명을 배울 것을 강조했다. 공화주의 이념의 수용에는 신해혁명의 영향도 작용했음을 알 수 있다. 이렇게 발전된 공화주의는 1917년 나라 밖에서 선포된 「대동단결선언」에서 더욱 명확해졌다.

「대동단결선언」에서는 1910년 한일병합, 즉 융희 황제의 주권 포기는 국민에 대한 묵시적인 선위(禪位)라고 규정하고, 국민은 이를 계승하여 통치할 특권을 가지며 대통(大統)을 상속할 의무가 있다고 주장했다. 그리고 독립을 위한 구체적 방안으로 “해외 각지 대표를 망라하여 통일한 유일무이의 최고기관을 조직하고 대헌(大憲)을 제정하여 민정에 합한 법치 실현"을 주장했다. 여기서 '유일무이의 최고기관'이란, 곧 민주공화제의 임시정부 건설을 주장한 것이다. 이는 1919년 3.1운동에서 확인된 근대국가 건설의 정신을 바탕으로, 4월 상하이에서 【임시헌장】 제1조에 '민주공화국'을 분명히 한 대한민국 임시정부의 수립으로 실현되었다. 대한민국 임시정부의 【임시헌장】 제1조에 규정된 '민주공화국' 조항은 1948년 7월 17일 공포된 【제헌헌법】 제1조에 계승되어 현재까지 이어지고 있다.

한편, 과거 서구의 입헌군주제를 번역한 말이었던 '군민동치(君民同治)'가 본래의 뜻과는 달리 일반 민(民)의 정치 참여를 보장하는 의회 설치에는 부정적이었지만, 민의 공직취임 및 인재의 관료등용을 주장하며 군주권 제한을 통한 삼권분리의 근대국가 수립을 지향한 것으로 해석되었다. 또 「대동단결선언」에 나타난 주권설에 대해서도 서양의 천부인권설이나 사회계약설을 도입하여 주장한 민권론과 달리, 민족사적 정통성을 의식한 논리 전개라는 것이다.

마. 국민주권주의와 주권 수호의 파수꾼

우리나라 【헌법】 제1조 제2항은 "대한민국의 주권은 국민에게 있고, 모든 권력은 국민으로부터 나온다."고 밝히고 있다. 【헌법】 제1조 제2항을 한마디로 표현하면, 국민주권주의 또는 주권재민사상을 표현한 것이다. 국가의 의사를 최종적으로 결정하는 권력, 쉽게 말해서 국가의 주인으로서 행사하는 권리를 의미하는 '주권(sovereignty)'이 국민들에게 있다. 이 포괄적인 '주권'으로부터 비롯된 각종 권한(authority)을 공직자들에게 그 직책에 따라 한정된 범위에서 위임하였다는 점을 【헌법】 제1조 제2항이 분명하게 나타내고 있다.

그런데 대한민국 국민 주권의 행사는 대체로 선거를 통하여 행사하게 되는데, 【공직선거법】 제1조에 의하면 공직선거는 국민의 자유로운 의사와 민주적 절차에 의하여 공정히 행하여지도록 해야 한다. 그러한 공정선거의 책임을 맡고 있는 중앙선거관리위원회를 비롯한 각급 선거관리위원회는 선거의 부정을 방지하고 민주정치의 발전에 기여할 책임을 맡고 있는 주권 수호의 파수꾼으로, 국민 주권을 지키는 최후의 보루 역할을 해야 하는 것이다.

2. 중공의 디지털 통제사회

가. 중국 하이테크 감시: '디지털 독재주의'[2]

1) 중국은 기존의 공산주의 경찰국가의 압제에 최첨단 감시기술을 겸비해, 신장 위구르 자치구는 물론 그 너머에서까지 21세기의 오웰식 디스토피아를 창조하고 있다.

대개 스카이넷(天網工程)·매의 눈(雪亮工程)·노크 작전(敲門行動)·웹클리닝 솔저(淨網衛士) 등으로 번역되는 이 이름들은 중국 공안이 수천만 중국 시민들, 특히 소수민족들과 종교단체들을 감시·추적·박해하는 데 동원하는 엄격한 감시 시스템들을 지칭할 때 사용되는 용어들이다. 중국의 하이테크 기술을 탑재한 감시와 시스템들은 고성능 인공지능(AI)을 활용해 얼굴 인식·DNA 샘플링·생체 인식·GPS·어디에나 존재하는 고화질 CCTV 카메라들·침투적인 핸드폰 애플리케이션(앱)들·데스크톱 컴퓨터 소프트웨어·스마트 TV·드론 등이 수집한 엄청난 양의 데이터를 처리하고, 분석한다. 이와 같은 하이테크 기술이 구식의 정보원 네트워크, 침투적인 경찰력 상시 배치, 초소 보초, 순찰과 만나 모든 것이 컴퓨터화된 거대 데이터베이스로 통합된다. 미국 국제전략문제연구소(CSIS)의 기술 전문가인 제임스 앤드류 루이스(James Andrew Lewis)는 "[중국은] 세계 어느 나라보다도 감시 시스템이 가장 보편화되어 있죠. 중국은 새 기술을 동원하여 감시뿐 아니라 공안국 기록, 사회적 정보, 이름, 주민 번호에 사람들을 매칭시킨다"며, "빅데이터, 얼굴인식, 보편화된 감시를 결부시킴으로써 지금까지 볼 수 없었던 가장 침투적인 시스템을 만들어냈다"고 말했다.

---

2 이 글은 2019. 3. 15. 폴 크레스포(Paul Crespo)가 《비터 윈터(Bitter Winter)》라는 잡지에 기고한 글을 전재하였다. 그는 미국 외교 및 국제안보 전문가이자 작가, 커뮤니케이션 컨설턴트이다. 미 정부와 사기업, 비영리단체에서 30년 가까이 근무하였다. 미 해병대 장교였으며, 전 세계 미국대사관에서 육군무관으로 근무했다. 조지타운·런던·캠브리지 대학 학위가 있고, 마이애미대학 정치학 겸임교수이자 보안기업 SPECTRE 글로벌 리스크의 CEO이다.

(가) 통제를 위한 세 가지 경로

이러한 감시 시스템은 주로 다음의 세 가지 경로로 구성된다. 첫째, 유례없는 수준의 막대한 개인 정보 수집, 둘째, 기술과 사람을 통한 철저한 감시, 셋째, 고성능 인공지능과 군대식 협동 작전을 통한 데이터 분석과 운용이다. 최종 목표는 안보부대에서 실시간으로 혹은 거의 실시간 수준으로 중국 내 모든 개인을 추적하고, 분석하고, 통제하는 것이 가능해지도록 정교한 국가 데이터베이스를 구축하는 것이다. 이미 중국 전역에서 감시 시스템들이 다방면으로 활용되고 있는 가운데, 중국에서 위구르족 무슬림이 가장 많이 살고 있는 신장 위구르 자치구는 가장 침투적이고 억압적인 일부 기술들을 위한 시험대 혹은 실험실 역할을 해오고 있다. 2017년, 시진핑 주석은 신장 자치구를 에워싼 '강철 장성(鋼鐵長城)'을 구축하겠다고 선포했다. 신장 자치구에서 입증이 된 감시 시스템들은 흔히 중국 내 여타 지역들로 보급된다. 호주 전략정책연구소(ASPI)에서 분석가이자 중국 전문가로 활동하는 퍼거스 라이언(Fergus Ryan)에 따르면, 동 기술은 '위구르족, 카자흐족 등 소수 민족을 탄압하는 중국 당국의 활동 일환'으로서 활용되어왔으며 신장 자치구가 '여러 유형의 감시 기술들에 대한 주요 시험대' 역할을 해왔다.

(나) 대규모 데이터 수집

중국은 자국 시민들에 대한 극히 민감한 개인 정보를 수집하면서 비윤리적인 글로벌 리더로 자리했다. 휴먼라이츠워치(HRW)에 따르면, 중국 당국은 12세에서 65세에 해당하는 신장 자치구 주민 모두의 DNA 샘플링, 지문, 홍채 스캔, 혈액형 등 모든 범주의 생체 인식 정보를 수집하고 있다. 이는 신장 자치구의 광범위한 생체 인식 데이터베이스를 구축하기 위함이다. 데이터 수집은 주로 특수 고안된 모바일 앱을 통해서 이루어지는 한편 '국민 건강 검진(全民體檢)'이라는 무료 연간 검진 프로그램을 통해 DNA와 혈액형 정보가 수집된다. 또한 신장 자치구 경찰국은 녹취된 전화 대화에서 목소리를 구별하는 등의 여러 목적을 위해 국가적인 음성 데이터베이스를 구축하고자 2016년에 주민들의 목소리 샘플을 수집하기 시작했다. '요주의 인물' 또는 '핵심 인물'로 지정된 사람들의 경우, 나이에 상관없이 총체적인 생체 인식 샘플이 채취된다. 이러한 '주요 통제 대상들'은 중국 당국이 정권의 안정에 위협이 된다고 간주하는 자들 및 이들의 가족들로, 흔히 위구르인 등의 소수 민족들과 '불법' 종교 단체의 신자들이 여기에 해당한다. 휴먼라이츠워치에 따르면, 이러한 생체 인식 정보 수집 계획이 '정확한 인구 등록과 조회에 대한[신장 위구르 자치구] 지역 작업 지침(인구 등록 조회 프로그램)' 이라는 제목의 공식 문건에 상세히 기술되어 있다. 비터 윈터가 앞서 보도한 것과 같이, 데이터를 수집하기 위한 중국 당국의 주요 노력에는 2017년 초에 전국적으로 도입된 광범위한 포위망 스타일의 '노크 작전'도 포함된다. 이 작전은 허위 구실을 빌미로 경찰들을 보내 종교인들을 조사하고 사진을 찍게 하는 것으로, 전국적으로 특히 종교인들을 추적하는 폭넓은 감시 시스템의 일환이다. 해당 작전을 통해, '사교' 목록에 오른 종교 단체들의 활동 정보를 수집하고 각 신자에 대한 네트워크화된 감시를 수행한다. 수집된 데이터는 국가안전보위부 전용 컴퓨터에 저장되며 조사관들도 종교를 전파하는 자들에 대한 증거를 찾아 나선다. 증거가 확보되면 추가 조사가 진행되고 조사 후에는 '매의 눈'과 '스카이넷' 프로젝트는 물론 여타 전자 감시 시스템들을 통하여 대상자를 끊임없이 총괄 감시한다.

(다) 총체적 감시

로스엔젤레스타임스(Los Angeles Times)가 보도한 바와 같이, 중국은 자국의 14억 인구를 대상으로 1억 7천 6백만 대의 공공 및 민간 감시 카메라들을 설치했다. 수도인 베이징에는 블록마다 카메라가 몇 대씩 설치되어 있다. 그런데도 중국은 2020년까지 전국에 많게는 6억 2천 6백만 대의 카메라가 설치되도록 계획 중이다. 농촌 지역에도 점차 많은 CCTV 카메라들이 설치되고 있다. 점차 고성능 얼굴 인식과 최신 기술인 '걸음걸이(걷는 방식)' 인식 기능이 통합되면서 중국은 머지않아 전 세계에서 가장 높은 수위의 감시를 받는 사회로 자리매김할 것이다. 자유아시아방송(RFA)에 따르면, 광둥AEBELL기술그룹(AEBELL Technology Group Co. Ltd 廣東美電貝爾公司)이라는 광둥(廣東)성 소재의 한 회사는 홈TV와 스마트폰을 이용해 가정 안까지 비디오 감시를 가능하게 하는 '매의 눈' 플랫폼 시스템을 개발했다고 주장한다. 또한 신장 자치구 경찰은 2016년을 시작으로 휴대용 또는 데스크톱 스캔 장치를 이용하기 시작했다. 이 장치들은 스마트폰에 침투해 그 안에 포함된 모든 정보를 추출하고 분석할 수 있다. 현재 이러한 감시 기술들이 중국 전역으로 소리 없이 퍼져나가고 있다. 로이터 통신은 현재 이러한 기술이 상하이와 베이징 등 대도시로 잠식해 들어가고 있다고 보도했다. 또한 신장 자치구 주민들은 소유한 차량에 GPS 추적 장치를 의무적으로 설치해야 한다. 이를 거부하는 자는 차량 주유를 위한 연료를 구매하는 것도 불허된다. 심지어 지역 당국은 타깃인 자들이 집이나 일터로부터 3백 미터 이상 이동 시 경고가 작동되도록 얼굴 인식 시스템들을 설정했다. 뿐만 아니라, 당국의 핸드폰 감시를 용이하게 하기 위해 2017년부터 신장 자치구 주민들은 징왕웨이스(淨網衛士), 즉 '웹클리닝 솔져'라는 앱을 필히 설치해야 한다. 또한 중국 당국은 유명 SNS 앱인 위챗의 배후에서 중국의 모든 주민에 대한 감시를 강화하고 있다.

(라) 군대식 협동

개인의 일거수일투족에 대한 정보가 수집되는 가운데, 수억 명의 중국인들에 대한 방대한 정보량을 처리할 인공지능이 요구된다. 인공지능은 패턴을 추적하고 관계를 지도화하며 이탈을 잡아낼 수 있다. 헤리티지재단(Heritage Foundation)의 중국 전문가 딘 청(成斌)에 따르면, 이 때문에 박해가 있을 시, 가정교회 리더들이 비밀리에 예배를 집도한다거나 소식을 전달하는 것이 어렵게 될 것이라고 한다. 너무도 다양한 출처들에서 나오는 막대한 양의 정보를 운용하고 분석하기 위해서, 중국 당국은 군대식의 '통합된 합동 작전 플랫폼'을 도입해 사람들에 대한 정보를 축적하고 있다. 이 프로그램은 '중국 당국이 '정상'으로 간주하는 범주로부터 이탈을 감지'한다고 휴먼라이츠워치가 전했다. 또한 경찰이 체포하고 심문해야 할 대상자 목록을 생성해 주어 결국 많은 이들이 체포되고 재교육 수용소에 억류된다. 통합된 합동 작전은 인민 해방군(PLA)의 신규 정책으로, '통합 시스템'인 최첨단 C4ISR, 즉, 명령(Command), 통제(Control), 통신(Communications), 컴퓨터(Computers), 정보(Intelligence), 감시(Surveillance), 정찰(Reconnaissance)에 의존한다. 중국이 이러한 군대 정책과 기술을 민경(民警)의 법 집행에 적용하는 것을 통해 신장 자치구의 치안유지 활동이 얼마나 군대화되었는가를 가늠할 수 있다.

(마) 추적과 탄압

궁극적으로, 이러한 모든 감시와 데이터 수집은 하나의 목적을 위해 고안된 것이다. 중국 당국은 유례없는 수준의 감시·추적·모니터링이 범죄를 예방하고 국민 건강을 향상하는 등 이로운 목적을 위한다고 주장하고 있지만, 당국에게 있어 매우 중요한 목적은 사람들, 특히 위구르족과 종교 단체들을 통제하고 탄압하는 것이다. 이러한 사실이 충격적으로 부각되었던 것은 최근 사이버 전문가인 한 네덜란드인이 중국의 보안되지 않은 대규모 온라인 데이터베이스를 발견하면서였다. 이 데이터베이스를 통해 중국이 250만이 넘는 사람들, 주로 신장 자치구에 사는 위구르족들을 면밀히 감시하기 위하여 '무슬림 추적기'라는 것을 이용하고 있음이 드러났다. 호주 ABC 뉴스의 보도에 따르면, GDI 재단의 빅터 게버스(Victor Gevers) 연구원은 중국 경찰과 계약을 맺은 중국 회사 센스넷츠(SenseNets, 深網視界)가 운영하는 공개 데이터베이스 상에서 이름·주민번호·출생일·고용주·위치 등의 정보를 찾아냈다고 한다. 보도에 따르면, 해당 데이터베이스에는 2,565,724명의 사람들에 대한 상세 정보, 그리고 지난 24시간 동안 시민 각각에 대한 위치를 보여주는 6억 7천만 개의 지리학적 좌표들이 포함되어 있었다. 게버스에 따르면, 해당 데이터에는 모스크·호텔·PC방·식당·경찰서 등 감시 카메라가 흔히 있을 만한 장소의 이름이 붙어 있었다. 사람들이 일정한 자세로 카메라를 지나갈 때 위치 정보가 녹화되고 해당 비디오 자료는 얼굴 인식을 위해 제공되는 것임이 자명했다. 그는 트위터에 "이러한 보안되지 않는 얼굴 인식/신원 확인 방법이 하나의 목표를 위해 구축되어 운영되고 있습니다. 그것은 바로 중국 당국이 신장 자치구에서 위구르족 무슬림들을 지속적으로 추적하기 위하여 자금을 대고 있는 '무슬림 추적기'입니다"라고 글을 남겼다. 중국은 2020년까지 이러한 종합 감시 시스템들을 이용해 모든 중국인에 대한 추적을 시행하겠다는 계획을 가지고 있다. 어쩌면 중국은 이러한 감시를 중국 내 사람들에 한정하지만은 않을 것이다. 비터 윈터가 보도한 것과 같이, 중국 최대 기업인 화웨이(Huawei Technologies Co)의 이사회 부회장이자 CFO인 멍 완저우(孟晩舟)가 최근 캐나다 밴쿠버에서 체포되면서 중국이 화웨이와 같은 기업들을 통하여 자국의 감시 기술을 중국을 넘어서 세계로 확대할 것이라는 우려가 커졌으며, 심지어 중국이 목적 성취를 위하여 차세대 전 세계 5G 네트워크를 장악할 가능성이 있다는 점에서도 우려가 커졌다.

(바) 디지털 검열과 세뇌

중국의 오웰식인 그림을 완성하는 데 있어 애플과 같은 서구의 기술 대기업들까지 검열을 통해 인권 및 종교 자유 웹 사이트들과 앱들에 박해를 가하며 공모에 가담하고 있다. 또한 2019년 1월에 중국 공산당(CCP)이 출시한 새로운 앱인 '학습강국(學習強國)'은 애플과 안드로이드 플랫폼 모두와 웹 사이트 xuexi.cn에서 이용 가능하다. 중공 중앙선전부의 선전·여론 연구소에서 제공하는 이 앱은 모든 중공 간부들과 당원들에게는 필수 앱이다. 비터 윈터가 보도한 것과 같이, 해당 앱의 이름에는 쌍관어가 포함되어 있다. '習'는 시진핑 주석의 성이기도 하면서 '학습'이라는 뜻의 중국어 '學習'에서 두 번째 글자에 해당한다. 이는 시진핑 주석의 말씀을 학습하는 것이야말로 모든 학습의 으뜸임을 시사한다. 여타 앱들을 검열하고 있는 애플은 다른 플랫폼들과 마찬가지로 즉시 중공의 지시를 따랐고, 덕분에 '학습강국' 앱은 현재 전력을 다해 운영되고 있다. 그 어느 때보다 활발히 확장되어 가는 중국의 디지털 독재주의를 '오웰식 디스토피아'로 설명하기에는 상당히 단조롭지 않을까 싶다.

2) 짐머만의 디스토피아 도래에 대한 우려[3]

가장 널리 쓰이는 이메일 보안 시스템 PGP(Pretty Good Privacy)를 개발해 암호화 기술의 선구자로 불리는 필 짐머만(65)은 요즘 걱정이 크다. 기술 발전을 통해 인권과 민주주의의 완성을 추구해 온 그의 삶의 궤적과 달리, 기술이 비민주적 권력의 출현을 부추기고 있기 때문이다. 짐머만은 2회 분산경제포럼(디코노미 2019) 이튿날인 4월 5일 오전 기조강연에서, 안면인식·딥러닝·빅데이터 등 기술로 감시 사회를 구축하고 있는 중국의 사례를 들며 "중국은 역량을 집중해서 감시 기술을 개발하는 중이다. 수백만 대의 카메라가 설치됐고, 안면 인식 기술을 접목시켰다"고 말했다. 누가 누구를 만나는지, 어떤 강연을 하는지, 누구와 식사하는지 등을 지켜보면서, 어떤 메시지를 주고받는지, 무엇을 사는지 등 정보와 데이터를 취합 및 융합해 감시하는 기술을 갖췄다는 것이다.

짐머만은 중국이 이 같은 기술로 정치적인 반대 여론을 통제하면서 공산당의 영구 집권을 도모하는 한편, 국외 수출도 추진할 것이라고 전망했다. 그는 "중국에선 이미 너무나 완벽한 감시 감독 체계가 마련돼 반대 여론이 자리를 잡을 수 없다"며 "기술을 상품화하는 데 능한 나라인 만큼, 국내에서 검출된 오류를 제거해 완벽해지면 수출에도 나설 것"이라고 말했다. 짐머만은 진정한 민주주의를 추구하는 나라라 해도, '가치관이 다른' 정치인들의 결정으로 이런 시스템을 중국에서 도입하면 감시가 만연한 디스토피아가 될 것이라고 경고했다.

짐머만은 감시 기술의 성장은 각 사회의 여론 양극화를 부추기는 등 더욱 심각한 위험으로 이어진다고 짚었다. 그는 "힘과 권력의 집중화를 위해 감시 기술이 성장하면 민주주의의 근간이 붕괴되면서 사람들이 서로를 증오하면서 서로의 이

---

3 이 글은 2019. 4. 5. 김외현 기자가 작성한 "짐머만, 중국식 감시사회 우려… 당신 얼굴을 암호화할 순 없지 않나"라는 제목의 기사를 옮긴 것이다.

야기를 듣지 않는 진공 상태가 만들어질 것"이라며 "파시즘의 부상"이라고 했다. 그는 "인구는 18개월, 24개월마다 2배씩 늘어날 수 없다. 그러나 전산 능력은 가능하다. 몇 배씩 향상된다"며 "감시 기술도 계속 발전할 수밖에 없다"고 말했다.

기술에 의한 감시 사회를 비켜갈 수 있는 방법은 있을까? 암호 전문가인 짐머만은 "당신의 얼굴을 암호화할 수는 없는 일 아닌가?"라며 비관했다. 그가 개발한 PGP 덕분에 이메일은 암호화돼서 당사자들 사이에만 공개됐고, 많은 이들이 여러 형태의 감시를 벗어났다. 그러나 카메라로 얼굴을 촬영하며 움직임을 직접 들여다보는 새로운 감시 사회에선 암호화를 통한 '감시 탈출'에 한계가 있다는 뜻이다.

짐머만은 우선 문제를 인식하는 게 중요하다고 강조했다. 기술만으로 해결할 수 있는 방법이 많지 않은 만큼 전(全)사회가 문제를 인식하도록 한 뒤, 전(全)방위적으로 치열한 싸움이 필요하다는 것이다. 특히 입법 조처를 통해 프라이버시 수단을 확충해야 한다고 강조했다. "한때 경찰국가로 불렸던 한국도 민주주의를 만들기 위해 치열하게 싸워오지 않았나. 민주주의를 지키기 위해 입법 조처를 한다면 중국이 감시 시스템을 수출하려 들 때 막을 수 있을 것"이라는 지적이다. 짐머만은 대학 시절이던 1980년대 핵실험 반대 등 '불복종 운동'으로 체포되는 경험을 했고, 1991년 인권운동가와 활동가들의 활동을 보호할 수 있는 암호화 기술인 PGP를 개발했다. 미 당국이 암호화 기술을 군사 기술로 분류해 국외 수출을 막으면서 짐머만은 3년 동안 수사 대상이 됐다. 그러나 MIT출판사를 통해 PGP 코드를 출판하면서 군사기술 금수법(禁輸法)을 우회해 전(全)세계에 PGP를 전파시켰다.

나. 더욱 발달한 중국의 인공지능 감시기기

1) 집 동행 횟수로 동거도 확인…소름끼치게 정교해진 中 AI감시[4]

(가) 중국의 ICT 트랜드를 압축적으로 확인할 수 있는 무대가 있다. 선전 하이테크 페어(Shenzhen Hi-Tech Fair)다.

올해 21년째 이른 선전 하이테크 페어. 중국 산업계의 최신 지향점을 한눈에 확인할 수 있다. 최첨단 기술력이 집중되는 분야 중 하나가 CCTV다. 더 이상 카메라로 찍어 많이 저장하면 되는 하드웨어 싸움이 아니다. AI(인공지능)시대 CCTV는 다르다. AI의 안면인식과 결합해 얼마나 '감시 효과'를 낼 수 있느냐를 놓고 기술 각축이 벌어진다. 중국은 이제 AI 없이는 CCTV 제품이라고 시장에 내놓을 수 없는 단계로 넘어갔다. 올해 선전 페어에서는 AI와 클라우드를 결합한 CCTV 분석 기술이 쏟아졌다. 클라우드에서 빅데이터를 분석한 결과가 더해져 AI의 안면인식 능력이 크게 향상됐다. 윈텐리페이(雲天勵飛 · intellifusion)는 클라우드 기반 AI CCTV 기술을 선보였다.

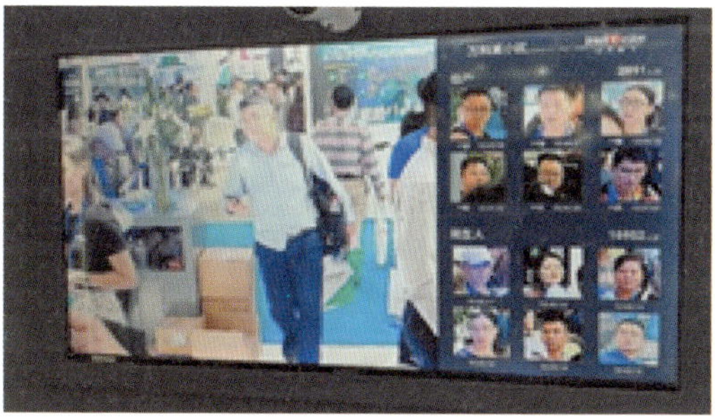

윈텐리페이의 직원 샹둥팡은 "측면 얼굴뿐 아니라 선글라스·모자를 쓰거나 빛의 강약 또는 흐린 상황에서도 정확하게 식별을 해낸다"며 "사람들이 많은 곳에서는 얼굴뿐 아니라 걸음걸이 스타일을 같이 분석해 정확도를 높일 수 있다"고 설명했다.

---

4 이 글은 〈중앙일보〉 선전=정용환 기자(narrative@joongang.co.kr)가 작성한 "집 동행 횟수로 동거도 확인… 소름끼치게 정교해진 中 AI감시"라는 제목의 기사를 옮겼다.

이 기술은 현실에서 어떻게 접목되고 있을까.

이 회사는 지난해 선전에서 건널목을 무단 횡단하는 사람들이 일정 기간 동안 얼마나 무단 횡단을 했는지를 분석했다. 분석 결과는 횡단보도 한쪽에 설치된 대형 스크린에 생중계됐다. 교통당국은 개인의 수치심을 자극해 준법의식을 일깨우겠다는 사회주의적 발상으로 이 기술을 현실에 끌어들였다. 당국은 베이징·타이위안·지난 등 중국 각지에서 이 실험을 확대하고 있다. 윈텐리페이는 올해 한 걸음 더 나아갔다.

(나) 안면인식 AI를 클라우드와 연결시켰다.

AI는 수많은 데이터를 학습·비교·분석하면서 정확도가 더 높아졌다. 어느 특정한 지역에서 미리 정보가 입력된 주민과 외부인을 식별할 정도로 진화한 것이다. 아래 사진을 보자. 공안당국은 AI가 보여주는 주민과 외부인의 이동상황을 즉각 파악할 수 있다. 지역별로 외부인의 이동정보를 수집해 이상 동향을 실시간으로 확인하는 시스템이다.

[사진 중앙포토]

또 주민의 신상정보를 바탕으로 공안당국은 외부인이 지역 주민과 어떤 관계에 있는지도 사전에 가늠할 수 있다. 가령 한 주민의 집으로 동행 횟수가 늘어나면 동향 또는 친족 가능성을 염두하고 지역 당국의 데이터베이스에서 관련 사진을 대조해 이 사람이 누구인지 추정한다. 추정 결과 단기 동거인일 가능성 65%, 동향인일 가능성 55%, 직장동료일 가능성 20%가 나온다.

(다) 한마디로 꼼짝 말라는 것이다.

현재 중국의 안면인식 AI 기술로 범죄자의 10% 안팎만 식별이 가능하다고 한다. AI가 학습할 수 있는 데이터가 부족하기 때문에 식별에 한계가 있을 수밖에 없다. 샹둥팡은 "따로 따로 운영되는 중앙과 각급 지방정부의 데이터베이스가 통합된다면 식별의 성과는 더 올라갈 것"이라고 말했다. AI 산업 지원뿐 아니라 내부 안보와 치안질서에 대한 요구가 높은 중국 정부 아닌가. 중국 AI 산업은 이제 거대한 정부 데이터베이스로 들어가 딥러닝하는 단계를 눈앞에 두고 있다.

(라) 자율(autonomous) AI 개발도 가속도를 높이고 있다.

중국은 2억대가 넘는 CCTV가 전국에 설치된 나라다. 인구가 많다 보니 치안 수요가 폭증하는 중국의 특수한 사정도 사정이지만, 민족 갈등을 통제해야 하는 정치적 이유도 CCTV 확산의 배경이다. CCTV는 치안 강화와 프라이버시 침해라는 양날의 칼의 속성 때문에 논란의 단골 소재가 되곤 하지만 중국에선 무시된다.

전시장에 선보인 자율주행 키트와 차량. [사진 넥스페어]

사회 통제의 효율성을 앞세워 사회 전(全)영역으로 촘촘하게 CCTV를 설치하고 있다. 이렇게 CCTV는 정부 시장이라는 강력한 수요를 업고 중국에서 고속 성장하는 산업이 됐다.

AI 같은 4차 산업혁명 시대의 혁신기술이 개인의 자유를 제한하는 사회주의 체제의 전체주의적 속성과 만나 빠르게 현실 속에서 만개하고 있다. 전시장에서 만난 중국 IT기업 직원이 한 말 속에 이 산업 발전의 코드가 숨어 있다. 미래 기술을 만나 오랜 사회주의적 로망이 실현되고 있다는 것이다. 그의 얘기를 들어보자. "수십 년간 중국 정부가 추구했던 완벽한 사회 통제에 대한 꿈이 4차 산업혁명 기술을 만나 현실이 된 것뿐이다."

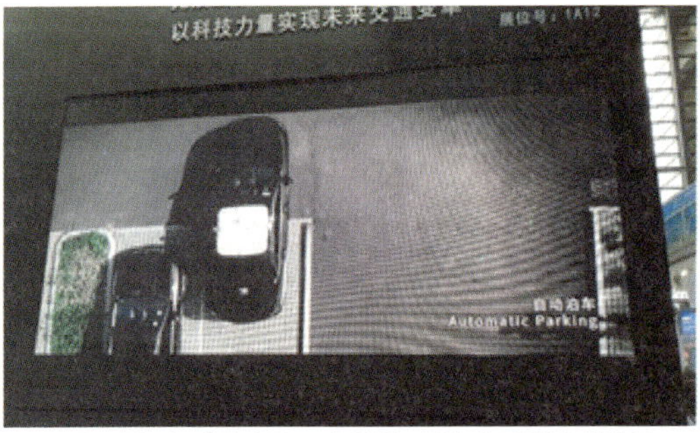

자율주행 키트(차량 루프의 흰색 장치)가 장착된 차량이 스스로 주차하는 모습. [사진 중앙포토]

중국의 4차 산업혁명의 질과 양과 속도가 우리의 생각보다 더 강력한 추진력을 갖는 비결이다. 사회주의 체제 속성과 결합한 미래 기술이 어디까지 우리 삶 속을 파고들지 자못 궁금해지면서도 한편으론 섬뜩해지는 기분을 누를 길 없었다.

CCTV는 한 사례일 뿐이다. 선전 하이테크 페어의 IT관은 온통 AI판이었다. 중국 정부가 강력하게 밀어붙이는 AI 기술 개발이 어떻게 결실을 맺고 있는지 가늠할 수 있었다.

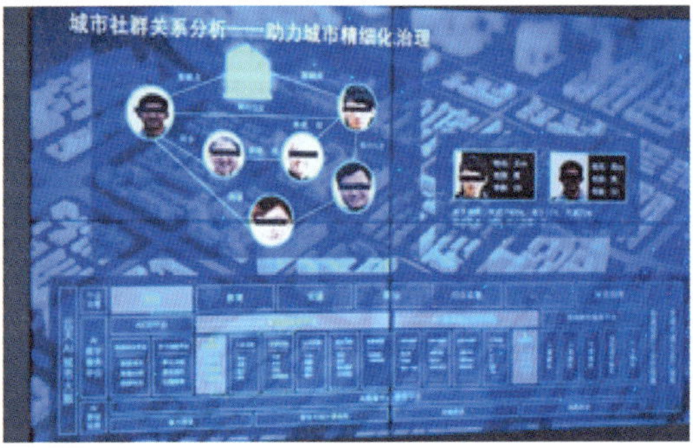

[사진 중앙포토]

자율주행 솔루션 개발업체 딥루트는 자율주행 레벨4(완전 자율주행 단계) 기술 확보에 거의 근접했다는 평가다. 각종 이미지 센서와 고해상도 지도 해독·AI의 머신러닝 등을 결합한 솔루션을 개발해, 선전 시내에서 자율주행 실험을 수행하고 있다고 한다. 이 솔루션이 탑재된 자동차는 자율주행과 행인 식별 후 정차 및 주차 테스트도 통과했다.

이렇게 중국은 AI 기술이 CCTV와 자율주행 차량을 플랫폼으로 삼아, 산업 생태계를 넓혀가면서 인간의 삶 속으로 파고들겠다는 명확한 청사진을 보여줬다.

2) 'AI 안경' 쓴 경찰, '당신 범인이지'…촘촘해지는 중국 '감시사회'[5]

중국 허난성 정저우 기차역에서 지난 5일 경찰이 안경형 안면인식 기기를 착용해 선보이고 있다.(정저우/AFP 연합뉴스)

중국 경찰이 안경형 안면인식 기기를 도입해 실사용에 나서면서 인공지능(AI) 분야에 새로운 이정표를 제시하고 있다. 당국은 치안 목적을 강조하고 있지만, 고도의 '통제 사회'가 다가왔다는 우려도 커지고 있다. 중국 허난성 정저우의 열차역에서는 이달 초부터 경찰이 안경형 안면인식 기기를 착용하고 있다고 중국 공산당 기관지 〈인민일보〉가 보도했다. 한쪽 눈에 인식기가 달린 선글라스 형태인 이 인공지능(AI) 기기는 앞쪽에 지나가는 사람들 가운데 얼굴 70% 이상

---

5 이 글은 2018년 2월 8일자 〈한겨레신문〉, 베이징/김외현 특파원(oscar@hani.co.kr)이 작성한 기사를 옮긴 것이다.

이 찍힌 이들을 인식해서 2~3분 내 범죄인 데이터베이스와 대조하는 식으로 작동한다. 춘절(설) 연휴를 앞두고 6주간 30억 명 규모의 대대적인 인구 이동이 이뤄질 예상인 가운데, 지금까지 인신매매 및 뺑소니 등 범죄 용의자 7명, 신분위조 용의자 26명을 적발해 내는 성과를 거뒀다. 인공지능을 활용한 중국 경찰의 웨어러블(착용형태) 기기는 이밖에 어깨에 착용하는 카메라가 소개된 바 있다. 기존의 가슴 착용형 카메라가 앞쪽 130~170도만 촬영한 데 견줘, 새 기기는 상하전후좌우 720도 회전기능으로 등 뒤까지 촬영할 수 있는 데다 안면인식 및 동작인식 기능을 갖췄다. 이 카메라는 지난해 개발돼 중국 일부 지역의 경찰에 보급된 것으로 알려졌으며, 수배중인 용의자 발견 또는 위협적 행동 보고 등에 쓰이고 있다. 중국은 이미 전국에 1억 7천만 개의 폐쇄회로 텔레비전(CCTV) 카메라가 설치됐으며, 3년 안에 4억 개가 더 설치될 것으로 추산된다. 경찰의 웨어러블 기기 착용은 이들 감시 카메라의 사각을 보완한다는 의미가 있다. 지난달 광둥성 광저우에서 시범운행을 시작한 지하철 새 노선에 장착된 고화질 CCTV도 마찬가지다. 모든 이들의 모든 일상이 기록으로 남는 시대로 향하는 장애물을 하나씩 제거해 가는 셈이다.

중국의 안면인식 기술 분야에서 대표적인 업체인 이투 건물에선 엘리베이터에 버튼이 없다. 탑승자의 얼굴을 인식해 바로 해당 층으로 안내하기 때문이다.(사우스차이나모닝포스트 갈무리)

중국 당국은 그 목적이 치안을 위한 것이라고 설명하면서, 어떤 범죄자도 빠져나갈 수 없는 '세계 최대의 감시 카메라망'을 공공연하게 자랑한다. 실제 결과는 놀랍다. 지난 12월 〈BBC〉 기자가 중국의 빅 데이터 산업의 중심지 구이저우성의 구이양에서 데이터베이스에 얼굴을 등록한 뒤, 행선지를 알리지 않고 자신을 찾아보라고 했다. 공안은 그가 길을 나선 지 7분 만에 CCTV만으로 그를 찾아냈다. 지난해 초 상하이 지하철에 도입된 안면인식 시스템은 석 달 동안 용의자 567명을 적발해 경찰에 자료를 전하면서 체포가 이뤄졌다. 이 시스템을 만든 중국의 대표적인 안면인식 기술업체 '이투' 쪽은 "2억 명 중에 특정인을 찾는 데 몇 초면 충분하다"면서, 안면인식 시스템 도입 뒤 푸젠성 샤먼·장쑤성 쑤저우·저장성 항저우 등지에서 범죄 비율도 낮게 나타났다고 말한다.

이 같은 기술이 상용화됐을 때의 장점도 분명해 보인다. 오류만 없다면, 얼굴인식은 가장 훌륭한 개인 확인 방법이다. 중국의 은행 거래, 지불, 항공권 발급, 숙박업소 잠금쇠 등 분야에서 안면인식 기술이 개발·적용되고 있는 것도 이런 이유에서다. 모든 이들이 모든 일상을 공개한다면, 컴퓨터가 '빅 데이터' 분석을 통해 교통·주거·식생활 등을 적절히 예상할 수 있다. 간단한 예로, 광저우 지하철은 CCTV 자료를 토대로 각 차량별 탑승객 수를 조절할 수 있을 것으로 본다.

중국의 안면인식 기술은 세계적으로 가장 앞서 있는 수준으로, 치안과 교통·소비 및 금융 등으로 영역을 확장하고 있다.(워싱턴포스트 갈무리)

이처럼 막강한 감시망이 사생활 감시와 사회 통제에 이용될 수 있다는 우려도 크다. 특히, 분리 독립 움직임을 이유로 탄압받는 신장 위구르 자치구에서는 지난해 초부터 반체제 인사 통제를 목표로 겹겹의 감시망이 구축됐다. 안면인식을 통해 집이나 직장처럼 정해진 곳에서 300m 이상 벗어나면 경보를 울리는 식으로, 인체정보 수집과 스마트폰 자료 추출·음성 분석·차량 위성추적기 부착 의무화 등 기술이 전면적인 '경찰국가'를 만들고 있다는 보도가 잇따른다. 최근 신장 지역을 취재한 〈AP〉통신, 〈월스트리트저널〉 등은 취재 과정이 줄곧 CCTV 등 카메라망에 노출됐다고 전하기도 했다.

다. 빅 브라더에 의한 감시사회의 도래[6]

중국이 미국 기술 리더십에 도전하는 과정에서 끊임없이 논란을 빚는다. 정신없이 미국을 뒤쫓는 사이, 깊은 고민이 부족하다 보니 '빅 브라더'·'감시 사회''·'인권 침해'와 같은 부작용이 속출했다.

중국 정부와 기업이 무서운 기세로 미국 주도의 판을 흔든다. 안면인식과 음성인식·자율주행 차·헬스 케어·인공지능(AI) 등, 차세대 기술에서도 글로벌 경쟁력을 갖췄다. 하지만 각종 논란을 야기하면서 '눈을 가린 채 달린다'는 비판에 직면했다.

중국의 신종 딥페이크(Deep Fake) 애플리케이션인 '자오(Zao)'가 단적인 사례다. 비즈니스인사이더(Business Insider)와 가디언(The Guardian) 등 외신은, 애플의 중국 앱 스토어에서만 볼 수 있는 이 앱이 중국에서 선풍적인 인기를 끌지만 우려도 덩달아 커졌다고 보도했다.

자오는 중국의 소셜 미디어 회사인 모모(MoMo)가 2019년 8월 30일 내놓은 앱이다. 앱 사용자가 자신의 얼굴 사진을 업로드하면 앱이 자동으로 특정 영상 클립에 얼굴을 합성해 주는 딥페이크 기술이다. 자연스러운 영상 합성으로 인기를 끌며 9월 3일 현재 중국 앱 다운로드 수 1위를 차지했다.

---

6 이 글은 2019. 9. 5. 〈조선일보〉 김평화 기자가 "'눈 가리고 달리는' 중국 기술개발, 개인정보·인권 무시에 사회 감시까지"라는 제목으로 작성한 기사를 옮겼다.

논란도 커졌다. 사용자 가입 이용약관에서 개인정보 침해 항목이 발견됐다. 이용약관에는 앱 개발자가 앱 사용자 개인이 올린 콘텐츠를 제한 없이 보관하며 쓸 수 있다는 조항이 있다. 비판이 커지자 자오가 서둘러 이용약관 수정 계획을 밝혔지만 논란이 쉽사리 가라앉지 않는다. 이 앱은 중국 전화번호가 있어야 이용할 수 있다. 당장 중국에서만 쓰인다. 하지만 해외 서비스로 넓힐 때 개인정보 침해 문제는 큰 걸림돌로 작용할 전망이다. 자오 앱 논란으로 중국 기술 개발의 어두운 구석이 그대로 드러났다. 정부 주도로 각종 기술 개발에 매진하는 과정에서 개인정보와 인권이 무시됐다. 대표적인 사례가 안면인식 기술이다.

중국의 사회주의 통제체계와 인공지능(AI)에 기반한 안면인식 기술이 만나면서 국민을 감시, 통제한다는 비판에 휩싸였다. 1억 7천만 대(2016년 기준)가 넘는 중국의 폐쇄회로(CCTV) 카메라는 국민 통제수단으로 전락했다. 중국의 안면인식 기술은 거리를 지나는 특정인의 신원을 CCTV로 즉시 확인할 정도로 발전했다. 2018년 중국 공안이 홍콩 유명가수인 장쉐여우(張學友) 콘서트를 관람하던 자국 범죄자들을 현장에서 60명이나 잡아들이기도 했다. 중국의 한 초등학교가 안면인식 기술로 학생들을 통제해 비판을 받았다. 상하이중의약대학 부속 민항창웨이초등학교는 안면인식과 열 감지, 빅 데이터 등의 기술을 융합해 '지능형 교실 행위 분석 시스템'을 도입했다. 학생들의 일거수일투족을 감시하고 부적절한 수업 태도를 통제하겠다는 의도다. 학교는 교육 효율성을 높이려고 도입했다고 밝혔지만 여론이 들끓었다. 중국판 트위터인 웨이보(Weibo)에 학교 측의 감시와 통제가 학생의 사생활을 침해할 뿐 아니라, 학교 분위기도 저해한다고 비판하는 목소리가 이어졌다.

중국 CCTV / 유튜브 홈페이지 갈무리

중국 정부는 '하나의 중국'이라는 미명 아래 위구르족과 같이 독립을 꿈꾸는 소수민족을 탄압하는 일에 안면인식 기술을 쓴다. 중국 정부는 100만 명에 달하는 위구르족을 감금했을 뿐만 아니라 안면인식 기술과 CCTV 카메라로 항상 감시한다. 최근 아이폰 보안 취약점을 이용해 위구르족의 개인정보를 해킹했다는 의혹도 새로 일었다.

〈테크크런치(TechCrunch)〉 보도에 따르면, 중국은 아이폰을 사용하는 위구르족 휴대전화에 멀웨어(malware)를 설치해 2년간 그들의 생활 전반을 엿봤다. 8월 29일 구글의 보안분석팀인 '프로젝트 제로(Project Zero)'가 내놓은 조사 결과에 이 정황이 드러났다. 중국 정부는 위구르족 다수가 무슬림인 것을 이용했다. 이들이 자주 오가는 무슬림 웹 사이트에 악성 링크를 걸어두고 사이트 방문자 아이폰에 멀웨어를 심은 것으로 추정됐다. 중국은 이 수법으로 위구르족 아이폰에 있는 위치와 연락처·메시지·사진 등, 개인 데이터를 전부 수집했다. 이 위법적 행태가 위구르족에 그치지 않았다. 해당 웹 사이트에 방문한 누구나 개인정보 무단 수집 대상이 됐다. '프로젝트 제로'팀은 2년간 매주 수천 명의 방문자가 피해를 봤을 것으로 추정했다.

〈포브스〉는 나아가, 중국 정부가 구글 안드로이드 체제와 마이크로소프트 운영체제에서도 같은 수법으로 위구르족의 개인정보를 수집한 정황을 보도했다.

각종 부작용 발생은 앞으로도 지속할 전망이다. 4차 산업의 핵심 연료로 불리는 데이터를 확보하는 일에 이점이 있는 중국 통제사회가 기술 개발에 속도를 냈기 때문이다. AI 기술은 데이터 양이 많을수록, 이를 알고리즘 학습에 활용해 개발 속도를 높일 수 있다. 데이터 확보가 곧 기술 선점으로 이어진다. 14억 인구 중국은 자국만으로도 방대한 데이터를 수집해 기술력 향상에 쓸 수 있다. 2018년 중국의 모바일 결제 이용자는 5억 2,500만 명에 이른다. 미국의 5,500만 명과 비교해 데이터 양에서 분명히 우위다. 같은 해 사물인터넷(IoT) 데이터 생산량도 중국(1억 5,200만 테라바이트)이 미국(6,900만 테라바이트)을 2배 이상 앞질렀다. 개인보다 국가를 절대시하는 지도 체제는 기술 윤리를

Project Zero

News and updates from the Project Zero team at Google

Thursday, August [illegible]

A very deep dive into iOS Exploit chains found in the wild

Posted by Ian Beer, Project Zero

Project Zero's mission is to make 0-day hard. We often work with other companies to find and report security vulnerabilities, with the ultimate goal of advocating for structural security improvements in popular systems to help protect people everywhere.

Earlier this year Google's Threat Analysis Group (TAG) discovered a small collection of hacked websites. The hacked sites were being used in indiscriminate watering hole attacks against their visitors, using iPhone 0-day.

There was no target discrimination; simply visiting the hacked site was enough for the exploit server to attack your device, and if it was successful, install a monitoring implant. We estimate that these sites receive thousands of visitors per week.

구글 보안 분석팀인 '프로젝트 제로'가 블로그에 밝힌 중국의 아이폰 해킹 내용.('프로젝트 제로' 블로그 갈무리)

헌신짝으로 취급하게 만든다. 개인정보 보호를 비롯해 브레이크 역할을 할 규제가 부족하고 인권의식도 낮다.

안성원 소프트웨어정책연구소 박사는 "중국의 지휘 체계나 국가 지위가 워낙 특성이 강해 정부가 강하게 드라이브를 걸면 따라갈 수밖에 없는 구조"라고 짚었다. 기술이 앞선 미국도 데이터 수집만큼 중국을 따라잡을 수 없다. 중장기적으로 기술 경쟁력 약화로 이어질 수 있다. 트럼프 미국 대통령이 중국의 무차별적인 데이터 수집과 기술 개발 행보를 두고 "자칫 AI 기술 개발 주도권을 중국에 내줄 수 있다"고 우려한 것도 이와 무관하지 않다.

라. 중공의 앞날에 대한 전망

위와 같이 시진핑을 주석으로 한 중국 공산당이 '디지털 독재체제'를 거의 완성하였음에도 불구하고, 우한 바이러스 사태를 계기로 '인민의 조용한 철수'로 인해 붕괴한다는 가설이 찰스 스미스(Charles Hugh Smith)에 의해 제기되었다. 이러한 가설을 바탕으로 아래 세 가지 중요한 의문이 발생한다.

첫째, 중국 공산당이 과연 동시다발적으로 발생하여 말기로 가는 여덟 가지 위기를 해결할 수 있을까? 둘째, 중국 공산당의 조지 오웰식 인공지능과 안면인식 기술로 완벽한 인민통제가 가능할까? 셋째, 사람들이 일터로 복귀하지 않고, 은행에서 신용을 얻지도 않는다면 이러한 인민의 조용한 철수(quiet withdrawal)가 공산당 독재를 무너뜨릴까? 하는 의문을 가지고 살펴보자.

신종 중국 우한 바이러스 때문에 중국 공산당이 붕괴할 것이라는 주장은 앞뒤가 잘 맞지 않은 것처럼 보일 수 있다. 북경 정부의 공격적인 봉쇄작전이 제대로 작동을 하는 것으로 보여지기 때문이다. 그러나 이 중국 우한 바이러스 사태의 정치적 함의를 과소평가하는 실수를 범하지 말아야 할 것이다. 〈NEWYORK TIMES〉 분석에 따르면, 최소한 중국 인구의 절반에 달하는 7억 6천만 명의 중국인이 다양한 형태의 자가 격리 상태에 있다고 한다. 비록 시진핑이 얼핏 보기에 지배적인 지도자의 아우라(Aura)를 회복한 것 같지만, 이 우한 바이러스 사태의 정치적 낙진이 매우 심각할 가능성이 존재한다. 가장 심각한 정치적 낙진은 거대도시에 거주하는 중산층의 중국 공산당에 대한 지지 철수(withdrawal)다. 이 사태를 겪으면서 그들 삶이 혹독하게 파괴되었을 뿐만 아니라, 공산체제 아래에서 그들의 속수무책(helpless)을 통렬하게 깨닫게 되었다.

마오쩌둥 사후 중국 인민과 공산당은 암묵적인 사회계약(social contract)을 맺었다. 공산당이 충분한 경제성장과 적절한 통치를 제공하는 한, 인민은 공산당의 정치적 독재를 인내한다는 것이다. 그런데 중국 공산당이 신종 중국 우한 바이러스의 조기 진압에 실패해서 인민을 보호하는 데 실패하였다. 이것은 인민과 공산당의 암묵적 계약을 위반한 것이다.

이러한 맥락에서 지금 중국 공산당 독재체제가 그들이 인식하는 것보다 더 심각한 처지에 있다. 지금 인민은 '조용한 철수(quiet withdrawal)'라고 부를 수 있는, 전혀 새로운 사회운동(social movement)으로 공산당 붕괴를 시도하고 있다.

결국, 중국 정부의 소위 연성권력(Soft Power) 상실의 결과는 매우 중대할 것이다. 북경의 중앙정부와 중국 공산당은 국내외에서 모두 붕괴와 해체의 압력에 직면할 것이다. 그들은 체면을 유지하기 위해서 계속 거짓말을 하고 끊임없이 통계수치를 조작하겠지만, 바로 그것 때문에 국내외에서 정당성(legitimacy)을 잃을 것이다.

중국 리더십은 한 개의 위기가 발생했을 때, 그 위기의 초기와 중기에 그것을 해결하는 뛰어난 능력을 보여주었다. 그런데 지금 여러 가지 위기가 동시다발적으로 터져서 말기에 와 있는 것이다. 과연 중국 리더십이 이 상황을 극복할 수 있을 것인가? 아직까지는 시진핑을 중심으로 하는 중국 리더십이 인공지능, 안면인식기술로 사회통제를 완벽하게 하고 있다. 그런데 이것은 그들의 마지노선(Maginot Line)인 것이다.

인공지능 안면인식기술을 통한 사회 통제도 인민이 일자리로 돌아가지 않고, 새로운 신용을 얻지 않기로 작정을 하면 아무 소용이 없게 된다. 공포와 정치적 강압에 대한 스탈린식 의존은 정당성과 신뢰를 만들 수 없다. 노동자가 계속 일자리 복귀를 거부하고, 가계와 기업이 은행에서 신규대출을 받기를 거부하면 경제와 사회질서가 무너져 내릴 것이다. 경찰이 아무리 많아도 모든 노동자들을 일자리에 복귀시키고, 모든 가계와 기업이 돈을 빌려서 투기적 사업에 투자하라고 강요할 수도 없다.

'조용한 철수(quiet withdrawal)'는 전통적 권력으로 억압할 수 없고, 아무도 믿지 않는 선전을 통해 흩어버릴 수 없는 전혀 새로운 형태의 사회운동(social movement)이다. 중국 인민들이 전혀 일자리로 돌아가지 않고 있다. 중국 인민의 조용한 철수가 중국 공산당이 해체를 선언할 때까지 지속할 것인지 귀추가 주목되고 있다.

3. TK 토끼몰이를 통한 우한 바이러스 위기감 조성

가. '신천지'와 정치권의 유착관계

'신천지'라는 종교단체는 소위 '신천지예수교 증거장막 성전'의 약칭이다. 저들은 '새하늘 새땅'이란, 성경에 약속된 눈물·아픔·슬픔·죽음이 없는 신앙인의 궁극적 목적지인 영생의 나라라고 한다. 그 천국이 1984년에 재림 예수의 영이 이만희 교주를 통해 창조되었다고 주장한다. 예수를 믿어 구원받는다는 지금까지의 기독교는 심판받아 종말을 고하여 사단의 나라 바벨론이 되었다고 주장하며, 이제는 예수님이 보내신 이만희 교주를 믿어야 구원받는 새로운 시대가 열렸다고, 1984년을 '신천지' 원년으로 삼고 있다.

2020년 3월 2일 이만희가 기자회견을 하면서 박근혜 전 대통령의 이름이 쓰인 가짜시계를 의도적으로 차고 나와 논란[7]이 되었듯이, '신천지' 집단은 정치권과 매우 밀접한 관계를 유지하여 왔으며 또한 계속하여 이를 이용하려고 한다.

가장 대표적인 것이 봉사단체를 통하여 정치권과 접촉하는 방법이었다. '신천지' 집단은 〈천지일보〉, 봉사단체를 자처하는 유관단체 사단법인 〔만남〕 및 그 하부조직들을 동원하여 언론을 장악하거나 인터넷 여론을 장악·왜곡시켜 왔다. '신천지'는 이런 유관조직들을 이용하

---

7 진위 여부로 논란이 일자, '박근혜 시계' 제작업체 로만손 측에서 자사 제품이 아니라고 밝혔다. 3월 3일 〈조선일보〉 사설에서 김광일 해설위원이 아직 뜯지 않은 진품 '박근혜 시계'를 직접 언박싱해 공식 '박근혜 시계'를 확인해 주는 영상을 올리기도 하였다. 과거에 이미 검찰이 '가짜 시계'로 확인하고 처벌했던 사실도 드러났다.

여 외곽에서 〈신천지〉를 지원하고, 대내외 정보를 입수하고 홍보하는 활동을 하면서 이를 정계·정부기관·기업 등과 컨텍 포인트(Contact Point)로 활용해 온 것이다.

특히, '신천지'는 정치적 연결·유착관계 형성을 통하여 '신천지'와 관련된 사건들에 있어서 직·간접적으로 영향력을 행사하거나, 마치 그러한 영향력이 있는 것처럼 보여지게 하였다. 가장 먼저 자신들과 직접적 관계가 있는 문화체육관광부·검찰·경찰·세무서·국세청·교육지원청·국립서울현충원 등이며, 이들 국가기관들이 관련된 사건들에서 '신천지'가 우위를 차지하거나 그 사건의 진실을 왜곡하거나 그 사건의 본질을 피해갈 수 있었다.

이러한 의미에서 '신천지'의 정치적 유착관계 내지 정치적 침투활동에 대하여 간과해서는 결코 안 된다는 것이다. '신천지'가 【정당법】과 【공직선거법】을 위반하면서까지 '신천지' 교도들을 조직적으로 동원하여 왔다는 것은, 조직적 인원동원이 필요한 정치인들에게 뿌리칠 수 없는 매력적 힘이 되어온 것이 현실이다.

정치인들이 이들 위장조직들 내지 조직원들이 '신천지'라는 사실을 몰랐거나 혹은 알았거나(물론 알고 있었다고 할지라도 이러한 인지사실을 부인하겠지만) 여부를 떠나서 '신천지'에 있어서 자신들이 가진 조직적 인력동원 능력, 즉 교주의 명령이라면 일사분란하게 움직이는 군대보다 더 강력한 조직력은 정치권으로부터 직·간접적 보호가 필요한 '신천지'에 있어 유착관계를 형성해야 할 대상이 됨에 분명한 것이다. 이러한 이유로 정치단체 특히 집권세력에 침투하여 그 단체의 의사결정권까지 좌우할 수 있는 수준의 핵심적 위치에까지 이르게 된 것이다.

'신천지' 집단은 각종 행사에 정치인들을 동원하여 축사 및 인사를 하도록 하고, 정치인들과 유착관계를 유지하여 왔다. 한 예로, '신천지'는 '신천지' 내부의 행사인 수장절 행사에 과천의 도의원·시의원들을 참석케 하여 축사를 하게 하였고, 과천 산 옮기기 동영상에서 볼 수 있듯이 과천을 '신천지'의 도시로 만들기 위하여 '신천지' 교도들의 입맛에 맞는 시장과 시의원을 자신들의 손으로 뽑겠다는 모략을 펴기도 하였다. 강모 의원·이모 의원 등이 '신천지' 체육대회 행사에 참석하여 축사를 하였고, 서모 의원의 〔청원사랑〕이라는 모임에 '신천지' 교도들이 조직적으로 동원되어 여론을 조작하는 집단적 불법행위를 자행하기도 하였다.

이번 사태가 나기 전까지 어떤 실세 의원의 경우는 '신천지' 교주 이만희와 지속적 관계를 유지하고 있는 것으로 보이며, 실제로 의원들이 '신천지'와 긴밀하게 관계를 유지하여 오면서 '신천지'의 각종 행사에 참석하거나 지원을 해왔다. 서울시장 후보 인터넷 투표조작 사건에 '신천지' 신도들이 조직적으로 개입하기도 하였고, 동영상 및 동원지시서 자료와 같이 선거를 앞둔 의원의 출판기념회에도 '신천지' 교주 이만희를 비롯한 '신천지' 교도들이 조직적으로 동원되었으며, 이에 모 의원은 행사장에서 교주 이만희에게 "특별히 어려운 걸음을 해주신 이만희 목사님께도 감사의 말씀을 드린다."고 답례를 하기도 하였다. 이러한 인사는 '신천지' 교도들에게 있어 '신천지' 교주 이만희를 더욱 우상화하고 자긍심을 고취시켜 다시 이들을 더욱 결속시키는 효과를 가져왔던 것이다.

'신천지' 교주 이만희는 대통령과 찍은 사진들을 걸어놓고 손님들 앞에서 대놓고 자랑하였다. 이러한 것은 정치인들로부터의 인증을 받아 '신천지'의 정당성을 주장하는 근거의 수단으로 이용되어 왔다. 또한 '신천지'는 유관단체들을 통해 대외적으로 각종 사회활동, 특히 봉사활동과 문화활동에 치중하여 왔다. 이는 '신천지'를 대외적으로 포장하고 미화하는 수단으로 '신천지'의 부정적 이미지를 씻어내는 숨은 의도뿐 아니라, 동시에 '신천지' 교도들을 자긍시키고 결속시키는 역할을 하여 왔던 것이다.

이를 활용하기 위하여 '신천지'가 위장언론 〈천지일보(뉴스천지, 대표자 이상면)〉를 운영하고 있다. ①'신천지' 외곽에서 '신천지'를 홍보 지원하기 위한 목적, ②'신천지' 내부 및 외부의 정보원들의 활동루트 유지 목적, ③대외적 정치·정부·기업을 상대로 한 컨텍 포인트(Contact Point) 유지 목적으로 분석되고 있다.

위장단체 〔(사)만남〕 및 그 하부조직을 운영하는 목적 또한 같은 이유로 분석되고 있다. '신천지'의 유령 위장단체 〔(사)만남〕의 전국 약 60개의 위장 하부조직 리스트는 월간 《현대종교》 등에 공개된 바와 같다. 또한 그 리스트에 드러나지 않았지만 최근 추가적으로 문화예술단체(무용단·합창단 등)로 위장하고, 그 비밀조직을 계속 강화하고 있는 것으로 파악되고 있다.

'신천지'의 문제는 우리 모두의 문제이다. 정치권의 특정 인물에 국한된 것도 아니고 공무원의 특정 비리에만 관련된 것이 아니라, 우리 사회 전반의 의식문제이고 부정과 싸우는 양심과 도덕성의 문제이다. '신천지'와 같은 부정한 세력이 우리 사회에 존립할 수 있다는 것은 그러한 부정을 방치하는 우리의 관심과 도덕성·책임감이 같은 수준에 있기 때문이기도 하다. '신천지'로 인한 각종 피해 및 정치권과의 유착관계는 어떤 특정 종교·특정 정당과 정치세력의 문제가 아니며, '신천지'의 정치권 유착은 여당·야당·진보·보수를 가릴 것 없이 무차별적으로 진행되고 있다.

'신천지'는 자신들이 캐스팅보트 역할을 할 수 있다고 판단하면 필사적으로 달려든다. 이는 우리 사회 모두의 문제이다. '신천지'는 여타 이단 사이비와 비교할 수 없을 정도로 엄청난 조직력과 동원력을 가지므로, 정치인들에게 '신천지'만큼 매력적인 집단이 없다. 그리고 그 피해는 회복할 수 없을 만큼 심각하다.

'신천지'가 자원봉사 단체를 어떻게 활용하는지에 대하여 몇 가지 사례를 살펴본다. 먼저, 정치인과 지자체장의 행사에 인력 동원을 해줌으로써 밀착관계를 유지한다. 정치인들에게는 행사시에 위세를 과시하게 해줄 수 있는 인원 동원이 매우 중요하다. 따라서 '신천지'의 인원 동원을 바라는 정치인들은 '신천지'와 협력관계를 유지하고 있다.

또한 선거를 치러야 하는 정치인들에게 선거운동원은 비용이며, 선거운동원을 확보하는 것 자체가 애로다. 이러한 점을 이용하여 교주의 말 한마디에 수천 명에서 수만 명까지, 봉사라는 명분으로 인력을 동원해주는 '신천지'는 정치인들에게 매우 솔깃한 자산이 되는 것이다.

'신천지'가 정치권의 이슈에 맞게 주장하는 구호의 변형 사례이다.

2018년 8월 '신천지'에서는 정부의 친일청산 명분에 동참하고자 하였다. 그래서 일제시대 한국 교회의 신사참배에 시비를 걸며 회개하라는 내용을 주장하였다. 그 이전까지 '신천지'에서는 지역별 한국 교회에서 상담소를 통해 '신천지'의 문제점을 알리자, 저들은 "강제 종교개종 반대하라"는 것에 집중하였다. 그리고 기성 전통교회의 〔한기총〕 총회장 선거의 의혹사건을 이용해서, "한기총 비리 밝혀라"로 변경하기도 하였다. 그러다가 최근 전까지 현 정부의 친일청산 문제가 불거지자 "신사참배 회개하라"로 변경하였던 것이다.

이만희가 원래 친문 성향이라는 주장이 다수 제기된 바 있다. 가장 대표적인 사례가 18대 대선 당시 '신천지' 기관지로 알려진 〈천지일보〉 메인 화면에 내걸린 문재인 홍보이다.

문재인 정부 등장부터 줄기차게 주장하는 '남북평화협정'에 관하여 '신천지'의 지원활동이다. 문재인 정부는 '2018 평창 동계올림픽' 개최를 100여 일 앞두고 11월 3일 시작된 평화협정 체결촉구 서명 캠페인

을 시작하였다. 이에 ‘신천지’ 집단에서 가장 적극적으로 나섰다.

‘신천지’의 주관단체는 〔세계여성평화그룹(IWPG)〕이며 윤현숙 본부장이 이끌고 있었다. 이들은 12월 3일 세종문화회관 앞 성명서 발표를 시작으로, 〔세계여성평화그룹(IWPG)〕이 주최한 ‘평화협정 체결촉구 서명운동’이 시행된 지 한 달 보름 만에 13만 명을 돌파했다고 주장하였다. 당시 윤현숙은 “세계여성평화그룹은 50여 일 앞으로 다가온 ‘2018 평창 동계올림픽’이 역사적인 평화올림픽으로 세계사에 기록되길 바라며, 이를 위해 세계여성평화그룹(IWPG)은 한반도 평화실현을 위한 한반도 전쟁종식 평화협정 체결 및 천만서명 캠페인 동참을 거듭 촉구하는 바입니다.”라고 언급하면서, “평화협정을 통해서만 핵을 포함한 한반도의 모든 살상 무기를 제거하고 남북 간 민간 교류의 물꼬를 틀 수 있다.”고 하였다.

IWPG와 평화협정 천만서명운동 (2018년 1월)

〔세계여성평화그룹(IWPG)〕은 '신천지'가 운영하는 사단법인이다. 한때 이만희의 내연녀인 김남희 씨가 대표로 있었다. 그러나 내부 헤게모니 다툼으로 김남희 씨가 '신천지'를 이탈하였고, 그 후임자로 윤현숙이 이끌고 있다. 2017년 11월 29일자 한 언론에서는 "(사)하늘문화세계평화광복(HWPL)이 UN경제사회이사회 산하 NGO로서 국제청년평화그룹(IPYG)과 (사)세계여성평화그룹(IWPG)을 통해 국제 평화와 안정을 위한 정부·시민사회·국제기구를 연결하는 네트워크와 거버넌스를 구축해 온 과정을 소개했다."고 보도하였다.

2017년 11월 28일 〔(사)하늘문화세계평화광복〕 이만희 대표가 가평군 〔(사)하늘문화세계평화광복(HWPL)〕 평화연수원에서 열린 서울·경기·강원 종교지도자 평화실현 컨퍼런스에 참석하였다. 여기에는 김원택(〔한국이슬람문화협회〕) 사무총장, 배영기 〔(사)성균관 유림원로회〕 부의장, 최윤성 대표(〔한국기독교미래종교포럼〕), 유진환(〔전국범국민구국연합회〕) 의장이 발제자로 나섰다.

'신천지'가 말하는 '전쟁종식 평화협정 체결'이라는 말은 '이제 미군은 필요 없으니 한반도에서 나가라'는 말의 다른 표현이다. 이를테면, 이제 전쟁은 끝났고, 우리끼리 평화협정 맺어 알아서 할 테니 미국은 손떼라는 말을 아름답게 포장한 말이 '전쟁종식 평화협정 체결'이라는 것이다. '신천지'는 한마디로 종북 세력에게 힘을 실어주는 행사를 하고 있는 것이다. 바로 문재인 정권에 맞는 코드 행사를 하고, 원하는 요구를 관철시키려는 의도인 것이다.

2018년 세종대 '한반도 평화통일 콘서트' 격려사에서 현 집권당의 평화통일 정책에 적극 홍보자로 전락하였다. 2018년 9월 20일 서울 세종대학교 대양홀에서 열린 '한반도 평화통일 강연 콘서트'가 열렸으며, 이날 행사는 이만희가 대표로 있는 〔(사)하늘문화세계평화광복(HWPL)〕이 주관했다. 당시 행사에서 이만희는 "그동안 남북이 6자회담이니 무슨 회담이니 하면서 만났지만 쉽사리 그리 되지는 않았다. 그러나 이제는 북한에서 스스로 핵을 갖다 버리고 평화로 나왔다."고 평가했다. 이만희는 당시 강연의 공식 연사는 아니었지만, 격려사를 위해 연단에 올랐던 것으로 알려졌다.

이만희는 이어 2018년 4월 27일 판문점에서 성사된 문 대통령과 김정은의 1차 남북정상회담을 두고 "(김정은이) 북에서 남쪽까지 내려와서 양 지도자가 평화의 손을 잡았다."고도 했다. 문재인 대통령은 이만희가 이런 발언을 하기 3일 전인 2018년 9월 18일 평양을 방문해 발언 당일인 20일까지, 김정은과 3차 남북정상회담을 가졌다.

이만희는 또 "무엇이 통일인가. 같은 나라, 같은 민족, 같은 말, 같은 글, 왕래하면 통일이다. 자유왕래하면 통일인데, 왜 그걸 못 하게 하나"라고도 주장하여 문재인 정부의 대북정책을 적극 지지하는 발언을 하였던 것이다.

현 집권당 세력과 '신천지' 집단의 관계로서 먼저 예를 들 수 있는 게 박원순 서울시장이다. 박원순 서울시장은 2014년과 2016년 두 차례에 걸쳐 '신천지' 소속 신도와 자원봉사단에 각각 봉사상과 모범상을 수여했다. 이해찬 더불어민주당 대표는 2012년 민주통합당 대표를 역임할 당시 〈천지일보〉 행사에 축전을 보냈고, 김부겸 민주당 의원도 2017년 행정안전부장관 시절 '신천지' 자원봉사단에 표창장을 준 바 있다.

한편 '신천지'는 2011년 11월 〔영원한복음예수선교회〕라는 이름으로, 서울시의 비영리사단법인 설립 허가를 받았다. 이후 〔새하늘 새땅 증거장막성전 예수교선교회〕로 이름을 바꾸고, 대표도 이만희로 변경했다. 한마디로, 서울시는 박원순 시장 등장 이후에 '신천지'의 법인 설립부터 변경까지 모두 승인되었다는 점이다.

앞서 '신천지'는 2011년 당시 경기도에도 법인 설립을 신청했으나 경기도는 허가를 내주지 않았었다. '사회적 물의'가 불허 이유였다. 이 때문에 '신천지'의 법인 설립을 허가한 서울시는 더욱 비판받았다. 이에 대해 유연식 서울시 문화본부장은 "경기도에는 법인 신청이 '신천지'라는 이름으로 들어왔고, 대표도 이만희로 신청이 돼서 '신천지'의 정체성을 확실하게 알 수 있는 상황이었다고 들었다."며, "법인 변경 허가는 설립보다 용이하게 내주는 것이 행정관청에 통상 있는 일이지만, 신중하지 못했던 점은 인정한다."고 말했다.

이를 보면, 박원순 시장이 고심 끝에 큰 판단을 내리고 있는 것처럼 포장되어 있다. 그러나 사실관계를 확인해 보면, '신천지'는 2011년 11월 30일에 서울시에서 사단법인 설립 허가(〔영원한복음예수선교회〕)를 받았다. 그런데 박원순은 2011년 10월 26일 보궐선거를 통해 서울시장이 되었다. 이 사실은 과연 무엇을 설명하고 있을까?

나. TK 토끼몰이 나팔수들

1) 박능후, 강경화의 자살골

문재인 정부 각료들은 정부의 책임을 회피하려는 목적에서 내뱉은 불필요한 말로 국민들의 화를 더 돋운다. 박능후 보건복지부장관은 국회에서 "(확산의) 가장 큰 원인은 중국에서 들어온 한국인, 한국인이 중국에 갔다가 들어오면서 감염을 가져온 것, 중국에서 들어온 우리 한국인이 최대 원인"이라며 공식적으로 국민 탓을 했다. 전형적인 내로남불이자, 잘못은 무조건 남 탓으로 돌리는 이 정권의 전형적인 속성을 그대로 드러내고 있다.

정부의 잘못을 국민 탓으로 돌리며, 외국에서 우리 국민이 수모를 당해도 할 말 없게 만드는 건 강경화 외교부장관도 마찬가지다. 강 장관은 우리 국민이 외국에서 아무 고지도 못 받고 비행기에 탄 채 쫓겨나고 수용소에 갇히고 모멸적 차별을 감내하며 조롱당하고 있는 지금, 한가하게 제네바 유엔인권이사회 연설이나 한다. "특정 종교를 중심으로 확진자가 폭증했다."고 내부로 비난의 화살을 돌리면서 말이다. 어떻게든 정권의 코드에 맞춰 여론 악화라는 골을 억지로 막아내려고 속임수라는 반칙을 쓰다가, 오히려 총선을 앞둔 국민들의 눈높이에 한참 벗어나게 되어 여론의 역풍이라는 자살골을 넣게 된 셈이다. 한마디로 말해서, 박능후와 강경화의 우한 바이러스 대응은 전형적인 자살골이다.

2) 유시민과 박원순과 이재명의 가세

여기에다가 소위 여권의 차기 대권주자로 회자되는 유시민과 박원순, 이재명의 우한 바이러스 사태의 책임 몰아가기 책동에 대한 가세는 점입가경이다. 노무현재단이사장 유시민은 질병관리본부의 건의에도 불구하고 초기에 감염원인 중국인의 입국금지 조치를 하지 않은 문재인 정부의 과오를 엄호하기 위하여, 대구시장 권영진이 우한 바이러스가 대구에 창궐하고 있는데 마치 손을 놓고 있는 것처럼, 그 책임을 덮어씌우는 선동을 하며 언론공세를 하고 있다.

한편 서울시는 '신천지'를 마녀사냥하기 위하여 2020년 3월 1일 오후 8시쯤 '신천지' 총회장인 이만희와 12개 지파의 지파장을 【살인죄, 상해죄 및 감염병 예방 관리에 관한 법률】 위반혐의로 서울중앙지방검찰청에 고발하였다. 고발 이유는 "피고발인들이 검진을 거부하고 있다."며, "우한 바이러스 전파 방지를 위해 신도들이 방역당국에 적극적으로 협조하도록 하는, 어떠한 조치도 취하지 않았다."고 고발 배경을 설명하였으나 이러한 행위는 전형적인 마녀사냥이다. 이에 장단을 맞추어 이재명은 교주 이만희가 경기도 가평 수련원에 있는 것을 알고 급습, 그를 과천으로 데리고 가서 우한 바이러스에 감염되었는지 여부를 확인하는 등, 온갖 쇼를 다하면서 '신천지'의 마녀사냥을 통한 국민들의 시선 빼앗기에 동참하였다. 이는 초기에 감염원인 중국인 입국금지 조치를 하지 않은 문재인 정부를 엄호하기 위한 술책으로, 이를 통하여 문재인 정부와 반중 감정을 희석시키기 위한 전형적인 시선 돌리기 선전선동술책이다. 이들의 행동은 도둑질을 하기 위하여 담을 넘어야 하는데, 집을 지키는 개가 도둑을 발견하고 짖어대자 시선을 돌리기 위하여 미끼로 먹잇감을 던져주는 것과 마찬가지인 유인책이다.

3) 여당 예비후보들의 검찰 수사 압박

이처럼 여권 차기 대권주자들의 국민 시선 돌리기 선동에 여당의 예비후보들이 줄지어 적극 호응하고 있다. 특히 '신천지'에 대한 고발사건에 대하여 검찰을 압박하는 모양새는 점입가경이다. 지난 2월 28일 우한 바이러스가 날로 확산되어 국민들의 불안이 가중되고 경제가 악화되는 가운데, 이낙연 국무총리 비서실에서 비서관으로 근무했던 더불어민주당 의정부을 문은숙 예비후보가 "윤석열 검찰총장의 늑장 대응이 사태를 더 악화시킨 것이 아닌지 불안하고 안타깝다."고 발언하며 불을 지피고 있다. 그녀는 자신의 페이스 북에 "빛의 속도로 이뤄졌던 조국 전 장관 수사와 달리, '신천지'와 이만희 총재에 대한 수사는 코로나19가 창궐하고 나서야 뒤늦게 추진하고 나섰다."면서 "직무유기 아니냐."고 주장했다.

한편 더불어민주당 남양주병에 전략 공천된 김용민 예비후보 역시, 윤석열 검찰총장에 대한 압박에 가세했다. 그는 3월 2일 "정치적 이슈에는 최고 권력자처럼 굴던 검찰이 이만희 신천지 교주 수사에는 미온적"이라며 윤석열 검찰총장을 겨냥한 글을 자신의 페이스 북에 남겼다. 이어서 그는 "서울시가 신천지 이만희 회장 등을 고발해 법무부장관이 수사를 지시했는데, 검찰이 미온적이라는 지적이 있다."며, "신속하게 수사를 하지 않는 이유가 무엇일지 궁금하다."고 했다. 그러면서 "정치적 이슈에는 최고 권력자처럼 굴던 검찰이 이럴 때 존재감이 없다는 게 신기할 따름이다."라는 말로 이만희 교주 수사를 촉구하며, 간접적으로 '윤석열 총장이 이끄는 검찰이 정치를 하고 있다'고 비판했다.

어쨌든 더불어민주당 예비후보들의 검찰 압박하기는, 중공과 그 하수인 문재인 정부의 큰 그림 아래 세부적인 프로파간다를 실행하는 하부 조직원의 활동이라고 할 수 있다.

4) 미국인을 가장한 중공인 교수의 선동[8]

우한 바이러스를 통한 4.15총선 부정선거 획책과 한국의 디지털 독재 사회 실현 음모를 알아채고 유튜브를 통하여 방송하는 논객들이 늘어나자, 문재인과 중공 정부는 초조함을 드러내기 시작하였다. 그 하나의 단서가 바로 미국인을 가장한 중공 국적의 과학자를 내세워 '신천지=미래통합당'이라는 프레임을 선전하는 것이었다. 이로써 필자는 더욱더, 4.15총선 전에 창궐하는 우한 바이러스는 중공의 훈수에 따른 장하성과 노영민과 양정철이 한 팀이 되어 펼치는 공작임을 확신하게 되었다.

"美 예일대 박사 '코로나19 변수? 신천지·통합당"이라는 제목에 끌려 기사를 읽어보면, 부제를 네 가지로 뽑아 한눈에 들어오게 배치하였다.

---

8 이 글은 〈CBS 노컷뉴스〉 유원정 기자(ywj2014@cbs.co.kr)가 "美 예일대 박사 '코로나19 변수? 신천지·통합당"이라는 제목으로 단독 취재한 기사(2020. 3. 11.)를 바탕으로 작성하였다.

(1) 한국 정부 코로나19 방역 시스템에는 "모두가 부러워해" (2)코로나19 감염 차단 변수로는 일부 노년층·신천지·통합당 꼽아 (3)"중국인보다 신천지가 영향 크지만 여전히 비판 계속" (4)"코로나19 정치화에 실망…통합당 지지 노년층 방역에 비협조적"만 얼핏 보아도 문재인을 칭찬하고, 제1야당인 미래통합당을 비판하고 있음을 한눈에 알 수 있다. 그 기사를 살펴보면 더욱 가관이다.

부산에 거주하는 미국 예일대학교 세포생물학 박사가 한국 정부의 코로나19 대응에 박수를 보내면서 제1야당인 미래통합당에는 쓴소리를 건넸다. 동서대학교 교수로 재직 중인 저스틴 펜도스 박사는 10일 미국 잡지 '더 디플로맷'(The Diplomat)에 '한국의 코로나19 발생에서 얻은 교훈: 좋은 놈, 나쁜 놈 그리고 못난 놈'(Lessons From South Korea's COVID-19 Outbreak: The Good, Bad, and Ugly)이라는 제목의 글을 실었다.

그는 자신의 지역사회 활동 경험을 바탕으로 감염증 방역에 대한 한국 정부의 SOP(표준 운용 절차)를 평가했다. 펜도스 박사는 "기능적인 SOP가 없는 국가가 많아 조직적인 대응이 어렵고, 심지어 미국과 일본도 혼란스러워 이런 절차가 없다는 우려를 빚고 있다. 한국과 대만은 강력하고 일관되게 이 절차를 보여준 국가 중 하나"라고 소개했다. 이어 "사스와 메르스 등 경험에 따라 감염증 관리에 많이 투자한 점을 감안하면 놀랄 일은 아니다. 한국의 SOP는 투명한 정보 공개, 대량의 검사, 확진자 격리와 치료, 오염된 환경 소독 등 5가지 단계를 요구한다. 내가 이야기를 나눈 국내외 전문가들은 한국을 부러워하는 데 동의한다"라고 덧붙였다. 지역사회 감염 예방을 위해 필수적으로 마스크를 착용하는 한국 문화도 언급했다. 그는 "한국인들은 이동시 사회적으로 의식하는 경향이 있다. 감염병 억제를 위해 이것은 믿을 수 없는 선물"이라며 "대다수 한국인들은 자신뿐만 아니라 타인을 보호하기 위해 마스크를 쓴다. 길거리에서 마스크를 쓰지 않는다면 틀림없이 비난받을 것"이라고 전했다.

물론, 적절한 코로나19 대응 시스템과 성숙한 시민의식 사이에도 변수는 존재한다. 글에 따르면 그 변수는 '검사가 필요 없다'고 생각하는 일부 노년층과 믿음으로 뭉친 이단 신천지 집단, 그리고 미래통합당의 코로나19 정치화 등이다.

펜도스 박사는 "한 달 동안 우리는 한국 전역의 노인들이 검사 또는 격리를 거부한다는 산발적인 보고를 받았다. 가장 널리 알려진 확진자는 대구의 61세 여성이다. 두 차례에 걸쳐 검사를 거부한 이 환자 31번은 37명을 감염시켰다"면서 "일부는 정치적 성향에 따라 이런 행동이 나타나고, 다른 이유는 낮은 과학적 지식"이라고 설명했다. 신천지에 대해서는 "신천지 교인들, 그리고 이 교인들과 접촉한 확진자는 코로나19 감염 사례의 3분의 2를 차지한다. 수백 명 사람들이 몇 시간 동안 좁은 공간에서 모이는 독특한 예배 스타일은 구성원 간의 높은 전염을 유발했다"라고 부정적으로 평가했다.

마지막으로 그는 미래통합당이 보수언론 등과 함께 현 정부를 공격하기 위해 코로나19를 정치적으로 이용했다고 강도 높게 비판했다.

펜도스 박사는 "일부 한국 언론은 문재인 정부의 코로나19 사태 수습에 대한 비판을 계속했다. 이런 비판들은 미래통합당 의원들이 주도권을 잡고, 정치적으로 편향돼 있다"라고 지적했다. '중국인 입국금지'에서 '마스크 대란'까지, 보수 진영의 정부 비판 프레임 변화에도 의문을 제기했다.

펜도스 박사는 "중국인 입국금지가 감염자 수를 약간 줄이는 데 도움이 됐을 수는 있지만 신천지가 훨씬 더 영향력 있다는 걸 안다. 그럼에도 비판은 꺼지지 않고 있다. 대신 마스크 부족 등의 화제로 넘어갔다"고 이야기했다.

결국 이런 무의미한 정치적 공격이 코로나19 방역에 오히려 방해가 된다는 분석이다. 그는 "지역 자원봉사를 하는 과학자로서, 나는 코로나19의 정치화에 매우 실망했다. 물론 미래통합당이 내 글을 읽고 반성할 것이라는 희망은 없다"며 "특히 미래통합당을 지지할 가능성이 높은 노년층은 문재인 대통령의 무능함을 구실로 SOP 절차에 비협조하면서 오히려 코로나19 감염 차단을 더욱 어렵게 만들고 있다"라고 꼬집었다.

이 기사는 전형적인 공산당식의 프로파간다이이다. 그래서 필자는 이 기사의 출처가 《더 디플로맷(The Diplomat)》인 점이 우선 의아했다. 《더 디플로맷》은 과학잡지가 아니라 정치외교관련 잡지가 아닌가? 그런 잡지에 과학자가 기사를 게재한다는 것이 매우 특이했기에 주인공에 대해 궁금증이 생겨서 조사를 해보니, 아니나 다를까, 이름만 서양인처럼 보이는 자를 고른 것이고 실상은 전형적인 한족 외모를 가진 중공 국적의 과학자[9]였다. 중국 공산당이 노리는 것은 우리나라의 개·돼지 국민들에게 '극장의 우상'[10]에 빠지도록 유혹하는 것이다. 그가 비판하는 것은 전혀 과학적 근거가 아니라 거의 수필에 가까운 정치적 주장일 뿐이다. 중공의 지시에 따라 미리 목표가 정해진 견강부회에 불과했다. 자신이 마치 세계 최고의 명문이자 특히 우리나라 사람들이 이름만 들어도 그 권위를 인정할 만한 예일대 출신이라는 점을 부각시켜, 독자들로 하여금 '극장의 우상'에 빠져 그 기사를 참으로 믿도록 하는 것일 뿐 전혀 과학적 근거를 인정하기 어려운 정치적 요설이었다. 중공에서는 누가 되었든, 중국 공산당의 지시에 따르지 않을 경우 그들이 제정한 【반간첩법】 제30조에 따라 처벌을 받아야 한다. 아무리 세계

9 그가 스스로를 인터넷에서 "현재 중국 상하이 푸단대학교와 부산 동서대학교 교수로 임명되었습니다. Fudan에서 저는 혁신적인 교육개혁을 수용하고 전문화하는 생명과학부 전문부서인 Tan School of Genetics의 부국장입니다. 저는 동서대학교에서 과학과 영어 교과과정의 개혁과 이행을 책임지는 글로벌 생명공학과 학부장입니다. 요컨대, 나는 많은 교육을 하는 과학자입니다."라고 소개하고 있다.

10 영국의 철학자 베이컨이 말한 네 가지의 우상 가운데 하나로, 자기의 생각이나 판단에 의하지 않고 권위나 전통에 기대어 생각하고 판단함으로 범하는 편견을 이른다.

유수의 명문대를 졸업했더라도 과학자로서의 양심 따위는 고사하고 무조건 당의 명령에 따라야 하는 그의 처지를 생각하니 한없이 처량하기까지 하고, 필자의 마음이 울적해진다. 동시에, 자유를 가진 우리는 결코 공산화되어 종의 멍에를 메어서는 안 되겠다는 각오가 더욱 굳게 생겨난다.

다. TK 우한 바이러스 확산의 진실[11]

우선 대구에 우한 바이러스가 급속하게 확산된 주(主)원인은 2020년 1월 14일부터 1월 20일까지 중국 장쑤성·허난성 지역 초등학생과 중학생 1,080여 명이 대구를 찾아 각각 3일씩 체류하며, 지역 청소년들과 한·중 문화교류행사를 개최하고 고부가가치 관광을 즐겼기 때문이 아닌가 한다.

이들이 대구에 수학여행을 오게 된 것은, 대구시가 2019년 8월부터 문화체육관광국을 주무부처로 하여 국내외 각 여행사를 통해 수학여행단을 유치할 목적의 관광 상품을 개발해 적극적인 유치활동을 벌였던 결과였다. 그 결과 '2020 대구·경북 관광의 해'를 맞아 2020년 1월 14일 한·중 양국의 학생들을 통한 문화교류로 상호 간의 이해와 우애를 증진하기 위해 대규모 중국 수학여행단이 방문했던 것이다. 최근 중국 정부의 방한 단체관광 금지조치 일부 해제 및 허용 확대로 방한 관

---

11 이 글은 〈문갑식의 진짜TV〉의 "특종! 대구의 진짜 비밀, 이제는 밝힐 수 있다"라는 제목의 2020. 2. 28.자 방송과 2020. 1. 14.자 〈뉴시스〉의 정창오 기자가 작성한 기사를 참조하였다.

광시장이 다소 회복 조짐을 보임에 따라, 대구시는 중국 현지 민간단체와의 교류 확대 및 문화·예술·교육·스포츠를 관광에 접목한 고품격 관광교류 프로그램을 운영하고 있었다. 이번에 초청된 중국 수학여행단은 대구에 머무는 동안 주요 관광명소를 둘러보았고, 문화예술회관 팔공홀에서 지역 구남중학교·북대구초등학교 200여 명의 학생들과 '한·중 청소년 문화예술 교류행사'를 가지기도 했다.

그런데, 이 중국 수학여행단 중 중국 강소성 화련시 소재 렌수 이현 외국어초등학교는 이미 학교 인접한 곳에서 우한 바이러스가 전파되어 사망자가 66명이나 발생한 상태였다. 또한 이 학교는 우한 소재 외국어학교와 긴밀한 교류가 있는 학교였다. 대구시는 중국 우한시와 자매결연을 맺고 있었기 때문에, 경상북도와 함께 의료·경제계가 나서서 중국 우한시 등의 우호 협력도시에 우한 바이러스의 급속한 전염 방지를 위해 마스크까지 긴급 지원도 했다고 한다. 그런데도 불구하고 우한 바이러스의 전파 경로를 숨기고, '신천지'를 감염원이라며 마녀사냥을 하는 것은 우한 바이러스를 통해 정치권끼리만 알고 있는 모종의 거대한 음모가 진행되고 있는 하나의 방증이 아닐까? 이 사태가 진정되면 이 사실에 대해 철저히 수사해야 할 것이다. 만약 그 수사과정이 부실할 경우에는 마땅히 국정조사를 실시, 그 흑막을 낱낱이 밝혀내야 할 것이다.

라. 우한 바이러스 확산을 방치한 이유

우한 바이러스 확산 방치의 주범은 당연히 문재인 주사파 정부와 중국 공산당이다. 대구에서 우한 바이러스가 창궐하고 있는 이유는 '신천지' 집단 때문이 아니라, 오히려 '2020년 대구 방문의 해'를 맞아 여행을 온 중국 강소성 화련시 소재 렌수 이현 외국어초등학교 수학여행단일 가능성이 크다. 그런데도 대구시와 문재인 정부의 묵시적인 정치적 담합 아래, 의도적으로 전광훈 목사를 구속하면서 우한 바이러스 창궐을 핑계로 2월 29일 3.1절 대회를 막았다. 그리고는 이미 예상했던 대로, 정세균은 2020년 3월 15일 헌정사상 최초로 자연재해가 아닌 감염병을 이유로 대구와 경북 일부지역에 대해서 특별재난지역으로 선포하였다. 우한 바이러스 창궐의 여파로 4.15총선에서 폭망할 것으로 예상되는 경우에, 문재인 정부는 국가재난사태를 선포하여 선거를 연기할 공산이 크다는 흉흉한 소문이 나돌고 있다. 이러한 조치에 대해 국민들이 심하게 반발하면 못 이기는 척 그 절충안으로 휴대폰이나 컴퓨터 등 전자통신기기를 사용한 투표로 선거를 진행하자고 제안한 후 이를 강행하여, 결국 부정선거를 획책하려는 음흉한 플랜 B가 마련되어 있을지 모른다.

3월 18일에는 드디어, 중공 앞잡이 송영길 의원이 우한 바이러스로 인한 감염 방지를 핑계로 "사전투표 기간을 2일에서 5일로 늘려야 한다."고 주장[12]하며 바람을 잡고 있다. 송영길은 이날 페이스 북의 글과 보도 자료에서 "대외적으로 총선이 연기되면 국가신인도에 큰 타격을 받을 것"이라면서, "오히려 이번 선거는 코로나19 이후 대한민국이 어

---

12 보다 자세한 내용은 2020. 3. 18. 〈연합뉴스〉 김동호 기자가 작성한 "송영길, 총선 연기시 국가신인도 타격…사전투표 5일로 늘려야"라는 제목의 기사를 참조하시기 바란다.

떤 미래로 갈 것인지 가르는 중요한 선거이기에, 더 많은 국민이 투표에 참여할 수 있는 제도적 장치 마련이 필요하다."고 주장했다. 또 "투표로 인해 행여 있을 코로나19 감염 방지를 위한 방법도 반드시 모색해야 한다."면서, "이 두 가지를 해결하기 위해 사전투표일 연장이 필요하다."고 거듭 강조했다. 그의 이러한 주장은 4.15총선의 총체적인 부정을 위한 중공의 지령에 따른 각본일 가능성이 높다.

문재인 주사파 정부가 중공의 눈치를 보며 중국인 입국금지를 하지 못하는 것이 아니라, 4.15총선의 부정을 저지르기 위해 일부러 중국인 입국금지를 하지 않는 것이라 판단되는 이유가 시간이 갈수록 뚜렷하게 드러나고 있다. 지난 촛불광란 때 중공이 중국인(유학생) 5만 명을 동원시켰고, 2017년 5.9 대선 때에는 천문학적 정치공작금을 투입하여 문재인의 당선을 위한 부정선거에 크게 도움을 주었다고 한다. 그 구체적 근거는 당시 중국에서 150만 원 상당 비트코인 교환권 살포, 중국에 넘어간 홈플러스·금호타이어 등과 〔민노총〕·〔전교조〕 등이 조직적으로 문재인을 적극 지지한 것을 들 수 있다. 중공과 북한의 지령을 받은 이들에 의해 박근혜 대통령이 탄핵을 당했고, 그리고 언론을 동원한 여론조작·댓글부대를 동원한 여론조작과 사전투표 조작, 이미 조작된 여론에 맞추어 전자개표기를 사용하여 짜 맞춘 득표조작 등 온갖 수단과 방법을 다 동원하여 박근혜 정권을 강탈한 것이었다. 이는 바로 전 세계를 공산 독재화하기 위해 공산당의 종주국을 우선시하고, 중국을 중심으로 연대하는 국제코민테른으로 문재인이 촛불 쿠데타를 자행한 그 배후가 PC좌파이며, 그 수하는 중국 공산당과 북한 통전부였다. 따라서 우한 바이러스 확산을 방치한 주된 이유는 미·중 패권전쟁 중 무역전쟁에서 패하고 아프리카 돼지열병 등으로 망국의 위기에 몰린 시진핑이 이판사판으로 우한 바이러스를 우리나라에 창궐시킨 후, 중공식 디지털 독재사회를 실현하여 한국을 중공을 맹주로 모시는 공산속국으로 만들어 미국과의 패권경쟁에서 기사회생해 보겠다는 고육지책으로 판단된다.

4. 4.15 총선을 통한 중공속국화의 거대한 음모

가. 대한민국의 실험도시인 대구

왜 하필이면 대구가, 우한 바이러스가 창궐하는 도시가 된 것인가? '신천지' 신도만을 살펴본다면 서울·경기 지역이 7만 4천여 명, 전남·북이 4만 6천여 명, 대구·경북이 1만 2천여 명으로 타 지역에 비해 대구·경북의 인구비율이 오히려 높지 않다. 그럼에도 불구하고 왜 대구·경북의 '신천지' 교회를 중심으로 우한 바이러스가 급속히 감염되었을까? 필자는 이것이 우연히 발생한 것이 아니라, 적어도 어떠한 숨은 목적 아래 은밀하고 계획적으로 진행되고 있다고 판단한다. 그 판단의 근거는, 우한 바이러스에 의한 사망자나 치사율이 통상의 독감이나 다른 감염병에 비해 그렇게 치명적이지 않음에도 유난히 야단법석을 떨어대는 꼴을 보니 무언가 숨은 목적이 있다는 것이다. 이러한 가정 하에서는 유독 대구에서 우한 바이러스가 급속히 창궐한 이유가 바로, 아래에 인용한 '대한민국의 실험도시로서의 대구의 역할론'[13]과 긴밀한 상관관계가 있다고 생각된다.

"대한민국의 실험도시는 대구라고 밝힌 바 있다. 은행 온라인이나 ATM, 신용카드, 의료보험 등 우리의 일상생활 시스템 상당수는 대구에서 우선 시행해 보고 개보수 과정을 거쳐 전국으로 확대된 것이다.

---

13 이 글은 필자의 고교 동창이자 페이스 북 친구인 김영선이 "대구, 이겨낼 수 있다"라는 제목으로 2020년 2월 21일 페이스 북에 올린 글을 참고하였다.

서울이나 부산은 도시 규모가 너무 커서 사회적 실험비용이 많이 든다. 반면 대구보다 작은 지역은 모집단 인구가 작거나, 지역범위가 좁거나, 경제력이 달려서, 대한민국의 실험기준이 되기에 역부족이다. 따라서 이래저래 사회학적 실험이나 정책은 대구에서 우선 시험해 보고 전국으로 확산시키는 것이다.

기업의 신상품도 마찬가지다.

우선 대구에 먼저 찔러 넣어보고 반응을 살피며 전국으로 확대하는 것이 다반사다.

여기에는 대구 사람들의 까다롭고 깐깐한 성격도 한 몫 한다.

한마디로 대구에서 OK하면 전국에서 다 통한다. 현재 전국 아파트의 롤 모델이 대구였다는 사실을 아는 사람은 다 안다.

이런 대구에서 우한 바이러스가 지뢰밭처럼 동시다발적으로 터지고 있다. 다행히 대구의 의료수준은 대한민국 최고 수준이다. 의료계의 절대권력 서울의대와 세브란스의대 쌍두마차에 한판 뜨자고 달려드는 유이한 대학이 경북의대와 전남의대다. 그 경북의대를 필두로 제중원의 명맥을 이어오는 계명대동산병원, 개원 때부터 그 시설로 전국을 놀라게 했던 영남대병원, 그리고 카토릭의대의 전통이 연결된 대구카토릭대병원 등이 대구에 포진되어 있다.

대한민국 실험도시 대구에서 대한민국 최고의 의료진을 바탕으로 코로나폐렴과의 전쟁이 시작된 것이다.

이 승부의 결과는 곧 코로나폐렴에 관한 한 대한민국의 명운과 함께할 것이다.

이길 수 있다, 대구.

그대들이 걸어온 길은 언제나 대한민국의 이정표요 바로미터였다.

불행인지 다행인지 이번에도 자신들의 숙명을 못 버리고 또 다시 코로나폐렴의 실험도시가 되었지만, 그대들은 해낼 수 있다.

나는 대구를 믿는다."

윗글과 같이 대구가 대한민국의 사회적·정책적 실험도시가 되어온 숙명과 아울러, 경북과 함께 2018년 지방선거에서 광역단체장이 야당 출신이 된 지역인 점이 우한 바이러스가 창궐하게 된 것과 무관하지 않아 보인다.

이미 살펴본 것같이, 박능후 보건복지부장관의 청와대 코드 맞추기 발언, 감염원인 중국인 입국금지 조치를 하지 않은 정부의 잘못을 국민 탓으로 돌린 강경화 외교부장관의 자살골, 유시민 노무현재단이사장의 권영진 대구시장 몰아붙이기 시늉, 박원순 서울시장의 '신천지' 교주 이만희에 대한 살인죄 고발 및 '신천지'에 대한 세무조사 착수 발언을 통한 마녀사냥, 더불어민주당 의정부을 예비후보 문은숙과 남양주병의 예비후보 김용민의 '신천지'에 대한 검찰의 늑장수사가 감염 확산의 책임이라는 식의 억지 논리로 윤석열 검찰총장에 대한 수사 압박하기 등 각자 역할을 분담하여 일사불란하게 매우 조직적으로 선동하였다. 이와 함께 더불어민주당 당원이 인터넷 게시판에 "대구는 미래통합당 지역이니 손절해야 한다."는 글을 올린 것과 함께, TBS(교통방송)의 라디오 프로그램 〈김어준의 뉴스공장〉을 진행하고 있는 김어준이 2020. 3. 6. 이 방송에서 대구에는 코로나19의 확진자가 급격하게 늘고 있다."며 "중국이 정말 문제였다면 인구 2,300만 수도권은 왜 10만 명 당 1명꼴로 확진자가 나오겠나? 숫자가 명백히 말한다. 코로나 사태는 대구 사태이자 신천지 사태"라고 지원사격까지 하였다. 이것은 우발적으로 더불어민주당 당원 중 한 명이 말했거나 방송인 한 명의 과장된 인식 때문이 아니다. 이들은 주중 한국대사 장하성과 청와대

비서실장 노영민과 더불어민주당의 총선 전략팀장 양정철 민주연구원 원장이 수립한 모종의 공산화 전략에 따라, 우한 바이러스의 급속한 전파 책임이 대구에 있다거나 '신천지' 교단이 감염병의 책임이 있는 것처럼 선동을 시작하였던 것이다.

이처럼 좌파들의 대구 프레임 씌우기에 사면초가에 몰린 권영진 대구시장은 3월 11일 자신의 페이스 북에서 "코로나19와의 전쟁, 야전침대에서 쪽잠을 자면서 싸운 지 22일째 접어들고 있다. 우한 바이러스와의 싸움도 버거운데 교묘하게 방역을 방해하는 신천지, 저급한 언론들의 대구 흠집 내기, 진영논리에 익숙한 나쁜 정치와도 싸워야 한다. 사면이 초가다. 코로나19책임=신천지=대구=권영진 대구시장이라는 프레임을 짜기 위한 사악한 음모가 작동되고 있는 것은 아닌지? 그래 마음껏 덤벼라. 당당하게 맞서줄게…나는 이미 죽기를 각오한 몸이다. 죽을 때 죽더라도 이 전쟁만큼은 끝장을 보겠다. 반드시 대구를 지키겠다."는 각오를 밝혔다. 과연 이 싸움의 결과는 어떻게 될까? 문갑식 전 《월간조선》 기자와 김미영 전 〈조선일보〉 기자의 폭로에 의하면, 권영진 대구시장도 친중파 정치인이라서 서로 짜고 치는 쇼일 가능성도 전혀 배제할 수는 없다.

청와대와 여권의 프레임 씌우기에 우파 시민들의 격렬한 반대의견이 봇물처럼 터져 나오지만, 전체적인 민심은 관망 중이다. 이것은 마치 기업의 신상품이 출시되었을 때, 대구에 먼저 찔러 넣어보고 소비자 반응을 살피는 것과 흡사하다. 다만 이것은 4.15 총선 전략이 겹쳐져 있고, 동시에 중공식 공안 통치를 실험하는 등 여러 가지 공산화 전략이 차곡 차곡 진행되고 있다는 점이 다르다. 문재인 정부가 정치소비자들의 반응이 너무 나빠 공산주의라는 정치상품을 거두어들일 것인지, 아니면 그 프레임 씌우기를 통해 종교의 자유마저 박탈하고 내각제 개헌을 통해 중공을 상전으로 모시는 동아시아 공산주의 연방을 완성해 나가려고 할 경우에 우리는 과연 수수방관하며 지켜보고만 있어야 할 것인가?

나. 조국 사모펀드에서 불거진 중공의 흔적

여기서는 조국이 민정수석 비서관에 재직하면서 5촌조카 조범동을 바지사장으로 내세워 자신이 직접 지시하여 사모펀드를 운용하게 하였고, 이 사모펀드가 조성되자마자 중공의 자금을 6,000억 원이나 받아들여 이를 운용하려고 했었던 점. 그리고 이 사모펀드를 운용하는 코링크프라이빗에쿼티(이하에서는 '코링크PE'라 한다)가 운용한 후 엄청난 수익을 내고 청산한 레드코아밸류업이 조국이 민정수석으로 재직할 당시에 물의를 빚었던 암호 화폐에 투자하였던 점이 바로 중공의 대한민국 점령 기도에 적극 협조한 대가성 뇌물이 아니었는지 하는 관점에서 살펴보자.

이번에 조국 가족들이 투자한 사모펀드(PEF) '블루코어밸류업1호'와 그 운용사인 '코링크PE'에서 중공과의 유착관계가 확연히 드러난다. 2019년 8월 25일 자한당 유민봉 의원실에 따르면, 2016년 2월에 설립된 '코링크PE'는 「대외사업제안서」에 사업목적을 '국내외 인프라 투자 및 사모펀드 운용'이라고 밝혔고, 또 "코링크PE가 설립 당시부터 공공SOC

사업에 초점을 두고 사업을 계획한 정황이 드러났다. 코링크PE처럼 신생업체가 사모펀드 운용 경험이 전무한 재무담당자를 데리고 공공SOC 사업을 벌인 것은, 믿는 배경이 있지 않고서는 시도하기 어렵다는 게 사모펀드 관계자들의 분석이다. 코링크PE가 운용한 펀드가 투자한 사업 내용에 대한 해명이 필요하다."고 밝혔다. 그런데 2016년 2월 금융감독원이 '코링크PE'의 자금조성을 인가한 지 겨우 보름 만에 중국 장쑤성의 화군과학기술발전유한회사(이하 '화군유한')로부터 6,000억 원의 자금을 투자받는 「양해각서」를 체결했다. 그런데 사전에 충분한 조율이 없었더라면 국제금융거래의 관행상 이처럼 해외의 거대자본을 한꺼번에 이와 같이 단기간에 유입하는 것은 거의 불가능하다.

'화군유한'은 국내 엔터테인먼트와 한국문화 관련사업에 투자하는 중국 국적의 회사이다. 그런데 이 회사들은 미국의 정보기관들로부터 문화공작을 통하여 한국 사회를 속국화하려는 중국 공산당의 지령을 몰래 수행한다는 의혹과 촛불집회 등의 기획과 진행에도 연관이 있다는 의혹을 받고 있다. 또한 겉으로는 국내 엔터테인먼트와 한국 문화 관련 사업에 투자한다고 하면서, 실제로는 차이나타운을 건설하기 위하여 집중투자하고 있다. 특히 제주도·평택은 미국에서 설정한 신(新)애치슨라인을 강화하는 해군기지들인 동시에 미군의 캠프 험프리가 있다는 점에서 중공이 전략적으로 대항적인 성격의 차이나타운을 구축하려고 하는 곳이고, 서울의 대림동이나 인천 중구·안산 반월공단·고양 일산 등 수도권 곳곳에 차이나타운을 건설하려는 목표는 꾸준히 실행되고 있다. 이들처럼 중공에서 유입된 자본의 숨은 목적은 한국사 왜곡·친중

연예인 양성·한국 부동산 매입으로 국내 중국인의 인구와 인지도를 높여, 한반도를 점차적으로 공산화시켜 나가는 전략이라는 점에서는 똑같다. 동북공정이나 백제역사 왜곡·태양광사업 등은 이처럼 모두 같은 맥락을 가진, 철저히 계획된 한국의 공산화 전략 가운데 하나인 것이다. 중국 내에서 '화균유한'은 화웨이 5G 이동통신·광중계기·재난방송중계기 등에 투자해 온 회사이다. 그런데 화웨이가 자신들이 생산하고 설치한 통신장비에 백도어(backdoor)라는 스파이칩을 내장시켜 각종 정보를 수집해 간 사실 때문에, 미국이 캐나다에서 화웨이 최고재무책임자(CFO) 멍완저우를 체포·수사를 하였다. 그 후 동맹국가들에게 안보적인 이유로 화웨이와 그 산하 계열사들과의 거래를 중단하거나 제한할 것을 요청하였다. 그런데 일본·유럽 등 미국의 여러 동맹들은 이에 호응하겠다고 답하였으나, 유독 우리 정부는 한미동맹에도 불구하고 기업 자율에 맡기겠다는 답변을 한 것은 이 '코링크PE'와도 무관하지 않다고 판단된다.

특히 이 '코링크PE'가 운용하는 '블루코어밸류업1호'의 투자를 받은 웰스씨앤티는 2017년 사업을 시작하여, 가로등 점멸기 관급공사를 2년 간 177건이나 수주하였다. 관급공사 수주액이 2017년 17억 6,000만 원에서 2018년 30억 6,400만 원으로 74.1% 급증한 것도 문제지만, 웰스씨앤티는 서울·광주·세종시 등 54곳의 공공기관과 지치단체로부터 관련공사를 수주했는데 이것이 문재인이 그 취임 초부터 제4차 산업혁명을 육성한다는 명분으로 스마트 홈과 스마트 시티 등을 강조한 것과 무관하지 않다.

따라서 문재인과 조국이 경제적 공동체를 이루고 있는지 조사할 필요도 있다. 만약 권력을 이용하여 특혜 수주를 하였다면 그 자체도 탄핵 사유가 되는 권력형 부정부패다. 게다가 더 큰 문제는 우리의 사생활 침해와도 무관하지 않다는 점이다. 이 가로등을 설치할 때에 그들만이 인식할 수 있는 식별장치나 CCTV 기능을 숨겨놓는다면, 우리 사회는 그야말로 조지 오웰의 『1984』와 같은 통제사회가 되고야 말 것이다. 이번 우한 바이러스 사태가 하필 스마트시티를 하기로 예정된 대구에서 일어나, 정세균이 대구와 경북 일부지역을 특별재난지역으로 선포한 것은 이러한 계획을 신속히 실현하려는 예산지원을 위한 것이 아닐까 생각한다.

이미 중국의 화웨이와 같은 전자장비 기술업체는 CCTV와 같은 감시장비를 매우 저렴하게 생산할 수 있고, 중공은 생체인식 기술마저 발달하여 자국에서는 거의 모든 도시지역을 완벽하게 통제할 수 있는 사회로 만들어놓고 있다. 이러한 점을 고려한다면, 필자의 이러한 우려는 단지 상상에 불과한 것만은 아니다. 게다가 조국 가족들이 74억 5,500만 원 투자할 것을 약정하고, 그 투자 약정액 중 일부인 10억 5,000만원을 실제로 투자한 사모펀드(PEF) '블루코어밸류업1호'와 그 운용사인 '코링크PE'의 문제는 결코 단순히 넘어갈 성질의 것이 아니다. 조국이 이를 바탕으로 향후 대권 행보를 위한 자금조성의 목적으로 지난번 6,000억 원의 양해각서 체결이 불발된 대신에 위약금 내지 보상금 명목으로 온 것이라면, 중공의 약탈적 '채권외교'와 관련되어 심각한 국가의 이익이 침해될 가능성마저 크므로 반드시 밝혀야 할 중차대한 문제다. 조국은 조범동을 내세워 중공 '화군유한' 등으로부터 들어올 자금을 세탁하려고, 이른바 페이퍼컴퍼니로 이 회사를 사용하였다는 합리적 추론이 가능하다. 조범동은 해외에 도피하면서도 '코링크PE'의 대표이사로 등재되어 있던 이상호에게 증거인멸을 지시하였다. '신라젠'이라는 정치테마 작전주식에 직·간접적으로 투자하여 수익을 얻은 여권 정치인들을 수사하면, 그들이 저지른 권력형 비리가 자신들의 지지 세력조차 털어먹는 이중적이고 잔인한 행태인지 실체를 알 수 있을 것이리라. 또한 라임투자증권의 부실투자로 인한 환매중단 사태에도 문재인 정권의 실세들이 관여된 권력형 비리인 것이 여러 물증을 통해 드러나고 있다.

한편, '코링크PE'가 운용한 후 청산한 '레드코어밸류업'은 암호화폐에 투자한 후 청산하였다고 한다. 그런데 그 '레드코어밸류업'을 청산한 시점이 공교롭게도 박상기 법무부장관이 암호화폐가 광범위하게 사회적 폐해를 낳아서 이를 불법으로 규정할 방침이라고 발표하여 폭락하기 직전이었기 때문에, 당시 민정수석이던 조국이 그 정책 발표에 대한 정보를 실질적 사주로 알려진 오촌조카 조동범에게 알려준 것은 아닌지 여부에 대해서도 조사하여야 한다.

더욱이 당시 임종석 비서실장이 공군 1호기를 타고 '유엔평화유지군 장병 격려차 방문'이라는 매우 엉뚱한 이유로 출국, 아랍에미레이트 왕세자를 만난 후 레바논에 주둔하는 장병들을 시켜 비밀리에 흑해 근처에서 황병서에게 수조 원에 이르는 달러 포장을 건넸다는 풍문이 도는 것은 이러한 의혹을 더욱 증폭시키는 것이다. 문재인 정부가 들어선 후 북한에 암호화폐를 통해서 통치자금을 지원하였다거나, 북한의 해커부대가 외국의 은행들을 해킹하여 부족한 통치자금에 충당했다는 외신보도를 접할 때마다 이러한 의구심은 더욱 증폭될 수밖에 없다.

또한 4.15총선을 앞두고 불거진 '차이나 게이트'를 통해 중공이 우리나라의 여론조작을 통해 선거마다 영향력을 행사하여 왔다는 점이 확인되었다. 이 점에 대해서는 우선 추후 관련자들에 대해 철저히 수사하여 모든 범죄 혐의를 낱낱이 파헤치고, 그래도 의혹이 해소되지 않는다면 특검이나 국정조사를 해야 할 것이다. 만약 조국이 〔남한사회주의노동자동맹〕의 전력으로 인해 중공과 북한의 자금을 지원받아 대권에 도전하려고 했다는 점이 명백히 밝혀진다면 '여적죄'나, 적어도 '일반이적죄'의 죄책을 져야 할 것이다.

다. '신천지' 신도 전수조사의 노림수

이미 살펴보았듯이, 중국 공산당은 특히 소수민족들과 종교단체들을 감시·추적·박해하는 데 동원하는 엄격한 감시시스템들인 스카이넷(天網工程)·매의 눈(雪亮工程)·노크 작전(敲門行動)·웹클리닝 솔저(淨網衛士) 등을 다수 가지고 있다. 이것들은 중국 공안이 구식의 정보원 네트워크, 침투적인 경찰력 상시 배치, 초소 보초, 순찰에 사물인터넷이나 웨어러블 기기를 활용한 하이테크 기술을 적용하여 컴퓨터화된 거대 데이터 베이스로 통합하여 사용한다. 중국의 하이테크 기술을 탑재한 감시와 시스템들은 고성능 인공지능(AI)을 활용해 얼굴인식, DNA 샘플링, 생체인식, GPS, 어디에나 존재하는 고화질 CCTV 카메라들, 침투적인 핸드폰 애플리케이션(앱)들, 데스크톱 컴퓨터 소프트웨어, 스마트 TV, 드론 등이 수집한 엄청난 양의 데이터를 처리하고 분석하여 '디지털 독재주의'를 완성해 나간다는 사실은 이미 살펴보았다.

그런데 우한 바이러스 사태를 빌미로 '신천지' 집단의 신도를 전수조사하겠다는 문재인의 숨은 뜻은 무엇일까?

중국은 이미 기존의 공산주의 경찰국가의 압제에 최첨단 감시기술을 겸비해, 신장 위구르 자치구는 물론 그 너머에서까지 21세기의 오웰식 디스토피아를 창조하고 있다. 여기서 중국은 최첨단 감시기술의 시험대상으로 신장 위구르 자치구의 이슬람들을 주된 대상으로 하고 있지 않은가? 해답은 여기에 있다. 그것은 중국 공산당은 유물론에 입각하여 종교집단을 탄압하고 있다. 파룬궁 수련자에 대한 탄압이 대표적인 사례이다. 아울러 분리 독립을 원하는 소수민족 또한 주된 감시와 탄압 대상이다. 이 두 가지의 교집합이 바로 신장 위구르 자치구이다. 한족과 다른 위구르족은 대부분 이슬람교도이기 때문에 중공의 입장에서는 디지털 독재를 실험하기에 안성맞춤이다.

이미 문재인 정부가 우한 바이러스를 대응하는 방법이 중공의 방식을 그대로 좇아가고 있다는 점은 살펴보지 않았는가? 대구·경북은 문 정권을 가장 지지하지 않는 지역이므로 중국에서 분리 독립운동을 하는 신장 자치구와 유사하지 않은가? 게다가 '신천지' 교단은 다수 기독교인들로부터도 비난받는 이단이므로 마녀사냥을 하기에 안성맞춤이 아니던가? 이 두 가지를 놓고 보면, 중국 공산당이 신장 위구르 자치구의 이슬람들을 주 감시대상으로 탄압하는 것과 같다. 중공의 훈수를 받아 다른 국민들의 반발을 최소화하면서 전수조사라는 명분하에 신상정보를 파악하고, 현재 위치를 실시간으로 파악하는 감시체제를 시험하려고 하는 것이 아닐까?

하여간 '신천지' 신도 전수조사를 문재인이 직접 명령하였고, 정세균은 수차례에 걸쳐 국가 재난사태가 닥치면 경찰이 부족할 경우 군대를 투입하겠다며 바람을 잡다가 드디어 3월 15일 대구와 경북 일부 지역을 특별재난지역으로 선포하였다. 실제로 국군간호사관학교 제60기 신임 간호장교 75명이 3월 초 임관을 하자마자 국군대구병원으로 전원 투입되었다. 결국 '신천지' 신도 전수조사의 노림수는 중공의 디지털 독재기술을 수입하여, 우한 바이러스를 빌미로 이를 시험가동한 후 대구·경북 지역을 중국의 신장 위구르 지역처럼 감시대상으로 삼겠다는 음모가 숨어 있다고 본다. 이미 대구는 부산·세종과 함께 스마트시티로 예정되어 있으므로, 중공의 화웨이 등 장비와 함께 하이테크 감시기술을 도입하여 '디지털 독재체제'를 구축하는 것은 그들에게는 마치 손바닥 뒤집기처럼 쉬운 일이 아닌가?

라. 마스크 대란과 통제적 스마트시티의 조성[14]

문재인 정부가 중공의 도움을 받아 우한 바이러스로 국가 위기를 조장하여 국민들을 공포 분위기로 몰아넣는 '집단공포 확산 작전'을 편 후, 광화문 광장에서 대규모 집회를 하기로 예정되었던 3.1절 집회를

14 이 부분은 김정민 박사가 〈코리아 넘버원〉을 통해 2020. 3. 7. "2020년 3월 6일 계획된 마스크 대란, 빅 브라더 시대로 들어가는 한국"이라는 제목의 방송과 〈newspuzzle〉을 통해 2020. 3. 14. "마스크 2개로 함정에 빠진 사람들 20200306"을 참조하여 작성하였다.

봉쇄하였음은 이미 알고 있다. 태극기집회 해산에 그치지 않고, 이처럼 우한 바이러스의 급격한 확산으로 인한 국가 긴급사태를 빙자하여 이를 방지한다는 명목으로 기독교의 예배마저 극단적으로 제한하고 있다. 이재명 경기지사와 김영춘 전 해양수산부장관이 우한 바이러스 감염확산 방지를 명분으로 종교의 자유를 제약하기 위해 앞장서 총대를 메고, 이에 따라 일선 행정공무원들이 휴일날 교회마다 파견되어 감시·통제 활동에 동원되고 있다. 제4차 산업혁명으로 일자리가 감소되어야 함에도 불구하고, 오히려 공무원 증원을 공약한 문재인 정부의 계획이 이와 무관하지 않다고 생각한다.

우한 바이러스의 전파과정을 살펴보면 너무나 석연치 않다. 질병관리본부와 대한의사협회가 수차례에 걸쳐 감염원인 중국인들의 입국금지를 건의하였지만 '짜파구리 오찬'을 하면서 파안대소하다가 우한 바이러스가 한참이나 퍼져서 창궐한 후에야 "초기에는 몰라도 지금은 효과가 없어서 못 한다."는 자가당착적인 궤변을 늘어놓던 문재인의 모습을 보면, 국민의 생명과 재산은 안중에도 없이 필사적으로 중공을 맹주로 하는 공산국가로 체제를 바꾸려는 의지가 철철 넘치고 있지 않은가?

게다가 우한 바이러스를 빌미로 공산주의 실험을 하기 위하여 마스크 대란마저 조장했었다. 어느 마스크 도매업자의 양심선언을 보면, 원래 해마다 4월경이면 찾아오는 황사에 대비하여 매해 연말쯤에 정부가 발주하는 수천만 장의 마스크 비축 물량을, 올해는 임박하여 발주한다는 이유로 3월경으로 그 발주시기를 미루었다고 한다. 그런데 더욱 이상한 점은, 올 초부터 우한과 친선교류 관계에 있는 민간단체를 앞세워 국산 마스크를 거의 전부 매하여 중국으로 수출하였다는 것이다. 게다가 우한 바이러스의 직격탄을 맞아 마스크를 사기 위해 길게 줄을 서야만 하는 지역민은 외면한 채 중국 우한과 자매결연 도시라는 이유로 대구시장 권영진이 독려하여 대구의 경제·의료계를 대표한 대구은행과 대구상공회의소가 의료용 마스크 1만 9천 개를 우한시에 보냈다. 이어서 대구의료관광진흥협회는 중국내 12개 우호 협력단체에 마스크 1만 4천 개를 3월 7일부터 보내기로 했었다니, 참으로 가관이다.

그런데 더욱 웃기는 일은 인터넷 상거래업체인 '알리바바'의 창업주이자 전(前) 회장 마윈이 일본에 기중한 마스크가 국산(國産)이었다는 것이다. 다행히도 '알리바바'의 창업주이자 전(前) 회장 마윈이 우한 바이러스 극복에 힘을 보태고자 우리나라에 〔마윈공익기금회〕와 〔알리바바공익기금회〕의 명의로 마스크 100만 장을 대한적십자사에 기증하였다니, 그의 봉사정신에 경의를 표할 만하다.

하여간 이렇게 마스크 대란을 더욱 부추긴 것은 국가 재난상태에서 물자의 조달을 책임지는 조달청이 통상적인 납품가의 50% 수준의 생산원가에도 못 미치는 가격으로 생산요청을 하니, 생산자 측에서 손해로 인해 생산을 포기하는 것은 당연한 일이 아닌가?

지금까지 마스크 대란이 일어난 과정과 그 대응과정을 면밀히 살펴보면, 이것은 다분히 계획된 공급차단이었다. 그 이유가 뭘까? 시장에서 공급이 급격히 감소하면 가격이 폭등하여 사재기가 발생하는 등, 가격이 더욱 치솟게 된다. 어느 양심적인 도매업자의 제보까지 더하여 보면, 문 정부가 의도적으로 마스크 대란을 일으킨 것이다. 마스크 대란을 일으켰다면, 그 효과를 극대화하기 위해서는 우한 바이러스도 창궐시키는 것이 논리상 당연한 추론이다. 이처럼 마스크 대란을 일으킨 직접적인 이유는 정부의 개입 명분을 만들기 위함이다.

그러면 왜 정부가 마스크를 공급하려고 하는가? 필자는 김정민 박사의 추론에 거의 동의한다. 마스크 부족을 이유로 1인당 매주 2개를 약국을 통해서 공급한다. 이 때 공급 부족을 이유로, 이중구매를 방지하기 위하여 신분 확인이 필요하다고 하면서 대리수령을 원칙적으로 금지시켰다. 엄격하게 본인 확인을 거쳐 일주일에 2매를 사려면, 반드시 매주 신상정보를 제공해야 한다. 그러면 반드시 위치가 노출되어야 하고 줄서서 기다리기 등, 매우 불편한 일들이 발생한다.

처음에는 공급 부족을 이유로 직접 장시간 줄서서 기다리게 하다가, 생산량이 확보되었다는 등의 이유로 동장이나 통장 등을 통하여 구할 수 있도록 조금씩 편의를 제공하다가 마침내는 전산으로 신청하면 우편 발송을 해준다는 식으로 신상정보를 수집하여 빅 데이터를 작성하는 것이다. 이처럼 주민의 불편을 들어준다는 미끼로 자신도 모르게 국민들을 속이는 수법은 이미 【공직선거법】을 개정하여 부정선거를 획책하는 과정에서 충분히 써먹은 방법이다. 소금에 절인 이탈리아식 소시지를 의미하는 '살라미'는 얇게 썰어 먹어야 한다. 이처럼 단계를 잘게 나누어 조금씩 자신의 의지를 관철해 나가거나 협상하는 방법을 의미하는 '살라미 전술'로 예외적이던 부재자투표에서 출발하여 예외인 사전투표를 확대하고, 이를 급기야 원칙인 당일투표에 근접하도록 홍보하여 부정선거를 획책한 그들에게는 이 수법이 이미 숙달되어 있는 방법이었다.

다만 【공직선거법】은 약 20년에 걸쳐 6차례의 단계로 나누어 조금씩 진행되어 왔다. 반면에, 마스크 대란은 공산화의 마지막 단계인 4.15 총선 이전에 들키지 않고 신속하게 그 수법을 써먹어야 한다는 시간적 제약이 있었다는 점에서 큰 차이가 있다. 두 과정의 공통점은 이용자의 편의성을 미끼로 한다는 점이다. 이처럼 마스크 대란을 이용하여 모든 국민의 신상정보와 매주 한 차례씩 수집한 실시간 위치정보를 이용, 보다 정교한 부정선거조작에 이용했을 가능성이 높다. 위치정보의 이용에 관해서는 제5장의 "나. 더욱 발달한 중국의 인공지능 감시기기"와 "다. 빅 브라더에 의한 감시사회의 도래"를 참조하면 충분히 이해할 수 있을 것이다.

이처럼 마스크 대란을 이용하여 개인정보를 수집해 빅 데이터를 만들고, 실시간 위치정보를 파악하여 부정선거에 정교하게 이용하고, 주민통제 시스템을 시험 가동하여 완성할 것이다. 또한 시혜라도 베풀듯이 마스크를 배급해 주면서 공산주의식 배급제를 시범적으로 실시하고, 감염병으로 특별재난지역으로 선포한 후 국고를 풀어 노골적인 매표행위를 한 것이다. 혹은 영세상인 구제라는 명목으로 국가재정을 긴급투입하여 임대료를 지원해 주는 등의 방법으로, 이미 심리적으로 공산주의의 인질이 된 유권자들의 스톡홀름 증후군을 악용하였다. 한편 사전투표를 통한 부정선거 획책과 아울러, 수집된 신상정보를 처리한 빅데이터를 활용한 전자개표 등을 총동원한 불법적인 선거부정을 획책해서라도 여당은 4.15총선 압승의 형식을 만들어내고자 했다.

그들이 반드시 총선 압승을 못 한다면 그들에게 닥칠 후폭풍이 매우 클 것이기에, 그들은 플랜 B로 과도적인 국공합작 방식의 내각제 개헌이라도 이루려는 음모를 착착 진행해 오고 있었다. 우한 바이러스를 이유로 자가격리자가 신고 없이 대구를 벗어날 경우 이를 추적하겠다는 명분으로, 이미 자유를 제한하기 시작했다. 계획이 수립되어 있는 대구 스마트시티 프로젝트에 따라서, 형식적으로 국민의 동의를 받아 백도어가 심겨진 화웨이 장비를 설치하여 국민의 일거수일투족을 감시하는 통제적 스마트시티—대구를 완성할 것이다.

예상한 바대로, 이번 총선 역시 온갖 종류의 불법이 난무한 것으로 보인다. 중공과 북한은 문재인에게 지령하여 형식적인 총선을 치르고 헌법까지 개헌하여 남북한 전체를 중국 공산당이 집어 삼키려고 획책하고 있다. 이런 의도 하에서 문재인 주사파 정부는 국민의 목숨을 아랑곳하지 않고 자신들의 장기집권을 위하여 지금 우한 바이러스가 창궐하도록 방치한 것이며, 이를 구실로 부정선거를 노렸다. 만약 분노한 국민들이 진짜 일어나 국민혁명을 일으키면 군·경을 동원하여 계엄령과 같은 국가비상사태를 선포하고, 이미 들어온 자와 들어올 중공간자들을 끌어들여 공산 적화할 가능성이 매우 높다. 그래서 우리 애국 시민들이 주권을 지키기 위해서는 일치단결하여, 부정선거 방지를 위해 철저히 대비했어야만 했다.

5. Never follow the party

하지만 위와 같은 우려가 현실로 나타나게 되었다. 민경욱 의원의 페이스 북을 통한 폭로에 의하면, (중국) 프로그래머가 나열해 놓은 암호를 해독하니 “follow the party(당과 함께 간다)"라는 구호가 나왔다면서 중국과 내통해 희대의 불법선거를 저지른 문재인 대통령의 즉각사퇴를 주장했다.

“follow the party"는 "껀당저우" "당과 함께 가자"라는 중국 공산당의 구호이다. 이를 민 의원이 자신의 페이스 북에 폭로하자 당황한 중앙선거관리위원회는 구리시선거관리위원회를 통해 투표지 6장을 절취당했다는 명목으로 대검찰청 공안부에 고발장을 제출했고, 곧바로 이를 의정부지검 국상우 부부장 검사에게 배당하여 수사하였다.

이것은 지난 5월 18일 월요일 국회에서 있었던 ‘국민주권회복대회’에서 공익제보자가 건네준 투표용지와 분쇄된 투표지 봉투 등을 폭로하였고, 5월 19일 대검찰청에 관련 증거들과 함께 선관위 담당자들을 고발하고 수사의뢰하며 증거로 제출하였다. 그리고 다음날 의정부지검에 자진 출석하여 경위를 모두 밝혔는데, 조사가 완료된 후 압수수색영장을 제시하며 민 의원의 몸수색을 2회나 하고 함께 간 변호사의 몸수색까지 하려고 해 강력하게 항의하였다. 이후 검찰청 앞마당에 주차된 차량을 민 의원 본인과 변호인의 허락이나 참여도 없이 보이지 않는 곳으로 끌고 가서 민 의원의 스마트폰과 컴퓨터(패드)를 압수하여, 변호인들은 그 절차에 대하여 항의하고 차를 버리고 돌아온 사실이 있다. 선관위가 검찰에 수사의뢰한 내용은 투표지 6매를 절취당하였다는 것이나, 민 의원은 그 투표지의 취득 경위와 아무 상관없이 개표장에 있던 공익제보자로부터 불법선거의 증거로 넘겨받아 검찰에 고발하고 제출하였다. 검찰은 민 의원과 변호인의 몸수색을 하려고 여러 명의 수사관과 검사가 변호인의 동의도 없이 휴대폰으로 영상을 촬영하고, 변호인들은 압수수색 영장을 촬영하거나 사본 교부도 받지 못하였다. 검찰은 부정선거 수사에는 나서지 않고, 부정선거를 제보하고 고발하는 공익제보자와 야당 국회의원·변호인들을 탄압하는 장면은 현장의 언론사 취재원들과 유튜버들이 있는 가운데 이루어졌다. 애국 시민들은 이러한 권력의 불법에 모두 항의하여야 하겠다. 민경욱 의원이 폭로한 해커의 흔적 "follow the party"를 해독한 사람[15]은 로이킴(김상훈)이다. 그에 대해 좀 더 자세히 살펴보자.

어제 로이킴에게 전화를 받았다. 자신의 방정식을 사람들이 잘 이해를 못 하니 직접 영상을 찍어 보내주겠다고 했다. 먼저 서면으로 인터뷰를 하자고 얘기하면서 질문지를 준비하다가 로이킴에 대해 더 자세히 알게 되었다. 사람들은 로이킴에 대해 천재 수학자라고 부른다. 어떤 분은 진지하게 CIA 정보요원이 아닌가 알아볼 필요가 있다고도 말한다.

"방정식도 방정식이지만 'Follow the Party'를 선관위가 내놓은 통계자료를 바탕으로 찾아낸 것이 사실이고, 그것이 입증이 된다면 당신은 이 선거부정이 중국 공산당과 자유진영의 생사를 건 싸움이라는 본질을 밝혀낸 사람으로서 역사

15 로이킴에 대하여서는 김미영 대표의 [VON칼럼] 〈"follow the party"를 찾은 로이킴은 누구인가?〉를 전재하였다.

책에 기록될 것입니다.” 내가 이렇게 말했다. 그러나 그는 사람들이 자신의 설명을 이해 못 하는 것에 대해 안타까움을 말할 뿐이었다. 지금까지 아는 바에 따르면, 그는 수학자도 아니고 프로그래머도 아니다. CIA 정보원도 아닐 것 같다. 무엇보다 그는 고교수학 범위 이상에서 이런 일을 해낸 것이 아니라는 것이다.

그는 이 정권이 들어서기 전까지 꿈이 있고 희망이 있는 30대 가장이었다. 100명 가까운 중소기업을 운영했고, 사업은 이익을 내며 잘 돌아갔다. 그러나 급격한 인건비 상승을 못 이겨낸 사업체는 무너졌고 담보대출을 갚기 힘든 지경이 되었으며, 이제는 혼자 일하는 작은 가게의 주인이 됐지만 10만 원 이하의 용돈으로 한 달을 버틴다. 지병이 있으나 비싼 치료비 때문에 제대로 치료도 못 받고 있다.

지금까지 보기에 로이킴은 서민이다. 어린 아이를 키우는 젊은 가장이다. 그는 갑자기 닥쳐온 삶의 위기를 온몸으로 감당하고 있다. 이런 위기는 내게도 닥쳐와 있다. 주사파의 본질을 밝히는 책을 출판했는데, 총판에서 선거 직후 모조리 반품을 해버렸다. 거래 10년 만에 처음이다. 공직에 있는 남편을 떠나보내 주어야 할지 진지하게 고민 중이다. 선거 결과가 주는 공포는 지금까지와는 차원이 다른 듯하다. 부정선거? “Are you sure?” 일상인인 그가 이렇게 묻는 것은 당연하다. 정말 확신해? 그렇다고 말했다. 그러나 의미 없는 말이다. 사실 그냥 한번 재검표를 보고 싶다. 확신은 그때 올 것 같다. 재검표는 하지 않고 또 우리가 원치 않는 방식의 검증방식을 들이대는 이 정권이 가소롭다. 왜 보통사람들의 마음을 시원하게 해 주지 않나? 많은 사람들의 삶이 스멀스멀 위협받고 또 무너지고 있는데 왜 정권은 “우리가 이렇게 인기가 많다”고 자랑인가?

선거부정이 밝혀지면 로이킴을 비롯한 많은 보통사람들에게 큰 상이 돌아갔으면 한다. 떨어져 사는 그의 아내·아이와도 빨리 함께 살고, 병도 제대로 치료받게 되기를 바란다. 서민에게 상이라고 해봐야 이 정도일 텐데, 이런 걸 소망하게 됐으니 슬픈 현실이다.

Never Follow the Party! 우리는 절대로 중국 공산당, 북한 공산당과 함께 가면 안 된다. 우리는 살아야 한다. 자유로워야 한다. 중국 공산당 자금으로 박사 학위를 받은 한 3선 국회의원이 우리더러 뭔가 씌인 사람들이라고 한다. 헛것이라 할지라도 중국 공산당, 북한 공산당과의 동행은 끝내야 한다. 그 길은 인간이 더 이상 존엄하지 않고 무가치한 존재로 전락하는 길이다. 중국과 북한 공산당이 허용하지 않는 것, 그것이 보통선거다. 우리는 20세기가, 인류가 고안한 위대한 발명품 보통선거를 꼭 지켜내야 한다. 중앙선관위는 이제 쇼를 끝내주었으면 한다.

중국 공산당의 싱크탱크로 고급 당 간부를 양성하여 공산당의 장기집권을 유지하는 당교와 업무협약을 맺고, 제21대 총선을 총괄 지휘하였던 더불어민주당의 싱크탱크인 민주연구원 원장 양정철은 벌써 해외로 도피하였다. 더불어민주당 민주연구원 부원장이자 전략기획위원장인 이근형도 교체되었기 때문에, 민 의원의 이러한 주장은 더욱 설득력이 있다. 검찰은 선관위의 선거부정을 고발하였던 민 의원의 고발에 대해서는 묵묵부답하다가 민 의원이 자신의 페이스 북을 통하여 'follow the party'를 발견했다는 점을 밝히자마자 선관위가 투표용지를 도난당했다는 고발장을 대검찰청 공안부에 제출하였고, 마치 기다리고 있었다는 듯이 의정부지방검찰청 국상우 부부장 검사에게 배당하였다. 이에 국상우 부부장 검사는 정권의 충견이 되어 나서서 참고인으로 출석한 민 의원의 신체를 두 차례나 압수수색을 하는 등, 불필요한 조사를 하며 탄압하고 있다. 만약 이러한 행태가 지속된다면 엄청난 국민적 저항에 부딪히게 될 것이다.

통계학적으로 일률적 패턴이 나온 것은 투표함 바꿔치기보다는 사전투표에 대한 프로그램 조작일 가능성이 더 크다. 아날로그식 사고에 젖어 있는 사람들은 현재 IT기술을 사용한 디지털 조작이 너무나 혁신적이어서 이해하기가 어렵다. 중공의 정치 개입이 이미 미국·호주·영국 등에 나타나 있음에도 진중권·홍준표·정규재·조갑제 등의 아날로그 머리로는 이해하기 어려울 수도 있다. 하지만, 하버드대를 졸업하고 IT기업까지 운영한 적이 있다는 미래통합당 청년최고위원 이준석과 KAIST 교수인 이병태의 능력이면 디지털적 이해가 충분할 것임에도 불구하고, 그들이 굳이 앞장서서 부정선거는 이루어질 수 없다고 강변하는 것을 어떻게 이해해야 할지 정말 난제 중의 난제다. 이 점에 대해서는 결론 부분에서 다루기로 하고, 우리나라에서 있었던 부정선거의 역사 및 현행 【공직선거법】을 국민들이 눈치챌까봐 '살라미전법'으로 개악시켜 온 과정과 함께, 선거부정의 온상이 되어온 중앙선거관리위원회와 각급 선거관리위원회에 대해서 살펴보자.

| 제2부 |

부정선거의 역사와 선거부정의 온상 중앙선관위

| 제2부 |

부정선거의 역사와 선거부정의 온상 중앙선관위

1. 3.15부정선거와 전자개표기 관련 부정선거

가. 3.15부정선거와 4.19의거[1]

3.15부정선거는, 1960년 3월 15일에 실시된 정·부통령선거에서 이승만이 부정과 폭력으로써 재집권을 시도하다가 4.19혁명과 이승만 정권 붕괴를 야기한 사건이다.

3월 15일 선거에서 대통령 이승만은 12년간 지속된 장기집권 체제를 연장하고, 승계권을 가진 부통령에 이기붕을 당선시키기 위하여 부정행위를 저질렀다. 전국적으로 유령유권자 조작, 4할 사전투표, 입후보 등록의 폭력적 방해, 관권 총동원에 의한 유권자 협박, 야당인사의 살상, 투표권 강탈, 3~5인조 공개투표, 야당참관인 축출, 부정개표 등이 자행되었다. 그 결과, 자유당 후보의 득표율이 95~99%에 이르렀으나 하향조정하여 이승만 963만 표(85%), 이기붕 833만 표(73%)로 발표하였다.

---

1 이 부분은 '두산백과 doopedia'를 참조하여 작성하였다.

그러나 3월 15일 마산(현 창원)에서 부정선거에 항의하는 대규모 시위가 발생, 시위진압 도중 경찰의 실탄 발포로 최소한 8명이 사망하고 72명이 총상을 입는 사건이 발생하였다. 이어 4월 19일에 대규모 시위가 전국적으로 확산되었다. 결국 4월 26일 대통령 이승만이 하야성명을 발표함으로써 자유당 정권은 붕괴되었다.

나. 3.15부정선거 이후의 부정선거

제3공화국 정권에서 1963년 중앙선거관리위원회가 창설되어 독립기관에서 선거관리를 하였다. 투표와 개표 관리에서 3.15부정선거 이전보다는 부정선거가 다소 줄어들어 제14·15대 대선을 거치며 공명선거가 어느 정도 확립되었다. 흑색선전 등은 과거처럼 심하지는 않았지만 완전히 막지 못했다.

1) 전자개표기 관련 부정선거

2002년 6월 제3회 동시지방선거에서 시·도지사선거에만 전자개표기를 최초 사용하여 개표를 했다. 그리고 동년 12월 19일 제16대 대통령선거에 전자개표기를 사용하였다. 우선, 전자개표기 관련 【공직선거법】 규정을 살펴보자. 부칙 제5조(전산조직의 개표) 규정에 의하면, 제1항에서 보궐선거 등에만 사용하게 했으며, 중앙선관위가 사용하려면 교섭단체를 가진 정당의 협의를 받아 사용하게 했다. 보궐선거 등의 정의를 보면, 【공직선거법】 제35조 제4항에 의해 보궐선거·재선거·연기된 선거·증원선거로써 유권자의 수가 적은 선거에서만 사용케 한 것을 알 수 있다. 그 당시 정개특위에 참여한 민주당 강수림 의원에 의하면, 조작 등이 문제가 될 것 같아 유권자의 수가 적은 선거에 적용하여 문제가 해소되었을 때 부칙 규정을 본칙에 넣어 “전자투개표를 하기 위함”이라고 설명한 바가 있다. 따라서 이러한 조작 가능성에 대한 검토를 거쳐 조작 방지를 위한 장치를 마련하는 등 문제점을 개선하지 않고, 곧바로 전자개표기를 대통령선거에 사용한 것은 명백히 입법취지에서 벗어나 위법한 것이다. 또 전자개표기는 개표의 보조이기 때문에 반드시 수개표를 해야 하는데, 제16대 대선 개표는 수개표를 누락한 위반사실을 확인했다.

2) 개표참관인 부재로 인한 부정선거

과거 수개표할 때에는 개표장에 개표반을 4반 이상 못 하게 했다. 그 이유는, 밤샘 개표를 하기 때문에 개표참관인을 정당별로 8명 이내로 신고하게 하여 교대 참관을 하였다. 개표참관 원칙대로 한 것이다. 이에 비해, 현 체제는 전자개표기가 도입되면서 개표반 수를 규제하지 않아 개표반을 많이 설비해도 문제가 없다. 그래서 많은 개표반 수를 가지고 개표 관리를 하니까 개표참관 원칙을 위반하게 되는 것이다. 이를 설명하자면, 개표참관인 신고 수는 처음에 8명 이내였으나 개정하여 6명으로 되었다. 지금은 평균 10줄 이상이다. 참관인 6명이 전부 투입되어도 4줄 이상은 개표참관을 할 수가 없다. 참관 흠결조문으로 중앙선관위는 개표를 관리하여 개표참관 원칙과 【헌법】의 평등권을 위반한 것이다.

3) 투표용지 일련번호

많은 선거인들은 선거일에 투표하러 가서 신분증을 제시한 후, 투표용지 일련번호를 절취한 투표용지를 받아가지고 기표하고 투표함에 투입한다. 투표함에 투입한 투표지에는 투표용지 일련번호가 없다. 【공직선거법】 제150조 제10항에 투표용지에 일련번호를 넣게 한 취지는 선거인의 투표지를 선거소송 등으로 분쟁 또는 확인이 필요할 경우에 이를 확인하기 위한 것인데, 이 경우에는 확인이 불가능하다. 또 투표함 바꿔치기도 가능하므로 그런 위반행위를 막기 위한 것인데, 중앙선관위는 행정편의 선거관리 목적으로 일련번호를 사용하여 위반했던 것이다.

4) 2014년부터 시행한 사전투표 문제

사전투표는 철저하게 관리하지 않으면 사고가 날 수밖에 없다. 지금처럼 관리하면 언제든지 투표지를 조작할 수가 있다. 중앙선관위는 그런 점을 간과하고 있는 것이다. 즉, 선거관리위원회 공무원을 신으로 보고 있다.

이번 제21대 총선에서는 사전투표장에서 투표용지를 배부 받아 투표를 하는데, 그 투표용지에는 【공직선거법】에 의해 바코드를 넣어서 사용하게 했으나 QR코드를 넣어 사용한 것은 【공직선거법】을 위반한 것임이 확인되었다.

상기 1)~3)까지는 2002년 12월 19일 제16대 대통령선거부터 【선거법】 위반행위가 아무 죄의식 없이 치러져 왔다. 게다가 현재 전산조직에 의한 개표 관리는 참관이 어렵기 때문에, 아무도 몰래 전산에 의한 개표조작이 광범위하게 일어나는 것이다. 그 증거로, 2003년 1월 27일 법원투표지 재검에서 혼표와 무효표가 다량 나왔다. 중앙선관위는 현재까지 공개를 거부하고 있다. 필자가 7개 선관위 검증조서를 수집해서 파악한 결과, 혼표 310매·무효표 102매를 발견했다. 역사상 최초의 전산조작 사건이었다. 중앙선관위는 허위 보도자료를 제공하고 방송으로 방영케 하여 부정선거를 은폐했다. 전 세계 역사상 처음 있는 전산조작 사건이었다.

2. 중앙선관위의 법 위반은 무엇인가?

필자는 중앙선관위 노조위원장을 하면서 중앙선관위가 2002년 6월 제3회 전국동시지방선거 시·도지사선거부터 현재까지 부정선거를 저지르고 있는 것을 확인하였다. 이에 중앙선관위에 경정을 여러 차례 요구했으나 도리어 은폐와 우기기, 그리고 '부정선거'라고 투쟁하는 우리들에 대해 직원을 시켜 고소(발)하게 하는 모습을 보았다. 필자가 노조위원장 때도 중앙선관위가 필자에게 고발해 달라고 해서, "시민이 의심나면 국가기관에 대해 발언할 수 있다."며 거절한 적이 있다.

그 예로, 2011년 4월 분당구 보궐선거에서 이재진 입후보자와 필자가 선거사무장으로서 참여 경험을 보자.

사건의 선거벽보와 선거공보·후보자 연설(이하 '홍보물 등'이라 하겠음)에서 위반사항이 있으면 선거기간 중 이재진 후보자에게 선 소명을 하도록 하고 후 고발을 하든지 해야 기관의 역할을 제대로 하는 것이다. 증거에 의해 작성한 홍보물을 두고 증거 확인과 자체 증거도 없이 불쑥, 그것도 중앙선관위 전산직원과 분당선관위 직원을 시켜 고소(발)한 것인데, 증인신문에서 고소(발)인이 고소(발) 내용을 모르는 것을 확인한 적이 있다. 고소(발)자들은 그 예비후보자 홍보물과 선거공보에서 "2002년 6월 지방선거부터 2010년 6월 지방선거까지 중앙선거관리위원회에 의한 부정선거가 실시되었습니다."(이하 '부정선거 실시'라 하겠음)라는 내용을 보고 중앙선관위에 확인하고, 증거에 의해 성실하게 고소(발)을 해야 한다.

이재진 후보와 선거사무장인 필자는 중앙선관위 직원인 고소(발)인들의 직무와 관련이 없는 전자개표기 운용프로그램 해킹으로 일어난 운용프로그램 조작에 대해 주장하는데, 막무가내 명예훼손이라며 고소(발)한 것은 무고를 한 것이다. 진술서 등 자료를 살펴보았더니, 특히 고소(발)인들이 중앙선관위가 전자개표기에 의한 부정선거를 은폐하기 위한 「투표지분류기 바른 이해」라는 자료를 검사에게 제출하였고, 검사는 그 자료와 선거공보의 '부정선거 실시'라는 내용들을 비교하며 진위 여부를 합리적으로 판단하고 진술 문답을 하여 기소를 해야 진실이 밝혀짐에도 그런 진위를 가리지 않고 그 허위자료를 진실로 인정하고, '부정선거가 아니다'·'투표지분류기 조작'이라는 탄핵증거와 모순되는 내용으로 공소하여 공소기각 신청을 한 적이 있다. 이에 필자는 선거공보 '부정선거 실시' 내용과 같이, 왜 부정선거인지를 다음과 같이 밝힌다.

가. 전자개표기 불법 사용

1) 전자개표기의 개발과정 등과 정의

(가) 개발과정

중앙선관위는 2002년 6월과 12월경 〈선거소식〉에서, 2월에 이미 "전자투표기와 전자개표기를 개발했다."고 했다. 그 내용은 대략 "전산조직으로서 전자투표기 전단계로 전자개표기를 개발하여 개표에만 전산조직을 사용한다."는 것이다. 그리고 조달청에서 정부물품 관리를 두 장비 모두 전산조직으로 관리하고 있다.

(나) 전자개표기 공시와 투표지분류기 명칭 사용으로 부정선거 은폐

중앙선관위에서 2002년 12월 19일 KBS를 통해 홍보과장 안병도가 '전자개표 시스템'이라 하면서 '전자개표기'라고 공시까지 했다. 중앙선관위는 전자개표기를 사용하고서 제16대 대선 후 한나라당의 당선무효소송 제기로 【공직선거법】 부칙 제5조의 위반 부정선거관리가 되니, 마치 다른 장비처럼 기만하고 부정선거를 은폐하기 위해 '투표지분류기'라며 공시와 다른 장비로 우기고 있다. 그래서 직원들이나 국민들은 투표지 분류만 하는 것으로 생각하고 있는 것이다. '투표지분류기'라 해도 투표지분류기와 제어용 컴퓨터는 1:1 통합체여서 혼자서는 기능을 할 수 없기 때문에, 변함없는 전산조직이다.

(다) 제작 규정과 이용 규정에 대한 억지

그러면 전자투표기와 전자개표기는 【공직선거법】 어느 규정에 의한 제작인가를 살펴보자.

예전 중앙선관위가 1999년 후반기에 감사원에 의해 "전자개표기는 【공직선거법】 부칙 제5조(전산조직에 의한 개표)에 의해 제작 등 규정이 있지만, 전자투표기는 【공직선거법】에 제작 등 규정이 없는데 개발하여 예산을 낭비하였다."는 주의조치(제16호)를 받았다. 이에 2000년 2월 16일 최단기간 만에 【공직선거법】 제278조(전산조직에 의한 투표·개표)를 전자투표기 조문으로 신설했다.

그런데 중앙선관위는 과거 감사원 주의조치에 의해 전자개표기와 전자투표기에 대해 명확하게 구분을 해주었는데도 불구하고, 【공직선거법】 제178조(개표의 진행) 제5항에 의한 규칙 제99조에 의해 사용한 장비라고 주장하고 있다. 중앙선관위 주장대로라면 부칙 제5조(전산조직에 의한 개표)의 법 규정을 규칙으로 파괴하는 행위를 하고 있는 것이다. 바른 해석을 하면 【공직선거법】 제178조(개표의 진행)의 규칙 제99조(개표의 진행 등) 제3항은 전산조직 이용 규정에 불과하기 때문에, 부칙 제5조의 제작 등 규정에 따라야 법과 규칙이 조화를 이루어 합리적이다.

현재는 2014년 1월 14일 개정입법으로 규칙을 제178조에 넣었다. 전산조직이면 앞의 설명과 같다. 전자투표기와 전자개표기의 제작 등도 법치주의를 철저하게 실천하는 것이다.

(라) 이용 규정만으로 억지주장을 하는 이유

중앙선관위는 왜 이런 억지주장을 하는가? 사실 제16대 대통령선거 무효소송이 제기되자 전산조직으로 밝혀지면 선거무효로서 부정선거가 되기 때문에, 그것을 '기계장치'라고 우기면서 전산조직임을 은폐한 것이다.

규칙 제99조 제3항은 "전산조직 또는 기계장치를 이용할 수 있다."는 임의규정이다. 권력을 창출시키는 전산조직 장비는 언제든지 해킹이 가능한데, 또 임의규정으로 처리를 한다는 것은 이해가 안 간다. 그리고 부칙 제5조가 있는데 규칙을 만들어 억지 해석을 하며 우기는 것은 부정선거를 은폐하기 위함으로 보고 있으며, 그 규칙을 법률 조문에 넣어도 마찬가지이다.

(마) 전자개표기 정의

중앙선관위 공문「개표기 및 제어용컴퓨터 추가구입 계획(선거1410-731, 2002. 7. 24: 제19호 증)」에서 "개표기는 투표지를 후보자 또는 미분류 투표지로 구분하는 투표지 분류장치(투표지분류기)와 이를 직접 제어하는 컴퓨터(제어용컴퓨터)의 통합시스템으로, 투표지분류기와 제어용컴퓨터는 각각 1:1로 연결되는 구조'"라고 정의하고 있다. 제어용컴퓨터는 운용 프로그램이 포함되어 있는 전자시스템이며, 전자개표기는 전산조직(컴퓨터시스템)임을 알 수 있다. 최초 개표기 구입 계획은 중앙선관위가 현재까지 공개를 거부했다.

2) 전자개표기가 전산조직이라는 자료

중앙선관위는 〈선거소식〉[2002. 6. 4(2002-42호), 2002. 12. 16(2002-105호)]에서 "중앙선관위는 개표의 정확성을 확보하고, 투·개표 전산화에 대비하기 위하여 전자투표기 도입의 전단계로 투표방식은 현재의 방식을 그대로 유지하되, 우선 개표과정에만 전자시스템을 도입한 개표기를 개발하여 지난 6월 지방선거와 8.8재·보궐선거에 적용하여 개표를 실시한 바 있습니다."라고 했다. 이를 통해 전자시스템(전산조직)을 도입한 것임을 명확히 했다.

3) 개표기에 대해 전산조직이라고 국회에 보고한 내용

중앙선관위는 2002년 동시지방선거와 제16대 대통령선거 실시 후

2003. 10. 행정자치위원회에 「2002회계연도 행정자치위원회소관 예비비 지출 승인의 건 예비심사보고서」와 「2004년도 중앙선거관리위원회 소관 일반회계 예산안 검토 보고」에 "개표사무관리의 전산조직에 의한 실시는 【공직선거법】 및 【선거부정방지법】 제278조의 규정에 근거하여 2002년도에 실시된 제3회 전국동시지방선거 및 제16대 대통령선거 등에 있어서 개표기 973대를 구입하여 활용한 바 있으며, 제17대 국회의원 선거와 관련하여 216대 추가로 구입한다."고 했다. 여기서도 중앙선관위는 개표기를 사용한 것을 두고, 명확하게 전산조직에 의한 실시라고 했다.

위 (다)에서 전자개표기는 부칙 제5조인데, 중앙선관위가 국회에 제278조로 허위 보고한 것이다. 또한 국회 해당위원회에서 질의하자 중앙선관위는 제278조가 "해당 없다"고 보고한 적이 있다.

4) 개표기 개발한 전 사무총장 임좌순의 논문에도 전산조직으로 주장

전자개표기 개발을 계획하고 제작한 중앙선관위 전 사무총장 임좌순이 《인터넷과 법률》 제19호에 게재한 연구논문 「선거와 인터넷(2003. 9. 20. 법무부 발행)」의 4쪽 중간 부분 내용을 살펴보면, "전자투·개표시스템을 도입하기 위해서는 무엇보다도 이러한 불신 해소가 전제되어야 하며, 노년층 등 이른바 컴맹세대들에 대한 대안이 선행되어야 한다. 이러한 점을 고려할 때 사회의 환경변화에 대처하면서도 전자투표기에 대한 국민의 불신을 해소하기 위해서는 전면적인 전자투표제 도입보다도 투표는 전통적인 방식을 따르되 개표만 전산화하는 등의 단계적 접근이 필요하다고 판단되며, 이에 따라 지난 2002년 6.13지방선거와 12.19대통령선거를 전산으로 개표하였던 것이다."로 명확하게, 전산조직을 사용한 것으로 발표했다.

5) 조달청 전자개표기 공개 입찰한 자료

(구)전자개표기 공개 입찰 자료를 보면, 하드웨어가 투표지분류기, 소프트웨어가 운용프로그램인 것을 설명하고 있다. 이는 분명히 전산조직인 것이다.

6) 개표의 전산조직에 대한 규제

(1)호 내지 (5)호에 의해 개표기는 명확하게 전산조직이다. 전산조직은 조작의 위험이 있기 때문에 【공직선거법】 부칙 제5조(전산조직에 의한 개표)와 제278조(전산조직에 의한 투·개표)에 철저하게 규제를 하고 있다. 개표기는 개표 부분만 전산조직을 활용하기 때문에 부칙 제5조의 규제를 받게 되는 것이다.

부칙 제5조의 법조문을 살펴보면,

> **제5조(전산조직에 의한 개표)** ①이 법 시행 후 실시하는 보궐선거 등에 있어서는 전산조직에 의한 개표를 행할 수 있다. 이 경우 전산조직에 의한 개표를 하고자 하는 보궐선거 등에 대하여는 중앙선거관리위원회가 국회에 교섭단체를 둔 정당과 협의하여 결정한다.

②제1항의 규정에 의하여 전산조직을 이용하여 개표사무를 행하는 경우의 개표절차와 방법, 전산전문가의 개표사무원 위촉과 전산조직 운용프로그램의 작성·검증 및 보관, 기타 필요한 사항은 중앙선거관리위원회 규칙으로 정한다. 〈1995.4.1〉

전산조직의 위험을 최소화하기 위해, 우선 보궐선거 등에만 사용하도록 했다. 둘째, 보궐선거 등이라도 국회에 교섭단체를 둔 정당의 협의를 받아야 하며, 2008년 국정감사에서 협의받은 사실이 없는 것이 확인된 바 있다. 셋째, 보궐선거 등이라도 제어용컴퓨터의 운용프로그램을 공인된 기관의 검증을 받아야 하는 절차가 있다. 2008년 국정감사에서 외부기관에 검증을 받았다는 답변이 검증이 아닌 위증으로 밝혀졌었다. 중앙선관위가 구·시·군 선거관리위원회가 개표기를 구입할 때 제어용컴퓨터의 운용프로그램을 개표기 공급체에게 납품계약을 하도록 했던 구입 계약서에서 확인된 바 있다. 둘째와 셋째에 의해 사용할 수가 없는 장비이다.

또 제16대 대선에서 전자개표기는 운용프로그램의 해킹으로 혼표와 무효표가 발생했다. 2002년 제16대 대선에서는 당선소송으로 2003. 1. 27.자로 80개 선관위 투표지 재검증을 해 본 결과 많은 수의 혼표와 무효표가 나왔는데, 중앙선관위와 한나라당이 투표지 검증조서를 공개하지 않아 알 수 없지만, 시민단체 등이 법원을 통해 7개 선관위에서 혼표 310매와 무효표 102매가 확인되었다. 이것은 전자개표기 공개입찰 자료의 운용프로그램의 기본원칙을 위반한 것이다.

중앙선관위는 혼표와 무효표가 전무하다고 하며, 직원들이 업무를 몰라 사건이 발생한 것으로 허위 보도자료를 제공해서 운용프로그램 조작 부정선거를 은폐한 것이다.

유감스럽게도 검찰은 전자개표기 운용프로그램 조작에 대해 수사를 거부했다. 제 선관위는 선거기간 중에 상기와 같은 위반을 저질러 왔기에, 분당구선관위에 이번 선거만은 "전자개표기 사용을 중지하고 수작업 개표를 해달라."는 이의신청을 했음에도 거부한 것이다.

이번 제21대 총선에서 지역구의원 선거는 전자개표기로 개표를 하여 【공직선거법】 부칙 제5조(전산조직에 의한 개표) 규정을 위반한 것으로 확인된다. 국회의원 비례선거는 투표지가 길어 전자개표기를 사용할 수 없으므로 순수한 수개표를 하여, 해당되지 않는다.

7) 소결

그러므로 지역구 의원선거는 전산조직에 의한 개표를 했으므로 【공직선거법】 부칙 제5조(전산조직에 의한 개표)를 위반한 것이다. 정당 비례선거는 이에 해당하지 않는다.

나. 개표상황표 위원검열의 서명 누락(2011. 7. 27.까지 위반한 내용)

1) 사실과 주장의 요지

【공직선거법】은 투표록, 개표상황표, 집계록, 개표록 등에 형식적 요건으로 선거관리위원 등의 서명·날인을 요구하고 있다. 이는 선거의 개표사무에 있어서 쟁송을 예방하고 공정한 개표를 담보하기 위하여 선

거관리위원이 자필로 서명·날인함으로써 개표사무 수행에 직접성과 공식성을 확보하려는 데 그 취지가 있다고 할 것이다. 구·시·군 선거관리위원회 위원장이 투표구별 개표상황표에 의한 공표의 효력을 위한 필수적인 절차조건이다. 그런데 중앙선거관리위원회의 선거예규나 개표관리지침에 의하면, 개표상황표 작성 시 '서명 또는 날인'하도록 규정하였고, 제(諸) 선거에서 선관위가 위반하여 왔기에 선거기간 중에 분당구선관위에 서명·날인하여 【공직선거법】을 지켜달라는 이의신청을 했음에도 불구하고 실제 2011년 4월 27일 실시한 분당구을 국회의원 보궐선거의 개표상황표 작성 시 자필서명 없이 날인만 이뤄졌다. 그리하여 2011년 4년 27일 국회의원 보궐선거에서 작성된 자필서명을 결한 개표상황표는 【공직선거법】과 대법원[판례]에 위반되어 원인무효이고, 선거관리 주체인 선거관리위원회가 선거에 관한 자체 규정을 위반한 경우에 해당한다. 【헌법】과 【공직선거법】의 적법 절차를 위반한 것으로 중앙선관위의 지시에 따라 그 범위가 전국적이어서 무효의 개표상황표로 공표된 선거의 결과는 당연 무효이고, 선거가 없었던 것과 같은 결과를 초래하여 선거는 원천무효다.

> 第178조(개표의 진행) ①개표는 투표구별로 구분하여 투표수를 계산한다.〈개정 2002.3.7.〉
> ②후보자별 득표수(비례대표국회의원 선거 및 비례대표지방의회의원 선거에 있어서는 정당별 득표수를 말한다. 이하 이조에서 같다)의 공표는 구·시·군 선거관리위원회 위원장이 투표구별로 집계·작성된 개표상

황표에 의하여 투표구 단위로 하되, 출석한 구·시·군 선거관리위원회 위원 전원은 공표 전에 득표수를 검열하고 개표상황표에 서명·날인하여야 한다. 다만 정당한 사유 없이 개표사무를 지연시키는 위원이 있는 때에는 그 권한을 포기한 것으로 보고, 개표록에 그 사유를 기재한다.〈개정 2002.3.7., 2004.3.12., 2005.8.4.〉

③누구든지 제2항의 규정에 의한 후보자별 득표수의 공표 전에는 이를 보도할 수 없다. 다만, 선거관리위원회가 제공하는 개표상황 자료를 보도하는 경우에는 그러하지 아니하다.〈개정 2002.3.7.〉

④개표절차 및 개표상황표의 서식, 기타 필요한 사항은 중앙선거관리위원회 규칙으로 정한다.

2) 서명 누락의 위법성

【공직선거법】 제178조 제2항은 '후보자별 득표수의 공표에 앞서 구·시·군 선거관리위원회 위원 전원이 득표수를 검열하고 개표상황표에 서명·날인하여야 한다.'고 규정하고 있으며, 이것은 공표의 효력(결정)을 유효하게 하기 위한 절차이다. 이것은 선거관리위원회에서 유일하게 결정하는 준사법행위다. 또 제169조 투표록, 제185조 개표록·집계록 및 선거록에도 서명·날인하도록 규정하고 있다. 이는 1994년 3월 16일 【공직선거 및 선거부정방지법】(2005. 08. 04. '공직선거법' 법명 변경) 제정 당시부터 이와 동일하게 규정하고 있다.

(가)선거예규 및 사무편람에 의한 위반지시

중앙선거관리위원회의 『공직선거예규집』에 의하면, '구·시·군위원회

위원장과 출석한 위원 전원은 후보자별 득표수를 검열하고, 개표상황표에 서명 또는 날인한다.'고 규정하고 있었으나, 이를 폐지하고 사무편람을 만들어 날인만 하도록 지시했다.

(나)'서명·날인'과 '서명 또는 날인' 차이

①【공직선거법】 규정의 법문상 '서명·날인'은 자필서명과 인장의 날인을 모두 요하는 것이다. 그런데 이와는 다르게 위 중앙선거관리위원회의 선거예규는 서명이나 날인 중에서 어느 한 가지만 갖추면 되는 것으로 규정하고 있는바, 어떤 문서에 서명이나 날인을 요구하는 취지는 해당문서가 작성 명의자의 의사에 따라 작성되었음을 담보하기 위한 것이다. 이는 선거예규가 【공직선거법】이 정한 개표상황표의 요건을 임의 해석한 위법규정이다.

②판례(대법원 2009. 02. 12. 선고 2007두7987, 2008두16698 공인중개사의 업무 및 부동산거래 신고에 관한 법률위반으로 인한 업무정지처분 취소 사건)도 "…'서명·날인'은 서명과 날인을 모두 하여야 한다는 서명 및 날인의 의미로 해석하여야 하고, …'서명·날인을 하지 아니한 경우'라 함은 서명과 날인을 모두 하지 않은 경우뿐만 아니라 서명과 날인 중 어느 한 가지를 하지 아니한 경우도 포함"하는 것으로 판시하여 '서명·날인'이 '서명 또는 날인'과 그 법적 의미가 다르다는 점을 분명히 하였습니다.

③참고로 서명·날인에 관한 【공직선거법】 규정을 보면, 제49조에서

정당추천후보자 등록 시 추천정당의 대표자가 서명·날인한 추천서를 요구하고, 제178조 제2항 개표상황표·제169조 투표록·제185조 개표록·집계록 및 선거록에도 서명·날인하도록 하고 있으며, 제220조 제2항에서는 선거소청에 대한 결정은 서면으로 하되 결정에 참여한 위원이 서명·날인을 하도록 하여 원칙적으로 투표와 개표에 관하여 작성되는 서면에는 서명과 날인을 모두 요구하고 있다. 또 제107조(서명·날인운동의 금지)에서는 '누구든지 선거운동을 위하여 선거구민에 대하여 서명이나 날인을 받을 수 없다.'고 규정하고, 제157조(투표용지 수령 및 기표 절차) 제1항은 선거인은 자신이 투표소에 가서 투표참관인의 참관하에 주민등록증을 제시하고 본인임을 확인받은 후 선거인명부에 서명·날인 또는 무인하고 투표용지를 받아야 한다고 규정하고 있다.

(다)선거관련 예규 등의 효력

①관련 규정의 법적 성질: 중앙선거관리위원회의 개표 관리요령(또는 개표관리매뉴얼)·공직선거 예규집·선거사무편람·기타 지시는 그 형식과 내용에 비추어 선거구 선거관리위원회 내부의 사무처리준칙(행정규칙)에 불과하므로 내부적인 구속력만 있을 뿐이고, 법규성은 인정되지 않는다.

②【공직선거법】상 요건인 '서명·날인'의 요건을 완화한 행정규칙의 효력: 행정규칙의 적법요건은 우선 ㉮당해 행정규칙으로 발할 수 있는 정당한 권한이 있는 행정기관이(주체), ㉯상위 법령에 반하지 않는 가

능하고 명백한 내용으로(내용), ㉰ 소정의 절차와 형식에 따라(절차·형식) 정립함을 요하고, 이러한 적법 요건을 갖추지 못한 행정규칙은 무효이다. 그런데 이 사건 행정규칙(예규, 사무편람 등)이 【공직선거법】에서 규정한 서명·날인의 요건을 '서명 또는 날인'으로 임의 해석하여 위법한 것은 아무런 법적 근거 없이 상위법의 취지(공정성 확보를 위한 강화된 요건)에 반한 행정규칙으로 무효이다. 분당구선관위 개표장에서 부정선거 시비가 언론에 공표되어, 90일 후 2011. 7. 28.에 국회에서 서명하거나 날인으로 개정되어 위법이 더 확인되었다.

3) 소결

선거관리위원회가 자체 규정인 적법절차를 위반한 것으로, 선거무효라 할 것이다. 제21대 총선에서는 적법이지만 서명·날인을 서명하거나 날인하는 것으로 개정함은 강화해야 할 개표의 정확성을 오히려 더 완화하여 '개표의 정확성'이라는 이념을 약화시킨 것으로, 【공직선거법】 개악을 한 것이다. 헌법의 평등권 위반으로 볼 수 있다.

다. 개표참관 불완전관리로 인한 위헌

제181조(개표참관) ②제1항의 개표참관인은 구·시·군 선거관리위원회의 관할구역 안에서 실시되는 선거에 후보자를 추천하는 정당은 6인을, 무소속후보자는 3인을 선정하여 선거일 전일까지 당해 구·시·군 선거관리위원회에 신고하여 참관하게 하되, 신고 후 언제든지 교체할 수

있으며 개표일에는 개표장에서 교체 신고할 수 있다. 〈개정1995.4.1., 2000.2.16., 2004.3.12., 2005.8.4.〉

제215조(개표참관인 등에 관한 특례) ①동시선거에 있어서 개표참관인은 제181조(개표참관) 제2항의 규정에 의한 선정·신고인원수에 불구하고 후보자를 추천한 정당마다 8인을, 무소속후보자는 2인을 선정·신고하여야 한다. 다만, 구·시·군 선거관리위원회는 부재자투표의 개표를 하는 때에는 정당 또는 후보자가 선정·신고한 자 중에서 정당은 4인씩을, 무소속후보자는 1인씩을 참관하게 한다. 〈신설1995.4.1., 개정 1995.5.10., 2000.2.16., 2005.8.4.〉

…(후략)…

【공직선거법】 제181조(개표참관)와 제215조(개표참관인 등에 관한 특례)에 의하면, 단일선거에는 후보자를 추천한 정당은 6인·무소속후보자는 3인·동시선거에는 후보자를 추천한 정당별 8인·무소속후보자 2인 이내로 개표참관인을 신고하도록 하고 있다. 참관인수 계산 원칙은 개표장에 개함반수의 2배수이다. 【공직선거법】 개정 전에 개표장에서 동시에 개함할 수 있는 투표함수는 4개 이내로 하여 개표참관인을 8인 이내로 하여 4명씩 교대 참관을 하도록 하였다. 현행법에는 동시개함 할 수 있는 투표함수 제한이 없다. 그래서 자연히 개표반수의 제한이 없다. 현재 개표장은 개표기 수만큼 동시 개함할 수 있는 개표반수이며 투표함수이다.

실례로, 2010년 동시지방선거에서 서울 송파구 선거관리위원회 개표장의 개표기는 13대로써 개함반이 13이라면 정당참관인 8인이 다 투입되어도 5인이 모자랐다. 지방선거일 경우, 개표시간이 장시간 소요되었다. 교대 참관은 불가능했다. 따라서 이것은 잘못된 조문 개정이라는 것을 알 수 있으며, 헌법의 평등권 위반이라는 것도 자연스럽게 도출되는 것이다. 원칙에 맞는 선거법을 개정한다면, 개표참관인 수를 개함반 수의 2배수를 신고하도록 해야 원칙을 지키는 참관이 될 수가 있다. 이것은 명백한 위헌이며, 선거관리위원회가 개정 의견을 제출하여 개정되었다면 완전히 선거무효에 대한 책임을 면할 수 있었다. 분당구선관위는 피고인들이 선거기간 중 개표참관에 "【공직선거법】을 지켜달라."는 이의신청을 했었기에 개표반 6반을 운영하였던 것이다.

이번 제21대 총선에서는 필자가 서울 강남구선관위 개표장에 참여하면서 개표장의 설비를 확인한 결과, 개표 제18반까지 있었다. 정당별 개표참관인 신고를 6명 하게 했기 때문에 개표 12개 반이 개표참관 불능이 발생, 헌법을 위반하여 평등권 위반을 한 것이다. 당연한 선거무효 사유를 선관위가 만든 것이었다.

라. 사전투표용지에 QR코드를 한 것은 【공직선거법】 위반

【공직선거법】 제151조 제6항에 의해 사전투표용지에는 바코드만 표시하게 했는데, 다른 QR코드를 표시한 것은 【공직선거법】을 위반하여 해당 투표지가 모두 무효가 된다. 이번 제21대 총선에서 사전투표용지는 모두 무효가 되는 것으로, 후보자 당락 수가 변경되어야 할 것이다. 사실상 선거의 정당성이 없어 결국 재선거해야 한다.

마. 투표지 일련번호 누락

【공직선거법】에는 투표용지에 일련번호를 넣게 했다. 투표용지 일련번호를 한 곳만 넣어 기표 전에 절취하고, 투표용지에는 일련번호가 없는 상태에서 기표하여 투표함에 넣기 때문에 선거인 등이 투표지 등을 확인할 경우 진부를 확인할 수가 없는 것이다. 그래서 투표함을 바꿔치기 해도 찾을 방법이 없을 뿐 아니라, 릴레이 투표도 더 쉽게 할 수 있게 되어 범죄의 문을 열어놓은 것으로 확인된다. 중앙선관위는 행정 편의상 투표용지관리용으로 사용한 것이라 해도, 부정선거를 할 수 있는 여지를 열어두었기에 위반이다.

3. 선거관리위원회의 상황 등

중앙선관위에서 전자개표기를 제작하여 사용한 후부터 개표의 신속성을 노골적으로 구하기 시작했다. 직원들끼리의 대화에서도 개표의 정확성을 논할 처지가 못 되었다. 정확성을 논하는 자는 적으로 비춰지는 서글픈 현실이 구·시·군 선관위다. 공개적으로 논의를 하면 왕따가 되어 공직생활을 포기해야 하기 때문에, 작금의 사정은 선거부정에 대해 머릿속에서만 생각할 뿐 밖으로는 표현을 할 수 없는 것이다. 선관위 내부에서 필자처럼 표현의 자유를 누리는 자는 언제든지 퇴출될 수 밖에 없는 환경이다. 그리고 반드시 퇴출시켜 왔다. 국민들께서는 이해를 할 수 없을 것이나, 이런 상황도 확인해야만 부정선거의 진실을 밝힐 수 있다.

이 사건의 뿌리는 2002년으로 거슬러 올라간다. 2002년 지방선거와 대선에서 전자개표기를 【공직선거법】과 같이 집행했으면, 원천적으로 이런 소송은 없었다. 그 때 위반한 사항이 계속 반복되어 온 것이다. 대법원 재판부에서 법의 심판을 거부하니 국민이 나서서 재판 속행을 요구하고, 철저한 심리를 하는 재판이 되도록 함으로써 이 땅의 선거질서와 정치질서가 바로 세워져 국리민복이 이루어질 것이다.

4. 위 선거관리의 위법성

가. 전자개표기 불법사용의 위법성

중앙선거관리위원회는"전자개표기는 제어용컴퓨터와 투표지분류기로 1대 1로 구성된 통합시스템"이라고 공문으로 정의를 하고 있으며, 2002년 6월 4일과 동년 12월 16일 보도자료 및 2003년 10월 국회 행정자치위원회에 보고한 자료에 의하면 "전자개표기를 전자시스템(전산조직)에 의한 개표를 실시했다."고 보고했다. 이것은 명백한 전산조직임을 확인시켜 주고 있다. 이번 국회의원보궐선거는 부칙 제5조의 절차를 명백하게 결한 것이어서, 사용 불가능함이 입증되는 것이다. 그래서 국회의원지역구선거에 전자개표기 사용은 선거관리위원회가 적법절차 또는 자체 규정을 위반한 것으로, 이것은 당연히 무효다.

나. 개표상황표의 위원서명 누락의 위법성(2011. 7. 27.까지 무효)

2011년 국회의원보궐선거 개표상황표의 위원 검열란을 보면, 위원의 날인만 있을 뿐 자필서명이 없다. 그런데 위에서 살펴본 바와 같이 【공직선거법】 제178조 제2항은 '후보자별 득표수의 공표에 앞서 구·시·군 선거관리위원회 위원 전원이 득표수를 검열하고, 개표상황표에 선거관리위원 전원의 서명 및 날인'을 요구하고 있다. 그리고 【공직선거법】 제172조 제2항은 '개표를 개시한 이후에는 개표소에 구·시·군 선거관리위원회 재적위원의 과반수가 참석하여야 한다.'고 하여, 적어도 개표상황표에는 재적위원 과반수 이상이 서명·날인하여야 하고 서명·날인하지 않았을 경우에는 그 사유를 개표록에 기재해야 한다.

따라서 이 사건 개표상황표는 이의신청과 개표참관인이 【공직선거법】 제178조(개표의 진행)에 의해 서명과 날인을 요구함에도 불구하고, 개표장에서 경찰을 불러 강제 퇴장시켜 놓고 개표상황표에 날인만 하였다. 선거관리의 주체인 선거관리위원회가 선거사무의 관리집행에 관한 규정을 명백히 위반하였으므로 선거무효 사유의 하나인 '선거에 관한 규정에 위반된 사실'이 인정되고, 이 개표상황표는 원천무효이다.

판례(대법원 2009.02.12. 선고 2007두7987, 2008두16698 공인중개사의 업무 및 부동산거래 신고에 관한 법률위반으로 인한 업무정지처분 취소 사건)도 "…'서명·날인'은 서명과 날인을 모두 하여야한다는 서명 및 날인의 의미로 해석하여야 하고, …'서명·날인을 하지 아니한 경우'라 함은 서명과 날인을 모두 하지 않은 경우뿐 아니라 서명과 날인 중 어느 한 가지를 하지 아니한 경우도 포함"하는 것으로 판시하여 '서명·날인'이 '서명 또는 날인'과 그 법적 의미가 다르다는 점을 분명히 하고 있다.

따라서 이 사건 개표상황표는 선거관리의 주체인 선거관리위원회가 선거사무의 관리집행에 있어서 위 대법원 [판례]를 명백히 위반하고 있고, 위 대법원 [판례](대법원 2009.02.12. 선고 2007두7987, 2008두16698 공인중개사의 업무 및 부동산거래 신고에 관한 법률위반으로 인한 업무정지처분 취소 사건) 내용에서 보듯이, "…'서명·날인'은 서명과 날인을 모두 하여야 한다는 서명 및 날인의 의미로 해석하여야 하고, …'서명·날인을 하지 아니한 경우'라 함은 서명과 날인을 모두 하지 않은 경우뿐만 아니라 서명과 날인 중 어느 한 가지를 하지 아니한 경우도 포함"이라고 하여 이번 국회의원보궐선거에서 서명·날인의 법규를 지키지 아니한 성남시 분당구선거관리위원회의 선거관리 결과 무효임을 명백히 지적하고 있어, 이 개표상황표는 원천무효의 객관적인 증거인 것이다.

다. 개표참관 불완전관리로 인한 위헌

【공직선거법】 제181조(개표참관)와 제215조(개표참관인 등에 관한 특례)에 의하면, 후보자를 추천한 정당별 6, 8인 무소속후보자 3, 2인 이내로 신고하도록 하고 있다. 참관인수 계산 원칙은 개표장에 개함반수의 2배수이다. 예전 개정 전에 【공직선거법】은 개표장에서 동시에 개함할 수 있는 투표함수는 4개 이내로 하여 개표참관인을 8인 이내로 해서 4명씩 교대 참관을 하도록 하였다. 현행법에는 동시 개함할 수 있는 투표함수 제한이 없다. 그래서 자연히 개표반수의 제한도 없다. 현재 개표장은 개표기수만큼 동시 개함할 수 있는 투표함수이다. 서울 송파구선거관리위원회 개표장의 개표기는 13대로, 개표반 13이라면 정당참관인 8인이 다 투입되어도 5인이 모자란다. 지방선거일 경우 개표시간이 장시간 소요되어, 교대 참관은 불가능했다. 제21대 총선도 서울 강남구선관위 개표 참관한 결과 제18개표 반이었는데 동일했으며, 이것은 잘못된 조문이라는 것을 알 수 있어 헌법 위반이 자연스럽게

도출되는 것이다. 원칙에 맞는 선거법을 개정한다면 개표참관인 수를 개함반수의 2배수를 신고하도록 해야 원칙을 지키는 참관이 될 수 있다. 이것은 명백한 위헌이며, 선거관리위원회가 개정 의견을 하여 개정하였다면 완전히 선거무효라 할 수 있는 것이다. 또한 불법 개표기 도입으로 인하여 발생한 것이며, 개표의 참관 원칙을 위반한 것으로 【헌법】의 평등권을 위반하여 당연히 무효이다.

라. 사전투표용지의 QR코드 사용은 명백한 법 위반

【공직선거법】 제151조 제6항에 의해 반드시 막대모양의 바코드만 사용하게 했는데, 큐알(QR)코드를 사용한 것은 뜻과 의미가 완전히 달라서 명백하게 법 위반을 한 것이다.

마. 투표용지에 기표한 투표지에 일련번호 누락 위반

【공직선거법】 제150조 제10항에 의해 일련번호를 넣게 했다. 번호를 넣는 이유는 선거인의 투표 여부에 분쟁이 발생했을 때 확인할 수 있게 하는, 정확성을 기하기 위한 방편이다. 따라서 이 선거법 규정은 강행규정이므로 이 규정을 지키지 않은 것은 당연 무효가 되는 것이다. 사실상 투표함 바꿔치기도 가능한 것과 릴레이 투표부정을 하기 좋게 환경을 조성한 것으로, 당연히 법 위반이라 할 것이다.

5. 【공직선거법】 개정 지연과 흠결{제178조(개표의 진행)}

가. 개표상황표에 위원(장) 서명과 날인을 동시에 해야 하는 규정을 서명하거나 날인하게 개정 개악

중앙선관위는 2011. 7. 27.까지 서명과 날인을 해야 하는 규정을 날인만 하게 하여 【공직선거법】을 위반해 왔다. 위반이 되었으면 법과 같이 실행하면 될 것을 직접성과 공식성을 더 느슨하게 하여, 개표의 정확성을 저하시키는 개악을 한 것이다.

나. 개표참관 흠결 방치{제181조(개표참관)}

중앙선관위는 전자개표기 도입으로 현행 선거법에 개표참관이 흠결되는 경우를 방치하였다. 개표장에는 성립요건이 있다. 개표장과 선거관리위원, 개표사무원, 개표참관인, 투표지가 있어야 하는 것이다. 개표참관인은 반드시 있어야 하며, 개표과정을 확인해 주는 것인데, 참관이 불능인 상태가 발생하여 방치하면 당연히 무효가 된다. 즉, 개표반 수만큼 개표참관인을 신고하게 하여 참관하도록 해야 하는 것이다.

6. 소결

그리하여 이 사건 전자개표기는 선거에 사용할 수 없음에도 불구하고 불법 사용한 것은 선거관리위원회가 자체 규정을 위반한 것으로서 그 효력은 인정되지 않으며, 개표상황표와 관련된 선거관리예규는 상위법인 【공직선거법】이 정한 요건인 서명·날인을 서명 또는 날인으로 해석함으로써 상위법을 위반하여 그 효력이 인정되지 않는다. 제 선거에서 작성된 자필서명을 결한 개표상황표는 【공직선거법】과 대법원 [판례]에 위반되어 원인무효이고, 선거관리 주체인 선거관리위원회가 선거에 관한 자체 규정을 위반한 경우에 해당된다. 또한 중앙선관위의 지시에 따라 그 범위가 전국적이어서 원인무효의 개표상황표로 공표된 선거의 결과는 당연 무효이고, 개표가 없었던 것과 같은 결과를 초래하여 선거는 원천무효이다. 개표참관은 법정참관인 수로 투표지 개표참관을 하는데, 불가능하여 개표참관 위반이 상시 진행된 것은 헌법의 평등권 위반으로 원천무효이다. 사전투표용지에 반드시 막대모양의 바코드를 넣어야 함에도 불구하고 QR코드를 사용함은 명백한 【공직선거법】 위반이다.

투표용지에 기표한 투표지의 일련번호 누락으로 진부를 다툴 경우 확인할 방법이 없는 것은, 일련번호를 넣어야 함에도 넣지 않은 【공직선거법】 위반이다. 이는 【공직선거법】과 대법원 [판례]를 위반한 개표과정으로서, 현재까지 선거관리가 부적법한 절차에 의해 이루어져 불법한 선거관리가 명백하다 할 것이다. 이 내용에 대해 지금도 대법원에

선거소송이 계류되어 있는데, 계속 재판을 거부하고 있는 실정이다. 중앙선관위는 부정선거가 드러날까 봐 【공직선거법】을 개정도 하지 않고 막무가내로 위반하며 부정선거를 저질렀다. 따라서 제21대 총선은 【공직선거법】을 다수 위반하였으므로, 완전한 부정선거이다.

그런데 부정선거 의혹은 낙선자들을 위해서가 아니라 국민의 권리에 관한 사안이고, 선거 결과가 공정하다는 믿음에 관한, 민주주의의 토대에 관한 사건이다. 그렇기에 자유 민주주의자였던 이승만은 이기붕의 부통령 부정선거(정·부통령 따로 투표했음)에 학생들이 일어나자 찬사를 보내고, 부하들의 일에 책임을 지고 하야했다. 학생들에게 존중감과 책임감을 보인 것이었다. 이번 의혹은 국제사회가 보고 있기 때문에, 무시가 아니라 이승만 대통령과 같은 겸손한 접근이 필요해 보인다.

| 제3부 |

제21대 총선이 부정선거라는 과학적 주장

| 제3부 |

제21대 총선이 부정선거라는 과학적 주장

1. 아날로그 사고로는 이해 못 하는 4.15부정선거 의혹[1]

진중권 "개표조작 믿는 분은 의사와 대화 나눠야" 주장

진중권 전 동양대 교수가 4.15총선에 대해 부정선거라고 주장하는 이들에 대해 "개표조작이 가능하다고 믿는다면, 그냥 미친 거다. 의사 선생과 대화를 나누는 게 생산적일 것"이라고 비판했다.

진중권은 3일 페이스 북에 연이어 글을 올려 "개표조작 음모론을 주장하는 사람들은 그 일이 도대체 어떻게 가능한지, 구체적으로 시나리오를 제시해 보라. 얼마나 개연적인지 구경 좀 합시다."라고 했다.

진중권은 이어 개표조작이라 말하려면 "일단 바꿔치기할 투표용지와 인쇄할 인쇄소를 비밀리에 섭외해야 한다. 투표용지에 도장을 찍을 아르바이트생과 비밀을 지켜줄 사람들을 미리 물색해 놔야 한다. 전국 253개의 지역구에서 투표함도 바꿔치기해야 한다. 그러려면 모든 지역의 선관위 직원을 매수해야 한다. 이 과정에서 한 명이라도 매수에 실패하면 안 된다."면서 이렇게 주장한 것이다.

진중권은 더불어 "이게 가능하다고 믿는다면 그냥 미친 거다."라면서 "그런 분

---

1 이 글은 2020. 5. 4. 〈whytimes 논평〉(whytimespen1@gmail.com)에 추부길 위원이 쓴, 같은 제목의 논평을 전재한 것이다.

은 저보다는 의사 선생과 대화를 나누는 게 더 생산적일 거다. 말도 안 되는 논리를 일일이 반박할 필요가 없다. 반박해봐야 또 다른 논리를 만들어 덤빌 것이다. 논리가 아니라 심리의 문제"라고 비판했다.

진중권은 또 다른 글에서도 "개표조작설 퍼뜨리는 이들은 현실감을 완전히 상실한 이들로, 민주당의 입장에서는 고마운 존재들"이라며 "주관적 원망과 객관적 현실을 분간하지 못하는 상대가 존재하는 한, 연전연승 장기집권은 보장된 거나 마찬가지"라고 지적했다.

진중권은 또 "개표조작설 퍼뜨리는 이들도 실은 자기들의 주장을 진짜로 믿지는 않을 것"이라며 "그들은 사실과 무관하게 그냥 대중이 듣고 싶어하는 컨텐츠를 만들어 판매하는 데에만 관심이 있다."고 비판했다.

진중권, 팩트도, 핀트도 잘못됐다

4.15총선이 부정선거라고 주장하는 이들을 공박한 진중권은 우선 뭔가 잘못 이해하고 있는 듯 보인다. 진중권은 개표조작을 말하면서 '투표함 바꿔치기'를 우선 들먹였다. 그러면서 '그것 자체가 현실적으로 불가능한 것'이기 때문에 부정선거를 주장하는 이들은 정신과 상담을 받으라는 요지이다.

그런데 지금 4.15선거를 부정선거라고 주장하는 이들은 '투표함 바꿔치기'를 거론조차 하지 않는다. 사전투표에서의 문제점을 지적하는 것이고, 사전투표에서의 QR코드 문제점, 그리고 사전투표함의 인장이 현장에서 찍은 것이 아니라 프린터를 통해서 찍혀 나왔다는 점 등등의 이유를 들어 해킹을 통한 부정선거 의혹을 제기하고 있는 것이다. 지금 진중권이 주장하는 내용과는 초점 자체가 완전히 다른 것이다. 진중권은 뭔가 비판하려거든 제대로 알고 했어야 하나 '부정선거'라는 겉모양만 보고 불쑥 덤벼들었다는 느낌이 든다.

진중권은 “모든 지역의 선관위 직원을 매수해야 한다. 이 과정에서 한 명이라도 매수에 실패하면 안 된다."고 주장했지만 부정선거를 말하는 사람들은 현장요원들에 대한 매수는 전혀 필요 없고 2~3명의 컴퓨터 조작 전문가가 프로그램을 통해 조작했을 것이라 추정하고 있다. 개념이 다른 부정선거를 말하고 있는 것이다. 그러니까 진중권은 지금 60년대식 아날로그 부정선거를 말하고 있는 것이고, 4.15총선이 부정선거라고 말하는 이들은 2020년의 첨단 부정선거를 말하고 있으니 진중권의 부정선거 주장자들에 대한 비판이 영 먹히지 않는 것이다.

진중권이나, 정규재나… 아날로그 개념으로는 부정선거 이해 못 한다!

이미 부정선거라고 주장하는 이들의 팩트는 다 나와 있다. 의혹이 있으니 그렇게 주장하는 것이다. 그렇다면 그 의혹들에 대해 누군가는 설명해 주고 만약 잘못 알고 있거나 오해하는 것이라면 이해할 수 있도록 해주는 것이 국가의 사명이고 존재 이유 아니겠는가?

특히 부정선거라고 주장하는 이들과 ‘같은 식구’였다고 생각했던 정규재 펜앤마이크 주필, 조갑제 대표 등은 일단 마음 문 열고 이해하려는 자세로 귀담아 들어봐야 할 것 아니겠는가?

우선 이번 4.15선거에 나타난 사전투표로 인한 여러 통계 분석 자료들은 그야말로 상식적으로나 통계적으로 도저히 이해할 수 없다는 것을 분명히 말하고 있다. 그렇게 로또복권이 100년, 1000년 내내 1등할 확률 같은 통계 결과가 나왔는데도 현실에서 일어날 수 있는 일이라 치부하며 넘어가야만 하는가? “요즘 시대에 부정선거가 가당키나 한 일인가?”라며 그냥 무시하고 넘어가도 된다는 것인가?

이건 어떤가? 대한민국을 4년간 이끌어갈 국회의원들을 선출하는 이 중차대한 선거를 치르면서 왜 보안이 철저한 광주와 대전의 정보자료센터(IDC)를 이용하지 않았을까? 왜 선관위내에 임시로 설치해 개표를 진행했을까? 광주와 대전의 정보자료센터(IDC)는 인터넷을 사용하지 않고 전용망을 활용한다. 외부에서 개입할 가능성을 그만큼 철저하게 봉쇄하고 있는 것이다. 그런데 그렇게 하지 않은 이유가 무엇인가? 외부에서 쉽게 해킹할 수 있도록 의도적으로 문을 빼꼼 열어 놓은 것은 아닌가?

특히, 사전투표가 선거권자의 주민등록기록 전산자료를 통합선거인명부로 작성하여 전산으로 관리된 선거였기 때문에 전국적으로 득표수가 조작되었다는 주장의 근거가 되고 있는데, 여기에 대해 어느 누구라도 속시원하게 설명해 준 자가 있었던가?

특히, 미래통합당 민경욱 의원이 투표함 보전신청을 하면서 서버에 대한 보전신청도 했지만 법원에서 받아들여지지 않았다. 그러니 더욱 여기에 대해 의구심은 더해 가는 것이다.

더불어 이렇게 중요한 서버, 선거개표관리의 핵심인 서버와 관리시스템을 선정하면서 KT와 SKT는 아예 기권하고 왜 LG U+만 99%가로 낙찰되었을까? 이것이 의미하는 바는 과연 무엇일까? 미국 정부도 사용금지하고 있는 화웨이와 연결된 LG U+를 구태여 선정한 이유는 과연 무엇일까?

부정선거를 주장하는 이들은 결코 이번 부정선거에 많은 수가 아닌 소수의 컴퓨터전문가가 개입했을 것으로 본다. 극소수의 전문가들이 조작값과 전 지역에 적용할 값을 테이블에 저장하는 일을 했을 것이라고 보는 것이다. 그렇다면 선관위까지도 이에 대해 몰랐을 가능성도 있다.

로이킴이라는 프로그래밍 전문가는 아예 컴퓨터 시뮬레이션을 통해 어떻게 선거결과 조작이 가능한지를 실제로 보여주었다. 얼마든지 조작이 가능하다는 것이다.

그러니까 전문가 1~2명만 투입하더라도 QR코드 값이나 화웨이 통신중계기에서 데이터가 오지 않더라도 상수값을 이용해 얼마든지 조작이 가능하다는 것이다. 그런 방식을 진중권이나 정규재, 조갑제 같은 올드보이들이 알 턱이 없다. 그들은 아직도 아날로그 방식의 조작만 생각하고 있기 때문이다.

그래서 이번 4.15총선의 부정선거 여부를 밝히려면 투표함 보전신청만으로는 안 되고 선관위의 중앙서버에 대한 프로그램을 확보해야만 하는 것이다. 그 중앙서버에 IT감리 인력들이 몇 명 붙어서 풀어헤치면 얼마든지 조작 여부를 밝혀낼 수 있다. 그래야만 근본적인 의문이 풀린다.

그런데 이번 4.15총선에서는 외부 IT감리 인력들이 투입되지는 않았을 것이다. 건설을 하더라도 감리 인력이 붙어 부실건축을 막는 것인데, 이렇게 국가적으로 중요한 선거를 치르는 서버 시스템을 운영하면서 당연히 감리를 했어야 하지만 아마도 그러한 감리 인력을 투입해 문제점 점검조차도 안 했을 것으로 판단된다. 만약 했다면 얼마든지 문제점들이 발견될 수 있었기 때문이다. 이런 의혹을 선관위가 풀어주어야 한다.

그렇다면 선관위의 명예를 위해서라도 선관위가 필리핀같이 소스코드라도 공개하고 아예 서버의 공개검증을 하자고 제안할 용의는 없는가? 그렇게 된다면 누구라도 선관위의 판단에 손을 들어줄 것 아니겠는가?

부정선거 대응방식, 투표함 재검표만 주장했다간 큰 코 다친다!

지금 우려스러운 것은 기존의 아날로그식 부정선거를 생각하면서 투표함의 재검표만 주장했다간 아무런 소득 없이 덤터기만 쓸 가능성이 아주 높다는 것이다. 이번 4.15총선에서 부정선거가 이루어졌다면 앞에서 설명한 것같이 프로그래밍을 통한 조작이었을 가능성이 높기 때문이다. 그렇다면 부정선거를 밝히려면 선관위의 중앙서버에 대한 보전신청과 함께 이에 대한 IT전문가들의 감리가 절대적으로 필요하다.

만약 중앙서버에 대한 감리 없이 아날로그식의 재검표만 했다간 이미 맞춰놓은 투표용지라서 이를 찾아낼 근거조차 마땅치 않을 가능성이 아주 높다.

그래서 국민적 부정선거 의혹에 대해 해명하자는 차원에서 통합당이 '국민의혹 해소특위'를 만들어야 한다고 우리 신문이 주장했던 것이다.

이 특위에서 선관위 중앙서버 감리는 물론이고 말 많은 전자개표기에 대한 근원적 문제 해결도 해야 한다.

이미 전자개표기에 대한 의혹은 우리나라 제품을 수출했던 필리핀에서는 '사용불가' 판정을 내렸고, 이라크에서는 '개표부정을 통한 안정성 결여' 문제로 논란이 되고 있다. 미국은 아예 "한국산 전자개표기를 사용하지 말라"고 아프리카 나라들에 경고한 바 있다.

이러한 의혹을 당연히 해소해야 하지 않겠는가?

차제에 아예 사전투표를 폐지하든지 아니면 개선방안도 분명히 논의해야 한다. 그러한 모든 문제들은 '국민적 의혹해소특위'에서 다루자는 것이다. 그래야 2022년 대선에서 또다시 부정선거 문제가 다시 불거지지 않을 것이다.

중앙선관위, 부정선거 의혹 해소에 적극 나서야 한다

선거관리는 민주주의의 심장과도 같은 것이다. 선거관리가 부실하다면 그 나라에 민주주의라는 이름을 붙일 수가 없을 것이다. 그렇다면 중앙선관위는 지금 벌어지고 있는 부정선거 의혹에 적극 대처해야 한다.

"부정선거라고 주장하는 이들을 사법처리하겠다."고 윽박지를 것이 아니라 왜 국민들이 저렇게 부정선거라고 주장하는지, 그 의혹을 해소시킬 방안은 없는지 고민하고 또 고민해야 한다. 그 의혹을 해소하기 위해 국민보다 한 발 앞서 나아가라는 것이다.

중앙선거관리위원회는 전국적으로 제기되는 부정선거 의혹에 대하여 선거관리 책임을 맡은 기관으로서 각 지역에서 제기되는 법원집행에 대해서도 철저하게 돕도록 지시하여야 할 것이며, 국민과 함께 부정선거 의혹을 해소시켜 나가는 데 맨 앞자리에 서야 할 것이다. 그래야 선관위의 명예도 지켜지게 될 것이고, 더불어 선거에 승복하는 문화도 만들 수 있을 것이다.

더 이상 부정선거 논란으로 국론이 분열되고 나라가 두 동강 나는 일이 없도록, 중앙선관위의 철저한 협조와 함께 의혹 해소에 적극 나서줄 것을 요청한다.

위 글과 같은 취지의 글[2]이지만, 전(前)중앙선관위 사무총장을 역임한 김대년 씨의 선관위 옹호 글을 송곳처럼 예리하게 비판하고 있는 글을 한 편 더 소개하기로 한다. 이동복 전(前)장관은 3.15부정선거로 인한 4.19사건을, 직접 기자로서 현장 취재한 경험이 있어 더욱 생동감을 주고 있다.

5월 11일 조간 〈조선일보〉 27면에 보도된 "최보식이 만난 사람ㅡ 김대년 전 중앙선관위 사무총장" 기사를 읽었다. 제목이 "개표 과정 모두 한통속이 돼야 조작 가능…선관위, '음모론' 확산될 여지를 줘"이다. 이 대담 내용의 핵심은 이 기사의 첫 대목에 정리되어 있다. 김대년 전 중앙선거관리위원회 사무총장의 입을 빌어서 4.15총선거 이후 확대일로에 있는 선거 결과 조작설을 부정하는 것이다. 이 기사는 김대년 씨의 다음과 같은 단정적인 이야기로 시작된다.

---

2 (경기고 57년 졸업) 이동복(李東馥) 전 장관이 "3.15와 4.15ㅡ아날로그 식 '투표 부정'과 디지털식 '개표 부정'의 차이"라는 제목으로 쓴 논평을 전재하였다.

"총선 결과는 몹시 이례적이지만 조작 가능성은 0%라고 단언한다. 실시간 개표 상황표를 벽에 붙여 놓았는데 어떻게 조작이 가능하겠나. 그러려면 선관위 전 직원, 개표 사무원, 정당 추천위원, 참관인들이 모두 한통속이 되어야 한다."

그러나, 유감스럽게도 필자는 이 같은 김대년 씨의 주장에 얼른 수긍할 수 없는 저항감을 느꼈다. 왜냐하면 지금부터 60년 전인 1960년 3월 15일 실시된 제3대 정·부통령 선거의 진행 과정과 결과에 대한 기억이 아직도 머릿속에 생생하게 살아 있기 때문이다. 이때 필자는 〈한국일보〉의 영문 자매지(姉妹紙)인 〈The Korea Times〉의 국회와 정당 출입 기자로 3.15정·부통령 선거 과정을 일선에서 취재, 보도했었다.

3.15 정·부통령 선거는 4.19 학생의거를 거쳐서 이승만(李承晩) 대통령의 하야와 자유당 정권의 붕괴로 이어진 대한민국 헌정사상 최대의 정치파동을 촉발한 사건이었다. 이 엄청난 정치파동은 3.15선거 투표일인 3월 15일 오전 11시경 전국적으로 가장 야당 성향이 현저했던 항구도시 마산(馬山)에서 투표 번호표를 받지 못한 시민들이 시청에 몰려가서 번호표를 달라고 요구하는 데 대해 경찰관들이 발포하여 10여 명의 사상자가 발생한 사건으로부터 비롯되었다,

이렇게 촉발된 부정선거 논란은 투표 다음다음날인 3월 17일 부통령 당선이 선포된 이기붕(李起鵬)의 기자회견에서 나온 "총(銃)은 쏘라고 준 것이지, 가지고 놀라고 준 것이 아니다."라는 망언(妄言), 그리고 4월 11일 마산 앞바다에서 한쪽 눈에 불발 종류탄(銃榴彈)이 박혀 있는 고등학교 학생 김주열(金朱烈) 군의 시신이 인양된 사건이 연달아 터지면서 가열화(加熱化)된 끝에 4월 18일과 19일 서울에서의 대규모 학생 시위를 거쳐서 4월 26일 이승만(李承晩)의 하야 성명과 4월 28일 이기붕 일가의 집단 자살, 그리고 4월 28일 이승만 내외의 하와이로의 망명(?)으로 이어진 격동의 드라마가 숨 쉴 사이 없이 연출된 끝에 자

유당 정권의 붕괴로 이어졌었다.

이 같은 정치파동을 촉발한 1960년 3월 15일의 제4대 대통령선거와 제5대 부통령선거의 부정선거의 실체는 '4할 사전투표'라는 이름으로 전국적 규모로 자행된 대규모 '투표 부정' 행위였다. 당시 자유당 정권의 선거 업무를 총괄했던 내무장관 최인규(崔仁圭)는 경찰력과 행정기관을 총동원하여 전국의 모든 투표구에서 유권자 가운데 4할에 대해 투표 번호표를 배부하지 않고, 그 대신 투표 번호표가 배부되지 않은 4할의 투표지에 '대통령 이승만'·'부통령 이기붕'으로 기표(記票)하여 사전에 투표함에 투입하는 방식으로 감행되었다.

그런데, 이 같은 조직적인 부정 투표지의 사전 투입이 진행되는 과정에서 두 가지의 예측하지 못했던 '사고'가 발생했다.

전국의 투표구 가운데는 유권자들의 상당수가 '야당 성향'일 뿐 아니라 '야당 성향'의 경찰 및 행정 관리들이 포진하고 있는 투표구가 적지 않았다. 이 때문에 한편으로는 야당 성향이 강했던 마산과 같은 곳에서 투표일 오전에 투표 번호표를 수령하지 못한 유권자들이 시청으로 몰려가서 적극적으로 번호표의 배부를 요구하는 시위를 전개하다가 경찰의 총격을 받는 일이 발생했고, 다른 한편으로 상당수의 투표구에서는 "4할의 유권자들에 대해 투표 번호표를 배부하지 말라"는 지침이 이행되지 않은 채 투표가 실시된 결과 3월15일 밤 개표를 위하여 개함된 투표함에서 나온 투표지가 해당 투표구 유권자들보다 많아지는 사례들이 속출하는 어처구니없는 상황이 전개된 것이다.

전국의 투표구 가운데 실제 투표율이 60%를 상회한 투표구에서 전 유권자들에게 번호표가 배부되었을 경우에는 투표함에 투입된 투표지 수가 유권자들의 수를 상회하는 경우가 생긴 것이다. 이 때문에 1960년 3월 15일 밤 전국의 투표구별로 진행된 개표 과정에서 100%를 초과하는 '투표율'을 보인 투표구에서는 투표함의 투표지 수를 유권자 수 이내로 조정, 보정하는 어처구니없는 작업이 벌어졌고 그 결과로 3.15 정·부통령선거의 개표 결과는, 이승만 '대통령'의 경우보다 특히 이기붕 '부통령'의 득표수를 조정하는 데 소요된 시간 때문에, 그 이전의 정·부통령 선거 때보다 훨씬 더 많은 시간이 소요된 끝에 투표일 다음다음날인 3월 17일 새벽에야 이기붕의 당선이 확정되어 공표되는 사태가 발생했었다.

이 같은 부정선거의 결과는 끔찍했었다. 1960년 부통령직을 놓고 벌어진 이기붕(자유당)과 장면(張勉·민주당) 사이의 대결은 1956년에 이어 두 번째였다. 1956년의 첫 번째 대결에서의 두 사람의 득표수는 장면 4,012,654표 대 이기붕 3,805,500표로, 표차는 207,154표였다. 그러나 승패가 역전(逆轉)된 1960년 두 번째 대결에서의 득표수는 이기붕 8,337,059표 대 장면 1,843,758표로 표차가 무려 6,493,601표로 늘어났다. 두말할 필요도 없이 '4할 사전투표'의 위력이 과시된 결과였다.

그런데, 1960년 3월 15일에 일어난 이 부정선거는 어디까지나 아날로그 방식의 '투표 부정' 행위였다. 5월 11일자 〈조선일보〉의 "최보식이 만난 사람"에 등장하여 "실시간 개표상황표를 벽에 붙여놓은 상황"을 거론하면서 이 상황에서 '조작'이 이루어지려면 "선관위 전 직원, 개표 사무원, 정당 추천위원, 참관인들이 모두 한통속이 되어야 하지 않느냐"면서 "그렇기 때문에 조작 가능성은 0%"라고 단정한 김대년 씨의 주장은 바로 1960년 3.15 정·부통령선거 때 등장했던 아날로그 방식의 '투표 부정' 행위의 잣대로 4.15총선거를 이야기하고 있음을 보여주는 것이었다.

김대년 씨의 이 같은 주장에는 문제가 있었다. 이번 4월 15일 실시된 21대 국회의원 총선거에서 의혹으로 제기되고 있는 선거부정 행위와 1960년 3.15정·부통령 선거 때의 선거부정 행위 사이에는 근본적인 성격상의 차이가 있었던 것이다.

4.15총선거 후 국내외의 저명한 통계학자들은 이번 4.15총선거에서 더불어민주당이 전자기기에 의한 "후보별 투표지 분류"와 "후보별 득표수의 집계" 과정에서 지역별로 상이한 일정한 '보정 값'을 사용함으로써 미래통합당 후보의 득표수에서 일정한 비율의 표를 덜어서 더불어민주당 후보에게 가산(加算)하는 방식으로 "득표수를 조작했다"는 분석 결과를 내놓고 있다. 더불어민주당은 이 같은 "개표부정"을 통하여 163명(우호적 군소정당 당선자를 포함하면 190명)의 당선자를 만들어냈으며, 반대로 미래통합당 소속 당선자를 84명(우호적 군소정당 당선자를 포함하면 107명)으로 위축시켰다는 것이 이들의 분석 결과인 것이다.

김대년 씨는, 문제의 〈조선일보〉 최보식 기자와의 대담에서, 의도적으로 그렇게 한 것인지 아니면 무지의 탓으로 그렇게 한 것인지는 알 수 없지만, 1960년 3.15정·부통령 선거 때의 선거부정 행위가 '투표' 과정에서 자행된 아날로그 방식의 '투표 부정행위'였던 데 반하여 이번 4.15총선거 때의 선거부정 행위는 사전에 치밀하게 준비된 디지털 방식의 보다 더 대규모의 '개표 부정행위'였다는 차이를 외면하고, 이번 4.15총선거 결과도 아날로그 방식으로 분석하여 설명하려 시도하고 있다는 것이 필자의 생각이다.

지금 몇몇 지역구에서, 산발적이거나 아니면 좀 더 광범위한 규모의 아날로그 방식의 '투표 부정행위'가 자행되었을 가능성을 시사하는 단편적인 의혹들이 제기되고 있어서 앞으로 진행될 선거 소송의 결과에 따라서는 일부 선거구에서의 당락(當落) 변동이나 선거무효에 의한 재선거 실시가능성이 배제되기 어려운 것도 사실이기는 하다.

그러나, 이번 4.15총선거의 특징은 그 같은 아날로그 차원의 지엽적인 '투표부정행위'가 아니라 '투표지 분류기'와 '전산장치에 의한 집계과정'에서 전국적인 규모로 이루어진 '개표부정행위'일 가능성이 농후하다는 데 있는만큼, 김대년 씨처럼 "벽에 붙어 있는 개표상황표"라던가 "선관위 전 직원, 개표사무원, 정당

추천위원 및 참관인들"을 문제 삼는 것은 어불성설(語不成說)이 아닐 수 없다. 만약 선거소송의 진행과정에서 이 같은 디지털 차원의 전국적 규모의 '개표부정행위'가 사실로 입증될 경우 그 결과는 필연적으로 4.15총선거의 전면적 무효와 전면적 재선거 실시 논란을 점화시키게 될 가능성이 없지 않다. …(중략)…

마지막으로 새삼 떠오르는 사실이 있다. 그것은 1960년 4월 26일 이승만 대통령의 하야로 자유당 정권이 무너지고 허정(許政)의 과도정권이 7.29총선거를 통하여 장면이 이끄는 민주당 정권으로 바뀌었지만 장면 정권이 1961년 5.16 군사쿠데타를 통하여 퇴출될 때까지 3.15정·부통령 선거를 통해 저질러진 대표적 선거부정이었던 '4할 사전투표'는 사법적 단죄의 대상이 되지 못했다. '4할 사전투표'행위에 대한 군사재판을 통하여 최인규가 그 책임자로 단죄되어 형장의 이슬로 사라진 것은 1961년 군사정권이 등장한 뒤의 일이었다. 이 같은 역사적 사실은 이번 4.15총선거의 경우 통계학자들을 경악시킨 전국적인 규모의 디지털식 '개표부정행위'가 사법처리를 통하여 단죄되는 것이 결코 용이한 일이 아니라는 것을 예고하는 것일 수 있다는 상념을 떨어내기 어렵다.

2. 볼리비아 부정선거 —OAS(Organization of American State)의 보고서

이번 제21대 총선 부정선거의 부정방식의 핵심은 표갈이나 투표용지 바꿔치기 등 아날로그식의 조작이 핵심이 아니라, 디지털 범죄가 핵심인 점을 간파하여야 한다. 따라서 투표함 조작은 1차 범죄의 보조수단일 뿐이어서 단순 재검표는 큰 의미가 없을 수 있다. 이미 증거인멸을 하였거나 디지털 범죄에 맞추어놓았을 가능성이 다분하기 때문이다. 그들은 사이버상에서 해킹방식을 사용해 조작했을 가능성이 매우 높다. CCP직속 하웨이 첨단 5G통신기술·QR코드·5G중계기·집계서버·통합서버·백업서버·분류기·검표기 내 무선칩(초소형 블루투스, RFID, USB) 등을 중국 프로그래머를 사용해서 범죄 흔적을 흩뿌려 놓았으리라 판단된다. 하나의 검표분류기에서 2개의 신호경로를 만들어 그 중 하나는 당일투표 데이터는 정상적으로 중앙선관위 서버로 가게 하고, 또 하나는 QR코드를 사용한 관내 사전투표 데이터를 내장된 초소형 무선칩 RF무선으로 통신중계기를 거쳐 중국 혹은 해외에 위치한 서버로 보내 거기에서 특정 조작값으로 조작된 신호가 다시 중앙선관위의 통합서버로 오게 되었다고 추정된다.

따라서 민경욱 의원의 재검표에서 단서가 나오면 결국 검찰의 포렌식 수사를 통해 그 범죄사실을 밝혀낼 수밖에 없을 것이다. 이를 뒷받침하는 것은 중국 공산당 당교와 업무협력을 하기로 한 뒤 민주연구원 양정철이 볼리비아를 다녀와 4.15 부정선거를 총괄하였으므로, 볼리비아 부정선거에 관한 OAS(Organization of American State)의 보고서를 살펴볼 필요가 있다.

OAS는 볼리비아 정부와 선거 전반에 관해 감사하기로 하고, 약 10일 동안 조사 후에 이 보고서를 작성하였다. 감사팀은 18개국 36명으로 조직되었는데, IT전문가·변호사·서류/사인 감식 전문가·필적 전문가 등으로 구성되었다. 크게 전산서버, 전반적인 관리(Chain of custody), 투표집계지 조작, 사인위조로 조사됐다. 역시 핵심부분은 p3~6에 있는 전산관련 부분이다. 핵심은 선거시스템 상에 등록되지도 않았고, OAS팀에도 존재 여부가 은닉된 숨겨진 서버가 발견된 것이다. 감사팀이 발견한 것인데, 데이터 흐름의 조작이 시작된 후 데이터 집계가 은닉된 서버로 다 모였다는 것이다. 볼리비아 전산책임자는 이 사실을 알고는 있었으나 자신이 지시를 내리지 않았다고 말했다. 이건 연결된 350개의 컴퓨터 IP address를 변경해 일어났다. 그리고 은닉된 서버로 모여진 결과가 public IP를 통해 주서버로 흘러 들어갔다. 왜 설계상 서버를 쓰지 않고 은닉된 서버를 쓰고, IP주소를 바꿨는지는, 감사팀에게 누구도 설명을 하지 못했다. 그리고 각 서버(BO2, BO3)간 log data가 일치하지 않았다는 건데, 분명 인위적인 개입이 있는 걸로 보인다. 그리고 hash value와 Meta data가 존재하지 않는다. 그리고 그 누구도 전산 데이터에 선관위나 정부의 허락 없이는 접근할 수 없다는 큰 관리상의 허점을 지적한다. 나중에 법정에 증명할 offical data set도 없다고 한다.

이건 한국에서 일어나고 있다. 그런데 선관위에서 서버 및 각종 log, IP기록을 보존하려는 어떤 확언도 안 하고 있다. 또 선거데이터를 SQL로 쉽게 수정할 수 있게 되어 있는 건 말이 안 된다고 밝히고 있다. 그리고 투표집계지(Tally sheet) 서류위조가 있었고, 이건 흡사 한국의 봉인지 파손·위조사인 등과 흡사하다. 또, 투표지와 투표자 숫자가 맞지 않는다고 하는데, 한국하고 똑같다. 관리는 엉터리라고 표현되어 있다. 마지막은 통계집계인데, 두 후보가 비슷하게 지지율이 가다가 어느 한 시점에서 반대투표 경향이 두드려져 10% 이상으로 벌어졌다. 한국 사전투표하고 바로 비교하긴 어려운데, 볼리비아는 개표하다가 중단시키고 하루 동안 표를 갈아 넣고 재검표했을 개연성이 크기 때문인데, 그렇다 하더라도 지지율의 흐름은 한국하고 똑같다. 당일투표에서 비슷하거나 이기고 있다가, 사전투표 집계가 시작되면서 뒤집어진 건 똑같다. 결론은 "선거결과 전송시스템(Election Results Transmission System)에서 분명한 조작(manipulation)이 있었다."로 맺는다.

한국에서 일어난 현상들이랑 거의 비슷하다. 전자개표기를 썼고, 서버, 허술한 IP, 투표지와 실제 투표자 차이… 상상하면, 가짜표를 섞어 넣었거나, 아니면 서버조작을 통해 중앙전산서버로 보내는 집계를 조작하였을 수 있다. 반드시 log기록, meta data 등을 조사하게 모든 전산데이터를 보존해야 한다. 그런데, 이 전산데이터를 불과 2주 만에 없앤다는 선관위는 너무 냄새난다. 통계, public IP, 서버, 봉인지 파손, 사인… smoking gun이 너무 많다. 만일 투명하게 서버와 연결된 모든 프린터·노트북을 포렌식하는 걸 거부하면, 국제여론에 호소해야 한다. 볼리비아도 국내 데모와 미국 트럼프의 지지로 조사단을 받아들일 수밖에 없었다. 부정으로 밝혀지고 “We could"라고 국민들이 외쳤다고 한다. 우리 국민들도 부정으로 밝혀져 “We could"라고 외칠 수 있기를 고대한다.

이러한 조사를 참고하여, 이제 제21대 총선이 부정선거였음을 나타내는 간접증거로 유력한 과학적 주장과 논쟁들을 살펴보기로 한다.

3. 통계상 인위적 조작 가능성 주장과 그 반박[3]

제18대 국회의원을 지낸 명지대 물리학과 박영아 교수(미 펜실베니아대학 물리학 박사)가 4.15총선 투표조작 의혹을 제기하며 "통계적으로 불가능한 일이 21대 총선에서 일어났다"고 주장했다. 이에 대해 이병태 카이스트 경영학과 교수(미 텍사스 오스틴 대학 경영학 박사)는 박 교수가 조건부 확률을 독립 확률로 계산하는 오류를 범하고 있다고 지적했다.

박영아 교수는 23일 자신의 페이스 북을 통해 "4.15총선 결과를 보면 통계적으로 불가능한 일이 일어났다."며 "자료에 의하면 서울 49개 선거구를 동별로 보면 424개 동인데, 이 424개 모든 동에서 민주당 후보의 (사전선거 득표율-당일 득표율)은 +12% 근처의 정규분포 비슷한 모양의 히스토그램을 그렸다."고 했다. 그러면서 "이런 일이 일어날 확률은 2의 424승 분의 1"이라고 했다.

그는 "인용한 히스토그램 (자유바람 저장소, https://freedomstorage.blogspot.com/)은 서울 49개 지역구를 구성하는 424개 동에서 더불어민주당 후보의 사전선거 득표율과 본 선거 득표율의 차이를 변수로 해서 가로축으로 하였다. 세로축은 각각의 구간에서 발생한 빈도를 그린 것"이라며 "그런데 이 차이 값이 424개 서울 모든 동에서 플라스(+) 값으로서 12% 근처에 모여 있다는 것"이라고 했다.

이어 "정상적인 경우라면 세로축을 중심으로 플러스인 지역도 있고, 마이너스(-)인 지역도 있게 되어 세로축을 중심으로 종(鍾) 모양이다. 통계학에서는 이 커브를 수학자 가우스(Gauss) 이름을 따서 가우스 곡선 또는 정규분포 곡선이라고 한다."고 했다.

---

3 이 부분은 명지대 물리학과에 재직 중인 천재 여성 통계물리학자인 박영아 교수의 주장과 이에 반박하는 카이스트 경영학과 이병태 교수의 반박을 다룬 펜앤마이크 김민찬 기자(mkim@pennmike.com)가 2020. 4. 24. 게재한 기사를 요약하여 작성하였다.

박 교수는 "사전선거의 선거상황(여론, 지지자들의 결집도 등등)이 차이가 없다면, 이 득표율의 차이가 플러스가 될 확률은 반반 즉 50%이다. 따라서 지금처럼 득표율 차이가 +가 될 확률은 1/2, 즉 0.5이다."라며 "그런데 이런 경우가 424번 연속 발생했으니까, 그 확률은 2의 424승 분의 1이다."라고 했다. 그러면서 "그리고 수도권 선거구 전체 1,000개 이상의 동에서 같은 일이 일어날 확률은 2의 1000승 분의 1이다. (수도권 전체에서 선거구별로 사전선거 득표율이 본투표 득표율보다 10% 정도 높았으며 동별로도 그런 것으로 알고 있다.) 이 수를 10의 승으로 표현하면 10의 301승 분의 1이다."라며 "이 확률은 정말 정말 작은 숫자"라고 강조했다.

그는 "이런 정도의 사건이 현실세계에서 일어나는 것을 보는 것은 불가능하다."며 마치 "1,000개의 동전을 동시에 던졌을 때 모두 앞면이 나오는 경우를 볼 수 없는 것과 같다."고 했다.

그러면서 "그렇다면 이런 선거결과를 어떻게 해석해야 하는가?"라며 "인위적인 작동이 있었다고 '통계학적'으로 해석될 수밖에 없다."고 했다.

이병태 교수는 박 교수의 주장에 대해 "그걸 독립 사건이고 동시 발생 확률로 계산하시니 그런 계산이 나온다."고 했다. 그는 "예를 들겠습니다. 한국의 지역에 특정 계절에 비가 올 확률이 10%다. 이런데 100개 군에 동시에 비가 올 확률은 0.1의 100승이 되어 불가능하다고 주장하는 것과 같다."고 했다. 이어 "그런데 한반도를 덮는 먹구름이 왔을 때 전국에 비가 동시에 올 확률은 1이 된다."며 "바로 전국을 덮는 비구름의 조건부 확률이지요. 많은 분들이 조건부 확률을 자꾸 독립(시행)의 확률로 계산하고 계시고 있다."고 강조했다.

이 교수는 "또 하나의 오류는 그 현상에 맞는 사례를 모아놓고 확률 계산을 하는 오류를 범한다."고 했다. 그는 "색이 두 가지인 항아리에서 구슬을 1,000개 꺼냈는데 같은 색이 9개가 나올 확률과, 처음부터 갈색 9개만 연달아 나올 확률은 전혀 다른데, 의심에 맞는 것만 골라서 동시에 발생할 확률을 구하는 오류들을 범하고 있다."며 "제 예에서 먹구름이, 민주당 지지자들이 더 많이 뛰쳐나온 것에 비유된다."고 했다.

이 교수는 "서울, 인천, 경기의 양당 지지율을 광역으로 보면 크게 다르지 않다."며 "이것 이외는 아무런 의미도 없는 데이터를 갖고 온갖 음모론을 시작했다."고 했다.

이상이 두 교수의 논쟁 내용이다. 그런데 여기서 필자가 이 두 교수 중 어느 쪽이 더 타당한 주장을 하는지 판단할 수 있도록, 간단한 설명을 덧붙이고자 한다. 우선 이병태 교수가 박영아 교수의 오류를 지적하면서 문제 삼은 '독립(시행)의 확률'과 '조건부 확률'의 개념을 알아보자. 이를 위해서 우선 독립사건과 종속사건의 개념을 먼저 알아보자.

확률에서 사건은 '경우의 수'라는 개념과 관련된다. 동전을 던졌을 때에는 앞면과 뒷면이 나오는 두 가지 '경우의 수'가 있고, 그 각각의 면이 나오는 것을 각 면이 나오는 '사건'이라고 한다. 주사위를 던졌을 때, 나오는 눈의 수는 6가지 '경우의 수'가 있고, 1부터 6까지 눈이 나오는 것을 마찬가지로 각 눈이 나오는 '사건'이라 한다. 이 때, 두 사건 A와 B가 있다고 할 때 한 사건의 결과가 다른 사건에 영향을 주지 않을 때 A와 B를 '독립사건'이라 하고, 한 사건의 결과가 다른 사건에 영향을 줄 때 A와 B를 '종속사건'이라 한다.

한편, 독립(시행)의 확률이란 예컨대 반복하여 동전이나 주사위를 던질 때와 같이 어떤 시행을 같은 조건에서 되풀이할 때, 각 시행의 결과가 다른 시행의 결과에 아무런 영향을 주지 않는 시행을 '독립시행'이라고 한다. 이처럼 동전이나 주사위를 반복해서 던지거나 동시에 여러 개의 동전이나 주사위를 던질 때 몇 개의 앞·뒷면이나 눈금이 나오는지 구할 때의 확률을 '독립(시행)의 확률'이라고 정의한다. 이에 비해, 제비뽑기와 복권당첨과 같이 미리 일정한 등수가 결정된 상태에서 제비를 뽑거나 복권을 추첨할 경우에는 앞 사람의 당첨 여부가 뒷사람의 당첨 확률에 영향을 준다. 이 경우에 뒷사람의 당첨 확률을 바로 '조건부 확률'이라고 한다. 이러한 개념을 상기하면서 다시 두 교수의 주장을 살펴보자.

사전투표와 당일투표의 시간 간격은 약 4~5일이다. 그런데 이병태 교수는 사전투표에 더불어민주당 지지자가 몰렸다는 주장인데, 투표 연령별 투표일이나 우한 바이러스의 감염을 피하기 위해 고령층의 유권자들이 미리 사전투표를 했고 김종인과 황교안이 사전투표를 독려하였으므로 이병태 교수의 주장은 경험적으로 근거가 희박한 믿기 어려운 주장인 셈이다. 또한 사전투표 기간이 경과한 후에 미래통합당에서 수도권에서 후보들의 막말을 이유로 자중지란이라고 할 정도의 소란스러운 제명사태가 있었다. 관악갑구 김대호 후보의 '노인폄훼 발언'과 부천병구 차명진 후보의 '세월호 텐트' 발언 때문에 수도권에서 약 50석을 잃었다는 자체 판세 분석이 있었다. 그러한 이유로, 두 후보를 제명한 호들갑이 있었음에도 불구하고 오히려 미래통합당의 지지율이 상승했다는 점은 도저히 납득하기 어려운 일이다. 이병태 교수는 이러한 사실조차 모르고 조건부 확률이라는 카드를 꺼내들어 소위 우파 국민들을 우롱하고 있을까? 아니면 자신의 알량한 영향력을 믿고, 확증 편향이나 빅 브라더의 지시로 불가피하게 학자적 양심을 내팽개치고 선전선동에 나선 것인지 매우 궁금하다.

이 두 학자 사이의 논쟁이 오가는 가운데, 지금으로부터 60년 전인 1960년 '3.15부정선거'가 도화선이 되어 '4.19의거'가 일어났듯이, 4.15부정선거가 도화선이 되어 이를 밝히는 국민적 저항운동이 촉발될 것이라는 희망찬 예측을 가능하게 하는 하나의 조짐이 발생하였다. 그것은 바로 〈조선일보〉 최보식 기자가 [최보식이 만난 사람]의 지면을 통해 통계학회장과 한국과학기술한림원 원장을 지낸 박성현 서울대 통계학과 명예교수와 한 인터뷰 기사이다.

원래 〈조선일보〉는 〔공정선거국민연대〕를 비롯한 시민단체들이 '사전투표를 하지 말자'는 국민운동을 벌이자 사전투표일 하루 전인 4월 9일, 김명지 정치부기자를 내세워 [부정선거 의혹 팩트 체크] 형식으로 "사전투표를 하지 말자는 시민단체가 허위사실을 유포하고 있다."는 취지의 기사를 게재하였다. 그 후 '4.15부정선거'의 결과 여권의 압승으로 발표되자 기다렸다는 듯이 4. 20. 배성규 정치부장이 직접 나서 [태평로]라는 오피니언 코너를 빌어 "야당, 총선서 완패하자 투표부정·개표조작 주장 나와, 숨은 표도, 음모도 없었다. …사람·노선·행태 뿌리채 바꿔라"라는 제목의 글을 올렸다. 그리고 〔공정선거국민연대〕를 위시하여 부정선거를 지적하는 단체와 국민들을 겨냥해 "철지난 '음모론'에 또 다시 기대려면 야당과 보수가 되살아날 희망이 없다."는 주장을 펼쳤다.

이후 〈조선일보〉의 경제칼럼리스트 이병태 교수와 〈펜앤마이크〉 정규재 주필, 〈조갑제TV〉의 조갑제 주필, 〈황장수의 뉴스브리핑〉의 황장수, 〈미디어워치TV〉의 변희재 등 소위 우파 내 공정선거론자들의 활동 방향을 암시하는 듯하였다.

하지만 '4.15부정선거'에 대한 시민들의 국민 불복종운동과 대안언론으로 등장한 유튜브 중에 〈공병호TV〉, 〈뉴스타운TV〉, 〈이봉규TV〉, 〈가로세로연구소〉, 〈신의한수〉, 〈바실리아TV〉, 〈Scott 인간과 자유이야기〉, 〈수학쨈〉, 〈VON뉴스〉, 〈박훈탁TV〉 등이 합력해 국민들과 소통하여 거대한 여론의 강물이 형성되었다. 그러자 더 이상 부정선거가 없었다는 견해로 버티다가는 성난 민심의 강물에 익사하고 말겠다는 느낌이 들었는지 최보식을 통해 일거에 한국 통계학계의 최고 권위자 중 한 명인 박성현 명예교수를 섭외하고, 그의 의견을 인터뷰하여 이 성스러운 국민 불복종운동의 도도한 역사적 흐름에 동참하는 듯한 기사를 게재하였다. 마침 최보식 기자가 그 동안 논란이 되어왔던 거의 모든 쟁점들을 망라하여 질문지를 구성하였으므로, 필자는 "제3부 제21대 총선이 부정선거라는 과학적 주장"의 결론에 앞서 2020. 5. 4. [최보식이 만난 사람]의 기사를 가감 없이 인용한다.

"사전투표 결과 통계적으로 이해 안 돼… 선관위, 의혹 풀어줄 책임 있어"

[최보식이 만난 사람]

왜 사전투표 조작설이 나왔을까… 박성현 前 통계학회 회장·서울대 통계학과 명예교수

17개 선거구 사전투표 득표율 똑같이 63:36 나올 확률 통계적으로는 거의 희박해
전체 유권자는 하나의 모집단… 사전투표·당일투표 그룹 票心 현격하게 차이날 수 없어

사전 투표 조작설이 제기됐을 때 진지하게 다룰 사안이 아니라고 판단했다. 일부 보수 인사도 비판적인 태도를 취했다. 보수는 선거 패배로 끝나는 게 아니라 자칫 '선거 불복' 오명까지 뒤집어쓸 수 있다. 과거 선거에서도 진 쪽은 그럴 듯한 '음모론'을 만들어냈지만, 얼마 못 가 황당무계한 주장으로 판명나곤 했다.

하지만 통계학회 회장과 한국과학기술한림원 원장을 지낸 박성현(75) 서울대 통계학과 명예교수는 이렇게 말문을 열었다.

"사전 투표를 둘러싸고 말들이 많아 전국 지역구 253곳의 선거 데이터를 자세히 봤다. 통계적 관점에서는 확실히 일어나기 어려운 투표 결과였다. 어떤 형태로든 인위적 개입이 있었을 가능성을 배제하기 어렵다고 본다." 박성현 명예교수는 '의혹을 풀려면 박빙 선거구 3곳을 재검표하는 방법밖에 없다'고 말했다.

—이는 몹시 예민한 사안이다. 통계학자로서 지금까지 쌓아올린 선생의 권위와 명망을 잃을 수 있다.

"조작 증거라고 단언할 수는 없어도 통계학자의 눈으로는 몹시 의아하게 비친다. 아주 우연히 그렇게 일어났다고 주장할 수는 있지만, 통계적으로 이런 우연이 일어나기는 쉽지 않다. 굳이 말하면 '신(神)이 미리 그렇게 해주려고 작정하지 않고는 일어날 수 없다'는 것이다."

—통계적으로 납득이 안 돼도 현실에서 일어날 수는 있다. 현실이 통계 이론에 따라가는 것은 아니다. 이번 총선 투표 결과가 실제 그걸 말해 주고 있지 않나?

"현실을 반영해 온 결과가 통계다. 가령 서울은 강남·강북 등 지역 특성이 있고 후보 경쟁력이 달라 지지도가 다양하게 나오는 것이 정상이다. 이번에는 서울 선거구 49곳에서 모두 민주당의 사전 투표 득표율이 당일 득표율보다 평균

12%p 높았다. 선거구별 표준편차도 2.4%로 거의 동일한 패턴을 보였다."

ㅡ코로나 대응을 위해 정부 여당에 힘을 실어줘야 한다는 바람이 불었으면 이렇게 나올 수 있지 않은가?

"더 세부적으로 서울의 424개 동(洞) 단위에서도 한 곳 예외 없이 민주당의 사전 투표 득표율이 당일 득표율보다 높았다. 동별로 특색이 있는데도 일률적인 결과가 도출됐다. 통계적으로 도저히 발생하기 어려운 것이다."

ㅡ먹구름이 한반도 하늘을 덮을 때 전국적으로 비가 동시에 올 확률은 100%라고 주장하는 학자도 있다. 먹구름은 '민심(民心)'을 비유하는 것인데?

"그렇게 주장할 수 있다. 하지만 당일 투표에서 민주당 45.6%, 통합당 46.0%였다. 당일 투표 결과로는 민주당 123명, 통합당 124명, 무소속 5명, 정의당 1명이 이겼다. 그런 '민심'이 사전투표함을 열자 민주당 163석, 통합당은 84석으로 바뀌었다. 사전 투표에서 현 정권을 지지하는 민심이 먹구름처럼 뒤덮였다고 가정하자. 그러면 4~5일 뒤 당일투표에서는 갑자기 왜 이런 민심이 바뀌었는가. 설명이 안 되는 것이다."

ㅡ보수 성향 유권자들 사이에서는 '투표함을 바꿔치기하거나 조작할 수 있으니 사전 투표를 하면 안 된다'는 말이 퍼졌다. 가령 대구는 사전투표 비율이 가장 낮고 당일투표에서 높았다. 역대 선거에서도 현 여권을 지지하는 젊은 층이 사전투표에 많이 참여했는데?

"이번 사전 투표에는 60대 이상이 30.8%로 가장 많이 참여했다. 다음으로 50대가 21.9%였다. 50대 이상을 합치면 52.7%로 젊은 층보다 사전투표에 더 많이 나왔다. 50대 이상의 전반적인 표심이 바뀌었다고 볼 수는 없지 않은가."

ㅡ이런 해석은 가능하다. 50대 이상은 현실적으로 경제문제에 가장 민감하다.

사전투표에 참가한 50대 이상은 문재인 정부의 재난 극복에 힘을 실어준 유권자로 추정해 볼 수 있지 않겠나?

"그렇다고 50대 이상 그룹에서 정부 여당을 지지하는 이들만 사전투표를 했다고 할 수는 없다. 오히려 내 주변에는 문재인 정권 심판 의지를 보여주기 위해 미리 투표했다는 이가 더 많았다. 무엇보다 사전투표 뒤 4~5일 만에 표심이 왜 그렇게 바뀌었는지는 설명이 안 된다."

—선생이 공부해 온 통계 이론에 맞지 않는다고 이미 일어난 현실을 부정하려는 것처럼 비친다. 역대 선거에서도 사전투표 득표율은 민주당이 높게 나오지 않았나?

"2016년 총선에서 민주당의 사전투표 득표율이 높았지만, 낮게 나온 지역구도 꽤 있었다. 반대로 통합당(당시 새누리당) 후보가 사전투표에서 더 좋은 성적을 얻은 지역구도 있었다. 당시 양당의 사전투표 득표율 격차는 5%p였다. 하지만 이번에는 약 22%p 격차가 났다. 통계적으로는 이렇게 나올 수 없는 것이다."

사전 투표 득표율 격차 22%p

—사전투표 그룹과 당일투표 그룹이 같은 성향의 투표를 할 것이라는 전제가 잘못된 게 아닐까?

"전체 유권자를 하나의 모(母)집단으로 볼 때, 사전투표 그룹과 당일투표 그룹은 무작위로 나뉘는 것이다. 그런데 민주당의 사전투표 득표율은 당일투표보다 평균 10.7%p나 높았다. 반면 통합당은 당일투표보다 11.1%p 낮았다. 거듭 말하지만 4~5일 간격으로 투표 성향 차이가 10%p 이상 크게 날 수는 없다."

—통계학적으로는 이해가 안 되겠지만, 유권자의 투표에 영향을 끼치는 정치·사회적 변수도 있지 않은가?

"바로 그 점이다. 사전투표와 당일투표 사이에 유권자들의 마음을 흔드는 그런 정치·사회적 변수가 과연 있었는가."

—통합당 후보들의 '막말 파동'이 사전투표에 영향을 줬다는 분석이 있었다. 특히 차명진 후보의 세월호 관련 막말은 사전투표 전날에 터졌는데?

"이러한 막말 파동은 사실상 투표 당일까지 계속됐다. 사전투표에만 크게 영향을 주고 당일투표에는 영향을 안 줬다는 주장은 논리적이지 않다. 막말 논란은 민주당에서도 있었던 거다."

—유시민 씨의 180석 발언이 나오자, 당일투표에서는 유권자들의 정권 견제 심리가 작용했을 가능성은?

"설령 그런 심리가 작용했다 해도, 1,000만 명 이상의 대(大)표본 집단에서는 이렇게 이질적인 성향이 나타나기가 매우 어렵다."

—보수 유튜버들은 서울·인천·경기에서 민주당과 통합당의 사전투표 득표율이 똑같이 63:36으로 나온 것을 놓고 '조작이 있었다'고 주장하는데?

"양당 간 상대 득표율에서 소수점을 빼고 동일하게 나온 것은 통계적으로 볼 때 매우 희소한 경우다."

—중앙선거관리위원회는 "수도권 유권자들의 투표 성향 흐름이 유사하게 나타난 것일 뿐"이라고 설명하고 있는데?

"그렇다 해도 이렇게 동일한 비율이 나올 확률은 매우 낮다."

—이런 비율은 전체 선거구 253곳 중 17곳(6.7%)에서만 그렇다. 몇몇 의심할 만한 사례를 모아놓고 보편화하는 오류를 범하고 있는 게 아닌가?

"선거구 17곳에서도 63:36으로 나올 확률은 통계적으로 거의 불가능하다. 더욱

이 서울·인천·경기의 광역단체에서 똑같이 63:36으로 나올 확률은 아주 낮다."

—이는 두 정당의 득표율만 비교한 것이다. 다른 소수정당 후보와 무소속 후보의 득표를 포함해 계산하면 서울 61:35, 인천 59:34, 경기 61:35로 똑같지 않은데?

"양 당의 득표율만 비교한 것은 만약 조작이 시도됐다면 오직 통합당 표를 민주당 표로 바꿔치기해 생길 수 있다고 봤기 때문일 것이다. 이런 비율 자체를 조작의 증거로 몰아가는 것은 적절하지 않다. 하지만 의심할 만한 근거는 된다."

—인천 연수구을은 민주당, 통합당, 정의당 후보 모두 관외(管外) 사전 득표수가 관내 사전 득표수의 0.39로 나와 조작 의혹이 제기됐는데?

"인천 연수구을은 당별로 관내 득표수에 상수 값 0.39를 곱하면 관외 득표수가 나온다. 발생하기 어려운 일이다. 전국 11개 선거구의 사전투표에서 관내 득표수와 관외 득표수 간에 이와 같은 관계가 발견된다. 상수 값만 약간씩 다를 뿐, 성남시 분당구갑 0.28, 분당구 0.29, 인천 남동구갑 0.30, 서울 송파병 0.31 등이다."

—투표 성향이 비슷해 관외 득표율과 관내 득표율이 이렇게 나올 수 있지 않은가?

"아주 우연히 나올 수는 있다. 그러나 모든 당(黨)의 관내 득표수에 일정 상수를 곱해 관외 득표수가 나오는 것은 통계적으로는 몹시 이례적이다."

—통계적으로 납득이 안 돼도 현실에서 일어날 수 있다. 특이한 현상이라고 조작 의혹을 제기하는 것은 논리 비약이 아닐까?

"어쩌다 우연이 겹쳐 그렇게 됐다고 주장할 수 있지만, 통계적으로는 이런 우연이 발생하기 어렵다."

—개표 전 과정은 CCTV에 찍혀 있다. 전자개표기는 외부 통신망과 단절된 컴퓨터다. 개표장에서는 개표사무원·각 당 참관인 등이 이중 삼중 검표한다. 집계된 표수(票數)는 중앙선관위의 전용망을 통해 서버에 입력된다. 폐쇄회로이기 때문에 외부에서의 해킹은 불가능하다. 이런 현장을 이해하면 전자개표기나 서버에 칩을 심거나 프로그램을 조작했다거나, 사전 투표용지의 QR코드가 개인정보를 기록했다는 등의 설은 현실성이 떨어진다는데?

"나는 통계 관점에서만 말할 수 있을 뿐이다. 중앙선관위는 이렇게 확산되는 의혹을 불식해야 할 책임이 있다. 박빙 선거구 3곳을 재검표하는 방법밖에 없다고 본다."

중앙선관위의 신뢰가 걸린 문제

—중앙선관위는 낙선 후보자가 선거소송 등 법적 절차를 취해야 밝힐 수 있다는 입장인데?

"중앙선관위는 헌법기관으로서 신뢰 문제가 걸려 있는만큼 더 적극적이어야 한다. 통합당도 선거 불복의 위험이 따르지만 국민적 의혹을 풀어준다는 차원에서 소송을 제기할 필요가 있다."

지난달 28일에는 부정선거를 탐지하는 통계 분석 전문가라는 월터 미베인 미시간대 교수까지 가세했다. 「2020년 한국 총선에서의 사기(Frauds)」라는 논문에서 "사전투표에 이상한 점이 발견된다."고 주장한 것이다. 이틀 뒤 전국 377개 대학 전·현직 교수들이 소속된 [사회정의를 바라는 전국 교수 모임]은 선거부정 의혹을 가려야 한다는 성명을 발표했다.

4. 월터 미베인의 총선 부정선거 분석과 그 반박

이처럼 4·15총선 부정 논란이 끊이지 않는 가운데, 관련 의혹을 통계적으로 분석한 미국 미시간대 월터 미베인(Walter R. Mebane, Jr.) 교수의 보고서가 큰 파장을 일으켰다. 미베인 교수는 2019년 볼리비아 총선에서 일어난 부정행위를 분석해 낸 것으로 알려졌다. 당시 그가 사용한 통계모델을 이번 4·15총선 결과에도 똑같이 적용한 것이어서, 의혹을 규명해야 한다는 목소리가 더욱 커질 전망이다.

미베인 교수는 4월 29일(현지시각) 「2020년 한국 국회의원선거에서 나타난 부정 의혹(Frauds in the Korea 2020 Parliamentary Election)」이라는 제목의 보고서를 냈다. 미베인 교수는 이 보고서에서 사용한 분석 모델을 'e포렌식에서 실행된 통계 모델(The statistical model implemented in eforensics)'이라고 부르며, 이 통계 모델은 "기권표를 유효표로 바꾸기와, 한 정당의 득표를 다른 정당의 득표로 훔쳐오기의 조합을 통해 선거부정이 발생한다는 의심을 실증하는 모델(operationalize the idea)"이라고 밝혔다.

미베인 교수는 보고서를 통해 '사전투표(pre-vote)에서 가장 많은 부정적 징후(fraud)가 포착됐다.'고 주장했다. 보고서는 '더불어민주당에 초점을 맞춘 관측법'과 '지역구별 최다득표 정당에 초점을 맞춘 관측법'으로 분석을 나눴다.

먼저 '더불어민주당에 초점을 맞춘 관측법'에서는 사전투표의 43.1%

가 부정행위로 발생했으며, 지역구 당일투표에서는 3.14%가 발견됐다. 또 '지역구별 최다득표 정당에 초점을 맞춘 관측법'에서는 사전투표의 22.6%가 부정행위에 따른 것으로 발견됐다. 지역구 당일투표에서는 0.92%가 부정에 따른 것이라고 분석했다.

보고서는 '더불어민주당에 초점을 맞춘 관측법'에 따를 경우 국외부재자(공관)투표를 제외한 모든 투표에서 총 149만1548표에서 부정이 발생했다고 밝혔다. 또 '지역구별 최다득표 정당에 초점을 맞춘 관측법'에 따르면 117만 1,734표가 부정으로 발생했다고도 강조했다.

보고서에는 '부정투표의 규모가 지역구 선거 결과를 바꿀 정도로 큰가?'에 관한 분석도 있었다. 미베인 교수는 236개 선거구에서는 그 정도로 크지 않은 규모라고 했고, 16개 선거구에서는 당선자를 바꿀 정도로 충분히 큰 규모라고 주장했다.

미베인 교수는 또 미래통합당 후보가 승리한 지역구 6개에서도 부정이 발생했으며, 무소속 후보가 당선된 1곳에서도 부정이 발생했다고 주장했다. 다만, 이번 총선의 지역구 총수는 253개로, 총 252개로 파악한 것은 그의 착오로 보인다.

미베인 교수는 자신의 논문을 향한 국내 일부 학자들의 비판에도 견해를 밝혔다. 그는 '거의 모든 사전투표소에서 투표율이 100%로 집계된 데이터를 사용한 것이 선거부정에 대한 예측 결과의 왜곡을 가져왔다.'는, 이른바 '인풋 데이터 오류' 지적에 "통계모형에서 사전투표 인디케이터 변수들(prevote indicator variables)을 통해 이미 해결이

된 상태"라고 밝혔다. 이어 "이러한 문제는 이미 수많은 다른 선거 데이터들을 분석하면서 다뤄본 적이 있다."며 "거의 모든 사전투표소에서 투표율이 100%로 집계된 데이터를 사용했다는 것 자체는 결과의 왜곡 혹은 과장에 영향을 주지 못한다."고 주장했다. 미베인 교수의 이 반론은 해당 논문을 국내에 최초로 소개한 정훈 일본 와세다대 정치경제학부 교수의 페이스 북을 통해 알려졌다.

미베인 교수는 통계적 분석만으로는 실제로 선거부정이 있었다고 확신할 수 없다는 견해도 밝혔다. 그는 보고서에서 "부정으로 의심되는 결과가 유권자 또는 정당의 전략적 행동과 같은 정상적 절차에 의해서도 발생할 수 있는지가 최근 연구의 주제"라며 "이 보고서에 기술된 통계적 연구 결과는 실제로 무슨 일이 있었는지 추가 조사를 통해 뒷받침돼야 한다."고 지적했다.

미베인 교수는 이어 "이 통계적 연구 결과만으로는 선거과정에서 발생한 일의 '결정적 증거(definitive evidence)'가 될 수는 없다"고 설명했다. 미베인 교수는 본지와 이메일 인터뷰를 통해 "수검표를 통해 검증해야 한다."는 견해를 밝혔다. 그는 "증거를 보존하는 것이 중요하다."며 "의혹을 최소화할 수 있는 검증단위를 꾸려 수검표하는 것이 바람직하다."는 의견을 보냈다.

미베인 교수의 논문이 발표된 후 선거부정 의혹이 명확하게 규명돼야 한다는 목소리가 커졌다. 〔사회정의를 바라는 전국교수모임(정교모)〕

은 지난달 30일 보도자료를 발표하고 "부정선거 의혹은 '국민주권의 원칙'에 근거해 신속하고 명백하게 밝혀져야 한다."고 촉구했다.

〔정교모〕 공동대표를 맡은 이화여대 로스쿨의 최원목 교수는 5월 4일 "선거부정 의혹이 과학적으로 입증되고 있어 국민적 경종이 울릴 수밖에 없는 상황"이라며 "선거 불복이 아니다. 구체적인 논리와 자료로 충분한 의혹을 제시하며 의혹 규명을 요구하는 것은 민주주의의 기본"이라고 강조했다.

정훈 와세다대 교수(정치철학 및 게임·사회선택이론 전공)는 민주당 역시 선의의 피해자일 수 있다는 견해를 밝혔다. 정 교수는 "통합당 후보가 승리한 몇몇 지역구에서도 부정선거가 발생했다는 미베인 교수의 통계분석 결과로 볼 때 민주당 역시 선의의 피해자일 수 있다."고 지적했다.

정 교수는 "스포츠 경기에서 비디오 판독을 통해 심판의 공정성을 밝히는 것과 선거 의혹 규명을 요구하는 것은 같은 맥락"이라며 "학문적 연구 결과를 바탕으로 우리의 선거방식과 정치문화를 되돌아보는 계기로 삼았으면 한다."고 했다.

한편, 미베인 교수는 자신을 다음과 같이 소개했다. 미국 미시간대 정치학 교수 겸 통계학 교수로 미시간주 선거보안태스크포스(TF) 소속이다. 현재 연구는 선거 포렌식에 관한 것으로, 선거 결과의 정확성을 검증하기 위한 통계 및 계산 도구를 개발한다. 연구 성과로는 미국 대통령선거를 비롯한 다른 국가의 선거 분석이 포함됐다. 선거 부정을 감지하는 '베이지안 모델'과 미국 선거를 감시하는 트위터 '선거 전망대'를 개발했다.

이후 미베인 교수는 이와 같이 자신이 발표한 최초의 논문을 보완하여 세 차례나 더 추가적 견해를 발표하였다. 이에 대해 제21대 총선에서 강남구병에 출마하여 당선된 유경준 당선인이 미베인 교수의 세 번째 논문이 발표된 직후 이에 대해 반박 견해를 발표하였는데, 그 내용의 골자는 다음과 같다.

5월 11일 미래통합당 민경욱 의원은 국회 의원회관에서 "통합당 당선인 중에도 득표가 잘못 계산된 경우가 있을 수 있다."고 부정선거 의혹을 주장했다. 당시 민경욱 의원이 꺼내 든 주요한 증거는 월터 미베인 미국 미시간대 정치학 교수의 보고서였다. 당시 민의원은 보고서를 토대로 재검표까지 주장하면서 "저 혼자 재검표를 하면 (정부 당국이) 제 것만 바꾸려고 할 거다. (재검표 결과) 정상으로 나오고, 그럼 안 될 수 있다"며 동시다발적으로 여러 군데에서 증거보전 신청과 선거무효 소송에 나서줄 것을 요청한다."고 강하게 주장하기도 했다. 이에 따라 5월 15일 민 의원을 포함하여 도합 25명의 미래통합당 낙선자들이 선거무효소송을 제기하면서 일제히 증거보전신청에 들어갔다.

그런데 민 의원이 주장하는 부정선거 의혹 핵심 증거인 '미베인 보고서'의 논리를 정면으로 반박한 전문가가 나왔다. 그는 다름 아닌 KDI 수석이코노미스트를 거쳐 박근혜 정부 당시 제15대 통계청장을 역임한 통계전문가 유경준 미래통합당 당선인(서울 강남병)이다. 5월 21일 오전 그는 '미베인 통계오류' 주장에 앞서 "제가 미베인 교수의 연구자료를 비판하면 왜 미래통합당 국회의원 당선인이 민주당 편을 드느냐고 한다."면서도 "그러나 보수정당이 다시 한 번 국민의 신뢰를 받고 수권정당으로 거듭나기 위해서는 합리적인 비판과 대안을 제시할 수 있어야 한다고 생각한다."고 소신을 밝혔다.

그는 '미베인 교수 워킹페이퍼 분석 결과'를 발표하고 "미베인 보고서에 한국의 선거문화를 반영하지 못하는 등 몇 가지 통계학적 오류가 있다."며 "이를 근거로 21대 총선의 부정선거 논란을 단정 짓기에는 문제가 있다."고 밝혔다.

유 당선인에 따르면, 미베인 교수는 '이포렌식(election forensic)'이라는 통계모형을 부정선거 분석을 위해 사용했다. 원리를 간단히 설명하면 선거 결과를 4개 유형으로 분류했을 때 유형별로 일관된 선거 경향성이 나와야 하고, 이 경향성과 다르게 나오는 결과들을 모으면 부정하게 얻은 투표수를 추정할 수 있다는 것이다. 4개 유형은 각각 '선거일에 투표한 시·군·구', '선거일에 투표한 읍·면·동', '해외 부재자투표', '사전투표'이다. 미베인 교수의 '이포렌식' 모형을 토대로 계산하면 지난 4·15총선에서 민주당이 얻은 1,434만 3,693표 가운데 약 141만 8,079표가 부정하게 얻은 표이다. 전체 득표 가운데 9.8%에 달하는 득표율이다.

이에 대해 유 당선인은 크게 두 가지의 근거를 들어 '미베인 보고서'의 오류 가능성을 지적했다. 첫째, 4가지 유형 가운데 '선거일에 투표한 시·군·구'와 '선거일에 투표한 읍·면·동'은 사실상 중복에 가깝고, 한국의 경우 사전투표를 위한 별도의 투표율이 산출될 수 없는데도 이를 계산했다는 점이다. 그는 특히 사전투표 부정 의혹에 대해 미국과 한국의 선거환경이 다르다고 지적했다. 그는 "미베인 교수가 제기한 사전투표 유형을 보면 투표율이 사실상 100%에 달하고 있다."면서 "우리나라는 미국처럼 별도의 사전투표인단이 정해져 있지 않고 누구든지 의사가 있으면 사전투표를 할 수 있는 구조"라고 밝혔다. 또한 "이포렌식 모형은 정상적 투표율이 아닌 과잉으로 추산한 투표율을 바탕으로 분석했다."고 설명했다.

이어 그는 "미베인 교수가 한국의 선거제도를 제대로 이해하지 못하고 잘못된 계산을 한 것으로 보인다."면서 "미베인의 오류를 바로잡을 경우 '부정선거 없음' 확률이 98.4%로 21대 총선의 부정선거 가능성이 거의 없다고 판단됐다."고 주장했다. 그런데 미베인 교수의 모델은 기본적으로 부정선거는 투표분포가 '단봉구조'가 아니라 '다봉구조'를 갖는다는 통찰에 기반한 모델이다. 그렇기 때문에 부정선거가 없으면 집계단위(사전투표/당일투표/재외국민 투표 등등)를 각각 분포도로 그릴 때, 대부분 오차범위 내에서 비슷한 평균을 보여야 한다. 만약 부정선거가 있다면 집계단위에 따라 다봉이 나오게 설계되어 있는 모델이다. 그러나 유경준 당선자처럼 그것을 한 데 합쳐서 하나의 데이터를 만들면 당연히 하나의 단봉구조가 나오는 것이다. 예컨대 10%, 15%, 20% 농도를 가진 설탕물 100g씩을 각각 다른 용기에 넣어 측정하면 설탕물의 농도가 각각 따로 나오지만, 이것을 한 데 섞어 측정하면 농도 15%의 설탕물 300g이 되어 같은 농도가 되는 것과 마찬가지다.

유경준 당선인은 당일투표 시·군·구와 당일투표 읍·면·동이 서로 독립적이지 않고 중복되는 면이 있다는 이유를 들어 이들은 합하여 하나로 분석하면서, 미베인 교수가 한국의 선거제도를 잘 몰라서 마치 그 모델이 오류가 큰 것처럼 호도하고 있다. 이에 대해 미베인 교수는 '당일투표(지역구)'와 '당일투표(투표소)'가 중복되는 것을 파악하고 그러한 중복을 제거했다는 취지의 답변을 내놓으면서 "그것은 공개하는 R코드(write_Korea2020d.R)의 106번째 줄에서 확인할 수 있다."며, 자신의 분석기법과 아울러 자신의 연구 자료, 즉 오리지널 데이터를 일반에 공개하여 관심 있는 사람은 누구나 검증할 수 있도록 하고 있다.

한편 유경준 전 통계청장이 이 이상 어떠한 조치를 취한 것인지 알고 싶다며, 유경준 당선인이 사용한 자료 분석의 방법을 공개하여 학계의 검증을 받을 것을 촉구하고 있다. 유경준 당선인은 미베인 교수의 이러한 요청에 응하여 자신의 분석기법과 연구 자료를 일반에 공개, 학문세계의 검증을 받아야 한다. 또한 "대부분의 사전투표율이 100%에 근접하게 집계되었다."는 유경준 당선인의 두 번째 비판에 대해서는 미베인 교수가 과거에 전 세계의 401개의 선거를 분석하면서, "이미 이러한 문제(즉, 일부 투표단위에서 투표율이 100%로 집계되는 문제)를 캐나다 혹은 독일의 선거를 분석하면서 경험해 본 적이 있다. 아울러 캐나다와 독일의 경우 부정투표 의혹이 딱히 제기되지 않았다. 그 이유는 미베인 교수님은 단순히 행정상의 이유로 투표율이 100% 집계된 것이 통계 모형상 '부정투표'로 '잘못 감지'되는 것을 막기 위해, '사전투표'에 대한 '지표변수(indicator variable)'를 설정하여 그 부분을 이미 통제하고 있기 때문이다. 즉, 미베인 교수에 따르면, 단순히 사전투표율이 거의 대부분 100%로 집계되었다는 것이 통계모형상 부정투표 감지의 결과의 왜곡을 가져오는 것은 아니라는 것이므로 더 이상 새롭게 대답할 게 없다."고 말했다.

결국 그는 미베인 교수의 가정에 충실하게 분석한 후 통계학자의 양심에 기반하여 비판하는 것이 아니라, 미베인 교수의 모델 자체를 무력화시키려는 술수를 부리고 있을 뿐이다. 유경준 당선인은 정당한 학문적 비판을 하는 것이 아니라 학문세계에서는 있어서는 안 될 전형적인 곡학아세를 통해 자신들의 정치적 목적을 달성하려고 한다. 그것은 KBS 등 방송사가 그에게 통계오류에 관한 설명과 인터뷰를 요청했지만 완곡한 거절했다는 점과, 그가 "더욱 조심스럽고, 저의 주장 때문에 많은 질타를 받았다."며 추가 언급을 사양한 점에서 확연히 드러나고 있다. 즉, 유승민계는 이준석과 유경준 당선인을 통하여 적극적으로 부정선거를 덮으려고 하여, 결국 부정선거에 관한 한 문재인과 같은 입장이자 공범이라는 사실을 여실히 증명하고 있다.

그런데 유경준 당선인이 비판한 것은 미베인 교수의 세 차례 보고서에 대해서이다. 이에 반해 4.15총선 부정 의혹을 제기하며 선봉장에 나선 미래통합당 민경욱 의원이 5월 16일 자신의 페이스 북을 통해 "월터 미베인 교수의 4차 논문이 나왔다."며 "그 결론이 무섭다."고 했다. 그는 "자신이 지난 20년 동안 전 세계 401개의 선거를 분석해 왔는데, 통계모형상 감지된 한국의 이번 총선 부정투표 비율이 상위 10% 정도이고,

그것은 자신의 통계 모형이 부정선거로 '잘못 감지'한 것으로 판명난 그 어떤 사례보다도 부정투표 비율이 높다는 것"이라며, "바꿔 말하면 부정선거로 잘못 감지됐을 가능성이 연구 결과 중 낮다는 얘기고, 더 쉽게 얘기하면 부정선거였을 가능성이 매우매우 높다는 말을 학술적으로 저렇게 표현“한 것이라고 강조했다. 그러면서 "즉, 부정투표율이 이 정도 감지됐는데도 실제로 부정투표가 아닌 것으로 판명난 사례는 아직까지 없었다는 것"이라며 "충격적입니다."라고 게재했다. 미베인 교수가 발표한 4차 보고서의 핵심요약문은 다음과 같다.

1. 한국의 21대 총선에서 '비례투표'를 분석해 본 결과, '지역구 투표'와 다른 투표양상이 나타났다.
2. 비례투표에서 eforensics통계 모형상 감지된 부정투표는, 지역구 투표와는 달리 불법적인 행위보다는 (정상적인 정치활동의 일부인) 전략적 투표행위에 의해 발생했을 가능성이 높다는 단서를 제공한다.
3. EFT에 포함된 5개의 통계적 테스트를 시행한 결과 (지역구 투표와는 달리) 그 수치들이 정상범위를 크게 벗어나 있지는 않았다. 종합적으로 고려할 때, EFT 통계적 테스트의 결과, 비례투표에서는 조작이 일어났다는 강한 신호(signal)가 보이지 않는다.
4. 지난 20년 동안 분석했던 전 세계의 401개의 선거들에 비해 이번 한국의 21대 총선에서 eforensics 통계 모형상 감지된 부정투표의 비율은 상당히 높은 편이다.
5. 그동안 분석했던 선거들 중에는 eforensics 통계 모형상 부정투표가 감지되었지만, 실제로는 부정선거가 없었던 사례들이 존재한다. 이를테면, 2000년 미국의 대선에서는 eforensics 상 부정투표로 감지되었지만, 실제로 부정선거

가 발생하지 않았다.

6. 한국의 이번 21대 총선에서는, 그동안 eforensics 통계모형이 부정선거로 '잘못 진단'한 다른 어떤 나라의 선거들에 비해서도, 부정투표 비율이 높게 나왔다. (*필자주: 한 마디로, Mebane 교수님이 지금까지 분석한 전 세계의 총 401개의 선거들 중에서 이 정도로 부정투표 비율이 높게 나왔는데, 실제로는 부정선거가 아니었던 적이 없었다는 것입니다.)

7. 이상을 종합적으로 고려할 때, 한국의 이번 21대 총선에서는 선거 데이터가 사기적으로 조작되었을 것이라는 의혹이 '강하게 (strongly suggest)' 제기된다. (비례투표에서는 통계 모형상 감지된 그러한 조작의 흔적이 지역구투표에 비해 상대적으로 낮았지만, 그렇다고 없었던 것은 아니다.)

8. 이와 같은 통계적 분석 이후에는 반드시 추가적인 정보수집과 조사가 이루어져야 할 것이다. 왜냐하면 통계적 분석 결과만으로는 선거에서 실제로 무슨 일이 일어났는지에 대한 '결정적 증거(definitive evidence)'로 작용할 수 없기 때문이다.

필자의 입장에서는 통계전문가라는 유경준 당선인이 미베인 교수의 4차 보고서마저 학문적으로 비판하기를 절실히 바란다. 석연치 않게도 유경준 당선인은 유기준 전 의원의 친동생이다. 유기준은 정갑윤과 함께 불출마를 선언한 바 있는데, 유경준은 이 지역에 전략 공천되었다가 문재인 지지 발언으로 낙마한 김미균 시지온 대표 대신에 김종인 공천관리위원장이 취임한 이후 유승민계로 전략 공천된 인물이다. 형인 유기준이 친박계 인사로 분류되는 반면, 유경준 당선인은 유승민의 서울대 경제학과 3년 후배로 유승민계로 분류되고 있다. 이준석과 마찬가지로, 유승민계는 부정선거가 없었다는 입장에서 이에 대한 근거를 제시하는 데 혈안이 되어 있다. 특히 미래통합당 내에서나 자칭 우파라고 하면서 부정선거가 없었다고 강변하는 자들의 공통점은 5.18사태 때 북한 특수군이 광주에 오지 않았다고 주장하거나, 박근혜 전 대통령을 탄핵하는 데 앞장섰던 정치세력이라는 점이다. 이들은 순수하게 학문적이건 이론적인 소신에 따라 주장하는 게 아니라, 자신들의 정파적 이익에 입각하여 억지 논리를 만들어 유포하는 곡학아세의 전형이자 내로남불의 화신들이다. 그들은 합리적 이성으로 포장하기를 좋아하는 난신적자들일 뿐이다. 통계적 자료 이외에도 차고 넘치는 부정선거의 자료가 나오고 있는 상황에서, 미베인 교수의 발표를 뒤집을 이론을 조목조목 발표하고 있는 그가 안쓰럽다. 그는 4.15총선이 부정선거로 밝혀지는 날, 대표적인 곡학아세를 한 지식인으로 낙인찍혀 그 악명이 역사에 길이 남게 될 것을 알고 있는지 모르겠다.

5. 소결

이미 부정선거의 대표적 찬성론자인 박영아 교수의 발제에 대해 이병태 교수가 반대론을 펼쳐 논쟁을 벌인 것을 시작으로, 부정선거가 발생하였다는 다른 유튜버들의 중요한 수학적·기술적 근거들을 살펴보았다.

그 후 통계학상의 해석논쟁은 결국 박성현 명예교수가 부정선거 발생 가능성이 크다는 입장을 명백히 밝혀 〈조선일보〉 최보식 선임기자와 인터뷰함으로써 거의 일단락되었다. [Scott 인간과 자유이야기]의 게시물 중에 "수도권에서 '더블당 지지율'과 '사전투표율' 간의 상관계수를 K모 통계학자가 실제로 구해 보니 0.07이 나왔는데, 0.2 미만의 상관계수는 상관관계가 없다고 말할 수 있다."고 했다. 또 그는 "서울 시내 424개 동에서 지역에 상관없이 무차별적으로 12~13%가 높았는데, 이 '무차별성'이 바로 '무(無)상관관계'를 입증하는 수치이다. 이번 사전투표에서 더블당 득표율을 정당화하려면 최소한 0.7~0.8 정도의 상관계수가 나왔어야 한다. 고로 이번 총선은 사실상 인위적 조작이 가해졌다고 추정할 수 있다."는 게시물을 보았다. 그러면서 그는 이를 바탕으로 "조작이 의심된다면, 조직적인 형태로 했을 것으로 추정되기 때문에 투표용지와 전산자원 일체에 대한 포렌직이 뒤따라야 합니다."라고 주장하고 있다. 이 '상관관계유무판정'은 고등학교의 확률·통계 편에서 통계자료 간에 구해지는 수치(數値)로 관찰대상인 집단 간의 관련성 여부를 판단하는 방법이 소개되어 있다. 물론 고등학교 수준에서는 더 깊이 있는 상관계수를 구하는 등의 원리에 대해서 공부하지는 않고 있지만, 이 주장을 이해할 정도의 교과과정은 편성되어 있기 때문에 독자 여러분들께서도 충분히 이해하시리라 믿는다.

또한 그는 QR코드가 발급순서라는 고유한 일련번호를 붙였는데, 약 1,170만 명이 사전투표를 했고 약 1,170만 개의 고유한 QR코드가 생성되었다고 한다. 이제 문제는 선관위가 사전투표용지 발급 시 개인정보와 고유한 QR코드를 매칭한 DB를 만들어 저장했는가만 밝히면 된다고 주장했다. 실제 사용되었던 투표용지발급기와 프린터·노트북 혹은 서버만 포렌직하면 바로 이를 알 수 있고, 만약 그런 짓을 했다면 비밀투표 원칙에 위배되므로 이번 선거는 무효라고 주장한다.

그야말로 조지 오웰의 『1984』에서나 등장하는 빅 브라더가 현실에 나타난 것이다. 결국 제21대 총선거는 '부정선거의 과학적 주장'들을 분석해 본 결과, 한마디로 말해서 '사전투표의 QR코드를 중심으로 불법서버를 사용하여 온·오프라인에서 총체적인 부정선거가 이루어졌다.'는 잠정적 결론에 자연스럽게 이르게 된다. 그런데 제3부의 결론으로는, 이러한 논쟁을 잘 정리한 "부정선거 논쟁에 대하여"[4]라는 논평으로 갈음하기로 한다.

[최원목 칼럼] 부정선거 논쟁에 대하여

4.15총선 지역구 사전투표에서 열린민주당이 미래통합당에 압승…전라광주 제

---

4 이 부분은 2020. 05. 08. 〈펜앤마이크〉의 최원목 객원 칼럼니스트(이화여대 로스쿨 교수)가 [최원목 칼럼] "부정선거 논쟁에 대하여"라는 제목으로 게재한 글이다.

외한 전국에서 획일적으로 발생

비례대표 사전투표에서도 진보진영 정당들 지지율이 모든 곳에서 높아

선거부정 문제는 거짓과 진실을 밝히는 일이자 대한민국 미래를 지키고 헌정질서 근간을 세우는 일

선거관리위원회, 선거 정당성 입증 책임 있어…총선의 제반 의혹에 대해 구체적으로 답해야

선거는 민주주의 자체다. 21대 총선 사전투표 결과를 조작했다는 논란이 구체적으로 제기되고 있다. 이 문제가 오히려 선거 패배를 인정하지 않고 지지 세력을 규합하려는 정치적 음모라는 음모론이 보수진영 내부에서 제기되어 조작설에 맞서 정면대결 양상을 보이고 있다.

사실관계부터 정리해 보자. 전체적인 선거결과를 볼 때, 비례대표 투표의 정당별 득표율에서는 대표 보수정당(미래한국당)이 대표 진보정당(열린시민당)보다 소폭이나마 앞섰는데도, 지역구 투표에서는 오히려 진보정당(열린민주당)이 보수정당(미래통합당)에 압승한 것은 특이한 현상이다. 이러한 현상이 초래된 것은 당일투표 결과에서는 양 진영에 대한 지지율이 백중세였는데도 불구하고, 사전투표 결과에서 집권 진보정당에 대한 득표율이 압도적으로 높게 나온 데 기인한다. 이런 사전투표와 당일투표간 현격한 득표율 격차(+-8~18%)는 전라도•광주지역 (+-0~7%)을 제외한 전국 대부분 지역구에서 획일적으로 발생했다. 서울지역을 동 단위 선거구로 쪼개어 보더라도, 이러한 현격한 격차는 획일적으로 유지된다. 이러한 21대 총선의 사전투표에서의 결과는 20대 총선을 비롯한 예년의 그것에 비해 매우 특이한 것이 사실이다.

조작설은 사전투표와 본투표의 결과를 비교해서 그 차이가 심한 것 자체가 부정선거에 대한 증거라는 것이다. 표본 집단이 대규모일 경우 이 집단을 둘로 나누어 투표를 실시하게 되면 그 결과에 있어 차이가 거의 없게 되는 것은 통계학적으로 진리(central limit theorem)인데, 이번 선거와 같이 사전선거가 대규모로 이루어진 경우에 양 집단 간 차이가 현격한 것은 통계학적으로 불가능에 가깝다는 것이다.

이러한 조작설을 비판하는 사람들의 핵심논리는 보수•우파 시민들 10명 중 2~3명꼴로 의도적으로 사전투표를 기피했다고 치면(반대로 이야기하면 민주당지지자들이 훨씬 적극적으로 사전투표를 선호했다고 치면,) 사전투표에서의 진보/보수 지지율의 현격한 차이와 당일투표에서의 백중세가 동시에 설명될 수 있다는 것이다. 실제로 사전투표 이틀 전에 조사된 투표일 의향에 대한 여론조사에서 통합당 지지자들이 민주당 지지자들에 비해 두 배나 낮은 비율(17%:38%)로 사전투표를 선호한다는 결과가 나온 것이 있으니, 이러한 설명이 가능하다는 것이다. 실제로도 사전투표의 조작 위험성에 대한 홍보가 우파진영에서 이루어진 바 있다.

이러한 비판론에 대한 반론도 구체적이고 논리적이다. 전국 평균적으로 민주당지지자들과 통합당 지지자들 간 사전투표 선호도가 현격히 차이 나는 것은 이해할 수 있다손 치더라도 전라도를 제외한 전국 거의 모든 지역(그리고 서울의 모든 동 단위 지역)에서 예외 없이 양당 득표율이 +-18%까지 차이가 발생하는 것은 조작 없이는 설명하기 힘들다는 것이다. 20대 총선의 사전투표 결과를 보더라도 +-7% 수준에서 수렴했는데, 21대 총선 결과는 전라도•광주지역만 +-7% 수준에서 수렴하고, 그 외 지역에서는 너무 많은 차이로 한 방향으로만 지지율이 쏠렸고 이러한 차이도 광역단위별로 획일적으로 발생했다는 것이다(서울·인천·경기의 양당 간 사전투표 득표율의 경우 소수점을 제외하고 '63:36'이라는 비율로 거의 똑같게 발생).

조작이 있었다고 가정하여, 사전투표와 당일투표간 격차를 −+7% 수준으로 수렴시키기 위해 입력할 수 있는 보정 값이 선거구역별로 정확히 차이가 난 후 동일 광역단위 내에서는 모든 선거구에서 일치하고 있는 사실도 지적하고 있다(종로=2, 기타 서울 전지역=3, 부산 전지역=4 이런 식으로). 이를 역으로 생각하면, 정치적 민감도에 따라 '선거구역별로' 서로 다른 계수 값(상대편 득표를 자기편 득표로 둔갑시키는 비율)을 입력시켜 사전투표 득표율을 조작했다는 이야기가 될 수 있다는 것이다. 최근에는 사전투표자 20%의 표를 특정 정당에 유리하게 전체적으로 조작했다는 가설도 등장했다. 현행 투표 감시제도 하에서 개개투표결과의 개표 및 입력 과정을 조작하는 것은 불가능하니, 개표기 입력을 통과한 표가 컴퓨터 프로그램에 자동적으로 집계되는 과정에서 사전에 조작 값이 부여된 프로그램에 의해 집계 왜곡이 이루어졌을 수 있다는 것이다. 원래 진보진영에 유리한 전라도•광주지역은 놔두고 나머지 지역이 조작대상이었기에 전라도•광주지역만 +−7% 수준에서 수렴하고 있다는 설명이다.

실제의 사전투표자 연령별 분포 결과를 보더라도 나이 들수록 많고 60대 이상이 압도적으로 많은데, 사전투표에 민주당 지지자들이 현저하게 많이 몰렸다는 가설을 근거로 모든 통계적 이상현상을 설명하려는 비판론은 문제가 많다는 것이다. 또한 무소속 후보가 출마한 지역구(윤상현, 김태호, 권성동)와 무소속이 나오지 않은 다른 지역구들과 비교해 보면 사전선거 양상이 확연하게 달라(윤상현 지역구 예를 들면, 민주당과 정의당 22,240표 안상수와 윤상현 합 23,322표를 사전선거에서 획득) 사전투표에서 보수지지층이 안 나가는 현상으로 인해 좌파지지자들의 표가 많이 반영되었다는 가설이 무너진다는 것이다. 설령 이런 가설이 맞더라도, 조작이 없었다면, 어떻게 모든 지역에서 보정 값이 규칙적이고 균일하게 나타날 수가 있느냐는 것이다.

아울러 정당별 '비례대표' 사전투표에서도 역시 통계적으로 이해할 수 없는 결과가 도출됐는데, 진보진영 정당들의 지지율은 모든 곳에서 사전투표 지지율이 높은 데 비해 보수정당들은 낮은 일률적이고 획일적 결과가 집계됐다는 것이다.

한편, 비판론은 모든 후보의 참관인 입회하에 100장 단위 묶음을 세고 구분하여, 참관인 동의하에 수기로 작성한 것을 인터넷을 통해 중앙선관위에 올리므로, 중앙선관위가 인터넷에 공지하기 전에 이미 각 후보 진영은 몇 표를 얻었는지 다 알기에 수기조작•개표기/서버 프로그램 조작 등은 불가능하다고 주장한다.

이에 대해 조작설은 투표함 바꿔치기 등 재래식 부정행위는 별론으로 하더라도 불법적인 QR코드를 사용한 사전투표의 경우 미리 수집된 수백만 명의 인적 정보를 바탕으로 투표용지 상의 선택 자체를 프로그램적으로 변경하거나 참관인의 모니터링 인지상태를 혼란시키는 등의 새로운 수법이 동원될 수 있는 가능성을 제시하고 선관위 내부 조력자와 공모한 외부 해킹가능성까지 제시하고 있다. 투표용지에 QR코드를 사용하는 것 자체가 법령 위반인데 이를 고집했고, 실제로 수백만 명의 인적 정보를 선관위가 수집한 적이 있으며, '사전투표' 관리업무만 외부업체에 맡긴 사실이 있는 점도 정황적 근거로 지적하고 있다. 아무튼 조작설에 의하더라도 궁극적으로는 표 자체를 조작해야 부정행위가 발각되지 않는데 선거참관인 등 삼엄한 감시체계 하에서 어떻게 표를 물리적으로 다량 조작할 수 있었는지에 대한 구체적 시나리오는 제시되고 있지 못하다.

선거관리위원회는 "두 정당의 득표율만을 별도로 비교한 수치로 결과가 조작됐다고 주장하는 건 논리적 비약이고, 30만 명 이상이 투·개표 관리에 참여하여 감시했으며, 해킹은 보안체계상 불가능하며, 이의를 제기하려면 선거소송을 통해 의혹을 밝히라"는 원론적 답변만 내놓고 있다.

일부 시민들은 청와대 국민청원에 이어 미국 백악관 청원 사이트에까지 청원 글을 올리고 있고, 내부 고발자에 대한 거액의 포상금까지 내걸고 있다. 이제 시민들의 시위로까지 번지고 있는 양상이다.

선거부정 문제는 좌•우, 진보•보수 지지의 문제가 아니고, 거짓과 진실을 밝히는 일이다. 대한민국의 미래를 지키고 헌정질서의 근간을 세우는 일이기도 하다. 선거소송을 통해 의혹을 밝히는 방법은 기본 절차에 불과하다. 선거관리위원회는 주권자 시민의 헌법적 권리를 존중하여 이번 총선의 제반 의혹에 대해 좀 더 구체적인 답변을 할 의무가 있다. 이미 상당히 구체적이고 논리적으로 조작설이 제기된 마당에 이에 대한 답변은 원칙론적으로만 하고, 표준처리 절차만 고집하는 것은 국민주권 원칙과 국민의 알 권리를 무시하는 일이다. 선거 사무 수행의 정당성 유무에 관련한 모든 증거자료는 중앙선거관리위원회가 보유하고 있으므로, 그 정당성에 대한 최종적 입증책임은 의혹 제기 측이 아닌 중앙선거관리위원회 측에 있다. 이번 선거의 당사자인 여야 정당과 공직선거에 입후보한 사람들은 선거부정에 대한 국민적 의혹까지 해소하는 것이 책무에 포함됨을 자각해야 한다. 정파적 유•불리를 계산하여 국민적 의혹까지 외면하며, 확인되지 않은 사실로 인해 국론이 계속 분열되도록 방치하는 것은 정치인으로서의 직무유기다. 언론·시민단체 및 지식인들은 선거 의혹에 대한 국민 분열의 조장자가 아니라, 의혹 해소를 공정하게 지원하는 이성적 '공론 조성자'로서의 역할을 다해야 한다.

특히 '우붕이들'이란 젊은이 집단이 사이버 공간에서 집단토론을 거쳐 부정선거의 통계학적 증거를 제시한 데서 조작설이 출발했음을 주시해야 한다. 이들은 21대 총선에서는 특이하게도 강세를 보이는 보수후보들도 사전선거에서는 진보후보보다 표를 얻지 못한 일이 획일적으로 발생했다는 데서 문제의식을 갖기 시작했다. 만일 사전투표 득표율을 조작하는 사람이 있다고 가정하면, 더 지지율이 높은 보수후보와 맞붙는 진보후보에게 더 많은 표를 줘야 이길 수 있다는 상식적인 포인트를 제시했다. 그러면 보수후보가 당일 득표율이 높을수록 사전투표에서 더 많이 손해를 보게 된다고 가정하고 통계학적 상관관계 분석을 진행했다. 결과는 17대·20대 선거에서는 상관이 없는 것으로 나타났고, 21대는 상관이 있는 것으로 나타났지만 상관관계가 아주 높지는 않았다. 그래서 다음 단계로 보수후보의 사전투표 예상 실제득표율(당일투표 득표율과 같다고 가정)에서 1/3을 빼서 진보후보에게 보태주는 식으로 조작했다고 가정하고 분석을 진행했더니, 상관관계가 100%에 가깝게 정합하는 것으로 도출됐다. 이것은 최초로 조작 가능성과 그 방식을 통계학적 상관관계 분석을 통해 논리적으로 제시한 것으로 평가된다.

우붕이들의 설명에 의하면, '심상정 미스테리'도 풀리게 된다는 것이다. 즉, 심상정 후보가 당선된 고양갑 선거구에서는 정의당의 심 후보만 사전/당일/총득표 비율이 39%로 유사하게 유지되고 있고, 민주/통합당간에는 당일투표에서 얻은 표 비율(23%/35%)이 기이하게 사전투표 득표비율에서는 민주당에 유리하게 역전(민주 32%/통합 27%)되는 현상이 벌어졌는데, 이것까지 설명된다는 것이다. 즉, 같은 진보후보인데도 민주당 후보를 위해서만 조작이 이루어진 결과라는 것이다. 우붕이들은 이런 분석 결과를 놓고 집단토론을 진행하고, 관련 데이터를 공유/공개하며 추가적인 검증과 분석을 진행했다.

우붕이들에 대한 핍박이 시작됐고 음모론까지 등장했다. 실제로 사전투표 이틀 전에 조사된 투표일 의향에 대한 여론조사에서 통합당 지지자들이 민주당 지지자들에 비해 두 배나 낮은 비율(17:38%)로 사전투표를 선호한다는 결과가 나왔으니, 이를 기초로 사전투표에서 민주당 후보자의 득표율이 현격히 높은 현상을 일률적으로 설명할 수 있다는 것이다.

우붕이들의 반격은 논리적이다. 그런 반론이 맞는다 치더라도, 일반적인 지역구들과 무소속 후보가 출마한 지역구(윤상현, 김태호, 권성동)를 비교해 보면, 사전선거 득표 양상이 후자에서만 확연하게 다르다는 것이다. 김태호 후보가 출마한 산청함양거창합천을 보면, 민주/통합당 후보들 간 사전과 당일투표 지지율은 각각 20%/34%, 14%/37%로 비례하고 있다. 권성동 후보가 당선된 강원도 강릉선거구를 보면 민주/통합당 후보들 간 사전과 당일투표 지지율은 각각 44%/9%, 33%/12%로 비례했다. 이것은 사전투표장에 진보후보 지지자들이 몰렸다는 가설 자체가 성립되지 않거나 지나치게 과장된 것이고, 그 대신에 조작이 이루어졌다는 것을 보여주는 통계적 근거라는 것이다.

우붕이들은 이런 분석들을 통해 부정선거 가능성을 논리적이고 체계적으로 제시함은 물론, 관련 분석 데이터 및 엑셀 파일을 공개함으로써 다방면의 시민·유튜버·해외거주 학자들이 추가 분석을 진행하여 더 많은 증거자료를 분석하여 제시할 수 있는 기반을 제공했다. 이제 자발적으로 합류한 수많은 지식인과 유튜버에 의해 추가적인 '선거조작 스모킹 건'이 제시되고 있다. 이는 자연발생적인 진실 전쟁이 벌어지고 있음을 의미하며, 이에 대해 정치적 음모론 프레임을 씌워 억압하는 것은 그 자체가 음모임을 의미한다.

정말로 조작이 있었는지는 검증 전에는 100% 확실하게 입증할 수 없는 게 맞다. 그렇다고 100% 확증 없이 논리를 퍼뜨리고 행동에 나서는 것이 비난받아야 할 것은 아니다. 선거를 불복하자는 게 아니고 검증해 보자는 것이다. 구체적인 논리와 자료로 충분한 의혹을 제시하며 정당한 요구를 하는 것은 민주주의의 기본이다. 조작설은 그 진위가 밝혀지느냐에 상관없이, 조작 가능성에 대한 서슬 시퍼런 국민적 경종을 울린 것이기에 민주주의 정립에 충분한 기여를 하고 있는 것이다. 자유와 진실의 가치를 믿고 신지식과 용기로 무장한 젊은 세대가 위선적이면서도 무기력한 기성세대 정치권에 던지는 마지막 경고인지도 모른다.

| 제4부 |

국민 눈높이에 맞춘 부정선거의 빼박 증거

| 제4부 |

국민 눈높이에 맞춘 부정선거의 빼박 증거

제3부에서는 부정선거 여부를 둘러싸고 벌어진 논쟁에 관한 주장들을 살펴보고, 마지막으로 그에 대한 평가까지 정리해 보았다. 마침 필자가 이 단락의 글을 쓰는 날이, 선거의 중요성과 주권의식을 높이기 위해 정해진 유권자의 날이다. 유권자의 날은 1948년 5월 10일, UN 감시 하에 정부수립을 위한 남한단독 총선이 치러진 날에서 유래했다.

국민 눈높이에 맞춘 부정선거의 빼박 증거를 나열하기 전에 공명선거를 위한 기준부터 알아보자. 선거의 핵심은 공정과 투명과 신뢰이다. 공정(公正)은 주권 행사의 기본, 투명(透明)은 선거의 집행과정, 신뢰는 선거의 최종 상태다. 우선, 자유민주주의의 시작은 공정에서 비롯된다. 선거 결과에 어떠한 의혹과 문제점 제기는 국민의 알 권리이며, 국가 근간과 자유민주주의를 지키려는 국민의 기본권인 것이다. 선거는 국민의 미래와 국가 운명을 좌우하기에 가장 공정하고 엄중하게 시행되어야 한다. 또한 선거는 주권자의 정의와 의지를 펴는 국가 중대사이고, 민주주의의 꽃이다.

선거의 모든 과정은 공정하고 투명하며, 결과 또한 신뢰받아야 한다.

그 과정이 투명하지 못하면 항상 의혹과 음모론이 제기된다. 울산 공권력 개입, 우한 바이러스라는 재난을 빙자한 천문학적인 금품 살포, QR코드를 사용한 선거법 위반과 보이지 않는 전산언어로 다수의 주권을 변조하고 농락했다면 이는 내란이며 매국행위다. 총선과 관련된 국민적 의혹을 속 시원하게 해소하지 못하면 당선자마저 정당성을 잃는 피해자가 된다.

마지막으로, 선거 관련 절차와 행정은 무한 신뢰를 주어야 한다. 국민이 소중한 주권을 행사하는 선거에서 신뢰를 받으려면 공공의 절차와 결과를 공개하고, 국민이 의문을 제기하면 '왜'와 '어떻게'를 설명해야 한다. 선거 관련 의혹을 제기하면, 정부가 직접 나서서 해명을 해야 신뢰를 받는 것이다. 국민의 알 권리 차원에서 제기된 의혹과 문제점 해소를 위한 예산은 마땅히 국가가 부담해야 한다.

국민 다수가, 개인정보가 담긴 QR코드 투표지를 사용하여 비밀선거 위반을 했는지 알아보려고 한다. 그럼에도 불구하고 21대 총선의 선관위 서버관리업체인 티맥스와 네트워크 관리업체인 LG U+가 똑같이, 3일 동안 사업장을 폐쇄하고 부정선거의 증거를 인멸할 예정이다. 정부와 선관위가 선거부정의 흔적을 지우기 위해 발악을 하고 있는 것이 분명하다. 그러나 IT를 이용한 부정은 오히려 들키기 쉬울 수 있다. 내부자 고발이나 파일 백업으로 간단하게 드러날 수도 있다. 태블릿도 포렌식을 했을 때 이미 승부는 결판이 나 있었다.

선거부정의 경우 정부가 온전한 해명을 할 수 없다면, 사실상 확인되었다고 간주하고 국민들이 들고 일어난다. 부정선거는 독재에 신음하던 제3세계의 국가들도 절대로 용서하지 않는 일이다. 진압을 당할 수는 있어도 반드시 저항한다. 심지어 푸틴도 국민의 저항에 못 이겨 선거를 무효화하고, 다시 선거를 치렀다. 우크라이나, 베네수엘라, 러시아에서 부정선거가 입증된 적은 없었다. 정부는 철저히 은폐했고, 해명을 거부했지만 국민들은 이러한 정부의 태도 때문에 부정선거를 기정사실로 받아들였다.

우리나라의 중앙선관위 역시 마찬가지다. 중앙선관위는 5월 28일 오후 과천청사에서 4명이 출마하고 35개 정당이 비례후보를 내고 투표지가 1천 명인 상황을 가정하고, 사전투표의 투·개표 과정을 시연하였다. 이외에 선관위 통신망의 보안체계, 통합선거인명부 시스템, 사전투표장비, 투표지분류기, 심사계수기 등 장비에 대한 설명도 하였다. 그런데 중앙선관위는 현재 진행 중인 선거무효소송의 당사자이므로, 선관위의 이러한 시연행위는 오히려 재판 및 수사방해 행위다. 이것은 마치 음주운전 단속에 걸린 만취자가 측정에 불응하고 단속경찰의 소극적 대응에 의해 달아났다가, 한 달여가 더 지난 후에 자신이 구한 음주측정기로 혈중 알콜농도를 측정하고서 음주를 하지 않았다고 우기는 것과 같다. 이러한 중앙선관위의 태도는 도둑이 제 발 저린 격으로, 국민의 분노지수를 높이는 자해행위일 뿐이다.

그렇다면 복잡한 이론은 제쳐두고, 상식을 가진 국민의 눈높이에서 '4.15총선거'가 부정선거라는 빼박 증거 몇 가지를 추려 구체적으로 알아보도록 하자.

1. 개표 직전 발표된 출구조사의 초(超)정확성

제21대 4.15총선거가 부정선거라는 첫 번째 빼박 증거가 바로, 출구조사를 당일투표만 했고 사전투표와 당일투표의 득표율 차이가 현격함에도 족집게처럼 출구조사를 맞춰버렸다는 단순한 사실이다.

제21대 국회의원 선거 출구조사에서 SBS 의뢰 여론조사기관이 처음에는 칸타 퍼블릭이었으나 입소스 코리아로 바뀜에 따라 입소스 코리아가 출구조사 수행기관으로 참여했다. 이번처럼 사전투표율이 높은 선거에서는 본투표일의 연령층·지지정당 성향과 사전투표율의 비교군이 갈릴 경우, 의외로 정확하지 않을 수 있다고 하니 참고하시면 될 듯하다고 발표했다. MBC·KBS·SBS 방송3사 여론조사 결과의 의석수 예측은 제21대 국회의원선거 방송사 공동예측조사위원회(한국방송협회, KBS, MBC, SBS)의 의뢰로 한국리서치·코리아리서치·입소스코리아가 각각 수행기관으로서 전국 253개 선거구 투표소 유권자 60만 명을 조사대상으로 하여, 매 5번째 투표자를 같은 간격으로 2020년 4월 15일 06:00~17:00까지 조사하였다고 발표하였다.

사전투표에 대한 출구조사를 하지 않고 당일투표만 출구조사를 하였음에도 불구하고, 6시 30분경에 발표된 예상 의석수는 MBC·KBS·SBS의 순으로 더불어민주당과 더불어시민당을 포함한 여당 측이 53.8%의 득표율로 152~174/ 155~178/ 153 ~177석을 획득할 것이고, 미래통합당과 미래한국당 측이 41.5%의 득표율로 115~133/ 107~130/ 109~131석을 획득할 것이라고 예측했다.

그런데 사전투표의 지지율과 당일투표의 지지율이 호남지역은 비슷한 양상을 보였다. 다른 지역에서는 당일투표는 여야가 비슷한 득표율을 보인 반면, 사전투표는 현격한 차이를 보였다. 특히 서울·경기·인천은 사전투표의 득표율이 더불어민주당과 미래통합당의 비율이 63:36의 일정한 비율을 보였음에도 불구하고, 당일투표의 출구조사만으로 3개 방송사가 거의 정확하게 개표 결과를 맞춘 것은 불가사의한 일이다.

이것은 통계학자들의 주장처럼, 부정선거가 이루어졌다는 아주 강력한 간접증거이다. 이것이야말로 누가 보아도 부정선거가 이루어졌구나 하고 느끼게 할 첫 번째 빼박 증거인 것이다.

2. 더민당 개표상황실 표정과 양정철의 이상한 행보

제21대 4.15 총선거가 부정선거라는 두 번째 빼박 증거가 바로 더불어민주당의 개표상황실 표정과 양정철의 행보이다. 먼저 압승을 거둔 더불어민주당의 개표상황실의 이상했던 상황을 살펴보면, 6시 30분경 출구조사 결과가 170석 예상이라는 더불어민주당의 압승으로 나타났음에도 불구하고 환호성조차 없었다는 점이다. 이해찬 당 대표, 이낙연 전 총리 등은 물론이고, 선거대책본부장 등 압승의 공로자들조차 기쁨에 찬 환호성을 지르는 사람들이 없었다는 점이다. 마치 이러한 선거 결과를 알고 있는 것 같았고, 또한 표정관리를 하라는 지시를 받은 듯 하나같이 어색하게 심각하였고 굳은 표정을 짓고 있었다. 무엇 때문에 더불어민주당은 웃음을 감추었을까? 특히 제21대 총선 압승의 일등공신인 양정철 민주연구원 원장은 기자들의 압승 소감을 묻는 인터뷰 요청에, 마치 귀신을 보고 놀란 듯한 표정으로 입술을 파르르 떨면서 "너무 엄청난 결과를 만들어주셔서 무섭기도 하고, 두렵기도 하고, 국민들께서 주신 이 명령이 얼마나 엄중한지를 새삼 깨닫는다."고 소감을 말했다. 그러면서 "이번에 당선된 분들이 국민들께서 주신 명령이 얼마나 무겁고 깊은 것인지 잘 아실 것이라고 생각한다."며 "이 어려운 상황에 대통령님을 도와서 잘 헤쳐 나갈 것이라고 믿는다."고 덧붙이며, 앞으로의 계획에 대해서는 "그냥 여기저기 많이 아파서 좀 쉴 것"이라고만 언급한 뒤 준비된 차량을 타고 떠났다.

또한 유시민도 더불어민주당이 획득할 의석을 미리 알고 있기나 한

듯, 족집게처럼 180석을 넘길 것이라고 맞추었음에도 불구하고 김제동과 같이 고액의 정치평론가로서 전성기를 구가하는 것이 정상적임에도 불구하고 "정치평론을 다시는 하지 않겠다."고 선언한 것은 마치 모처로부터 입단속을 하라는 주의를 받은 것이 아닌가 하는 의혹을 불러일으킨다.

이와 같이 어색했던 더불어민주당의 개표상황실의 표정과 양정철의 압승소감 인터뷰와 정계 은퇴선언에 가까운 외국으로의 잠행. 또 180석을 예언한 유시민은 그렇게 쉴 새 없이 입을 놀리더니, 총선이 끝남과 동시에 왜 "더 이상 정치비평을 하지 않겠다."고 했을까? 유시민의 족집게 예측과 함께 더불어민주당의 개표상황실 표정과 양정철의 행보는 제21대 4.15 총선거가 부정선거라는 두 번째 빼박 증거이다.

3. 최근소 표차 낙선자의 재검표 포기선언

제21대 4.15총선거가 부정선거라는 세 번째 빼박 증거는 바로, 171표 차이로 낙선한 남영희 후보의 재검표 포기선언이다. 인천 동구 미추홀선거구에 출마, 윤상현 당선인에게 제21대 총선에서 가장 근소한 차이로 패한 더불어민주당 남영희 후보가 4월 22일 재검표를 포기하겠다는 의사를 밝혔다.

그는 페이스 북을 통해 "재검표를 당당히 포기하겠다."면서 "'후보의 눈에는 모든 것이 불공정하게 보인다.'는 말이 있다. 저도 그 후보의 눈에서 벗어나지 못한 것 같다. 더 객관적으로 살펴보니 제 생각이 짧았다."고 했다. 이어 "재검표를 생각했던 것은 당선이 중요해서가 아니라 국정농단 세력의 핵심에 또다시 국회의원 배지를 안겨준다는 사실을 인정하기 싫었다."고 부연했다. 그러면서 "선거 결과에 승복하지만 인정하진 않는다. 배지를 뺏어오는 날을 제가 비로소 제1의 과제를 완수하는 날로 삼겠다."고 했다.

그의 이러한 인터뷰는 자연스럽지가 못하다. 재검표를 포기하는데 '당당히'라는 표현이 과연 어울리는가? 이것은 마치 축구시합을 하다가 오프사이드를 범한 공격수로부터 골을 먹었는데, 이를 골로 인정하겠다는 태도와 같다. 재검표를 당당히 포기하겠다는 말은, 재검표를 하면 자신의 승리가 확인될 수 있는데도 자신이 속한 정당을 위해서 자신이 희생하겠다는 속내를 누군가에게 당당히 드러내겠다는 것이 아닌가? 그러면서 "선거결과에 승복하지만 인정하진 않는다."라는 말을 빼놓지 않고 있다. 이 말 역시 '당당히' 재검표를 포기하겠다는 의지 표현의 반복으로, 오프사이드로 인한 골을 알고도 항의하지 않겠지만 자신이 진 것은 아니라는 사실을 확실히 알고 있다고 못 박고 있다. 이것이 바로 지각 있는 국민이라면 눈치를 챌 수밖에 없는, '제21대 4.15총선거가 부정선거'라는 세 번째 빼박 증거인 것이다.

4. 선관위 서버 임대 중소기업체에 대한 의문

제21대 4.15총선거가 부정선거라는 세 번째 빼박 증거는, 선관위 서버 임대 중소기업체이다.

〔정교모〕 같은 단체들의 성명에도 불구하고 선관위에서는 그들 단체에서 제기한 의혹에 대해 구체적인 해명은 하지 않고, '공정선거를 치렀다.'는 추상적이고 모호한 변명만을 궁색하게 늘어놓고 있다. 이러한 선관위의 대응 태도에 따라 모국(母國)을 사랑하는 해외거주 석학들이 집단지성의 힘으로 '4.15부정선거'의 수법까지 서서히 밝혀내고 있다. [Scott 인간과 자유이야기]의 게시물 중에는 한국의 선거부정을 우려하는 해외 한인학자들이 부정선거와 관련된 자료들을 긴급히 모아서 검토 중인데, 한국 총선의 부정선거가 볼리비아와 유사한 형태로 진행되었을 거라고 추정하는 분들이 늘어나고 있다고 했다. 특히 양정철이 4.15총선 전에 볼리비아에 다녀왔던 사실이 확인되어, 가능성을 더 높여주고 있다. 그는 볼리비아 대선을 감사한 미주기구(OAS)의 영문보고서를 첨부하였다(http://www.oas.org/documents/eng/press). 그는 볼리비아 대선에서 선거부정의 핵심수단은 불법서버였다고 한다. 여기서 그는 부정선거에 사용된 불법서버를 훼손시킬 경우 증거가 인멸될 가능성이 크므로, 이를 막아야 한다고 호소하고 있다. 이에 따라 5월 5일 오후 6시 반부터 중앙선관위 앞에는 약 500여 명의 우붕이들과 2,000여 명의 애국자들이 모여, "메인서버를 훼손하지 말고 증

거보존을 하라"는 시위를 밤늦게까지 벌였다. 그의 주장대로, 검찰은 먼저 중앙선거관리위원회가 임대하여 사용한 서버에 대한 불법 여부를 조사해야 한다. 우선, 선관위에 서버를 임대해 준 중소기업체 아이플러스텍[1]에 대해 구체적으로 알아보자.

중앙선관위에 서버를 임대한 회사는 서울특별시 송파구 법원로에 위치한 (주)아이플러스텍(https://www.iplustech.co.kr, 대표 김성철)으로 밝혀졌다. 이 회사는 사무실도 없어 전화하고 우편물만 받아주는 월 3만 원짜리 무보증금 유령사무실에 5년 전 설립한 회사를 차린 후, 아직도 서울시 서초구 강남대로에 위치하고 있는 유령사무실을 연구소라며 대단한 건물처럼 홍보하고 있다. 이 회사는 중앙선관위 외에도 국가보안기술연구소, 한국도로공사, 교육부, 공영홈쇼핑, 문화체육관광부, 정부통합전산센터, 한국인터넷진흥원, 국립산림과학원, 한국항공우주연구원, 한국정책방송원, 강원랜드, 서울시 등으로부터 연 80여 억 원의 매출을 올렸다. 직원도 두세 명의 가족회사라고 하고, 그 대표는 조선족 출신이라는 것 외에는 신상에 관해 거의 알려진 바가 없다. 사이버 상 인물보고서에 의하면, 1978년 7월 25일생으로 출신대학이 충남대학교로 나타나 있는데, 충남대에 조회한 결과 1978년생 김성철이라는 졸업생이 없다고 하니 더더욱 부정선거가 아닌가 하는 의심이 커진다. 미래통합당 민경욱 의원은 페이스 북을 통해 "중앙선관위에 서버를 임대한 회사 이름은 아이플러스텍이고 임대금액은

---

1 이 글은 〈파이낸셜 타임〉지의 김진선 기자가 2020. 05. 02. "중앙선관위에 서버 임대한 회사는 아이플러스텍"이라는 제목으로 작성한 기사를 참조하여 작성하였다.

223,754,300원입니다."라면서, "아이플러스텍은 임대 서버의 HDD에 들어 있는 어떠한 기록도 지워버리지 않기를 간절히 바랍니다. 국민의 염원입니다."라고 적었다.

아이플러스텍 중부지사는 대전광역시 서구 둔산대로에 위치한다. 그런데 홈페이지에는 지난해 5월 이후에 이렇다 할 실적이 기재되어 있지 않고, 중앙선관위와의 서버 임대계약 관련된 사항도 나와 있지 않다.

컴퓨터시스템 통합자문 및 구축 서비스업을 영위하고 있으며 대표자명은 김성철, 사업내용은 SW 및 시스템컨설팅·네트워크진단·감리·네트워크장비 및 유무선 통신장비·컴퓨터 및 주변장치·s/w·영상 및 방송장비·CCTV 판매·전자상거래업·임대·네트워크장비·통신기기 등이다.

일각에서는 중앙선관위가 서버를 반납하기로 되어 있어, 디가우징 및 드릴 등의 장비로 관련 장비를 완전 폐기할 것에 대비하여 아이플러스텍과 지속적인 연락을 취해야 한다는 주장도 나오고 있다. 실제로 일부 네티즌은 2일 오후 아이플러스텍에 확인을 하여 "아직 서버 장비가 중앙선관위로부터 반납되지 않았으며, 따라서 해당 서버가 다른 서버로 쓰이지 않고 있다."는 답을 들었다고 밝혔다. 서버 임대 만료시한이 5월 1일이라고 알려져 있으나 일부에서는 5월 15일까지라고도 주장하여 의견이 엇갈리는 가운데, "사전투표 조작 의혹이 널리 알려졌고, 서버와 네트워킹 시스템 상의 조작이 가장 유력한 의혹의 대상이 되고 있는 상황에서, 회사가 선관위로부터 서버를 반납받는다고 하더라도 향후 검찰 조사 등을 받게 될 경우를 대비해서라도 서버 내에 있는 자료를 폐기를 하지 않는 것이 유리할 것"이라는 주장도 있다.

만약 중앙선관위가 검찰 수사의 결정적인 증거가 될 이 서버를 훼손한다면, 결국 자신들의 범죄를 자인하고 증거인멸죄를 범하는 것이다. 그들이 증거를 인멸한다면 서버를 임대해 준 아이플러스텍에 대한 신속한 조사가 필요하다. 그 업체가 문재인 정부의 정부 부처와 공기업·서울시 등에 집권 이후 줄곧 IT서비스를 한 배경에, 중국공산당 기업 ICT가 배후에 있는 지에 대한 조사가 필요하다. 동시에 친중 정권과 여당인 더불어민주당이 중국공산당과 정책교류협정을 맺고, 2019년 볼리비아에서 저지른 불법선거 수법을 전수받은 것이 아닌지 조사할 필요가 있다. 중국공산당의 싱크탱크인 당교와 업무협약을 맺어 제21대 총선을 총괄 지휘하였던 더불어민주당의 싱크탱크 민주연구원 원장인 양정철은 총선 바로 전에 볼리비아를 다녀온 적이 있는데, 선거 압승 후 첫 인터뷰에서 입술을 파르르 떨면서 "무섭고, 두렵다."는 소감을 말한 뒤에 바로 민주연구원장직을 사임하고 해외로 도피하였다. 또한 민주연구원의 부원장이자 더불어민주당의 전략기획위원장인 이근형마저 교체되었기 때문에, 부정선거가 자행되었다는 의심이 더욱 증폭된다. 만약 그들이 검찰의 수사에도 불응하고, 해외로 도피하거나 살해되어 끝까지 나타나지 않는다면 반드시 국민적 저항에 부딪히게 될 것이다.

한편 통계학적으로 일률적 패턴이 나온 것은 투표함 바꿔치기보다는 사전투표에 대한 프로그램 조작일 가능성이 더 크다. 그런데 아날로그식 사고에 젖어 있는 사람들은, 현재 IT 기술을 사용한 디지털 조작이 너무나 혁신적이어서 이해하기가 어렵다. 중공의 정치개입이 이미 미국·호주·영국 등에 나타나 있음에도 진중권·홍준표·정규재·조갑제 등의 아날로그 머리로는 이해하기 어려울 수도 있다. 하지만 하버드대를 졸업하고 IT기업까지 운영한 적이 있다는 미래통합당 청년최고위원 이준석과 KAIST 교수인 이병태의 능력이면 디지털적 이해가 충분할 것임에도, 굳이 나서서 부정선거는 이루어질 수 없다고 열변을 토하는 것을 어떻게 이해해야 할지 정말 난제 중의 난제이다. 이렇게 복잡한 의문의 해결은 잠시 뒤로 미루고, 우후죽순처럼 저절로 드러나는 부정선거의 흔적들을 알아보자.

5. 감출 수 없는 부정선거의 흔적들

그들이 부정선거의 흔적들을 가리려는 것은 마치 손바닥으로 하늘을 가리려는 것과 같다. 우선 부정선거의 내막부터 간략하게 살펴보면, 양정철·이근형·윤호중이 목표의석을 180석으로 잡고, 대구·경북·강남·서초 등등 미래통합당 당선이 확정적인 지역구를 제외하고 지역구별로 더불어민주당 후보자가 이겨야 하는 데 필요한 득표수를 산출하여 사전투표함에 필요한 위조투표지를 추가로 투입하여 경기·인천·서울 지역에 63(더불어민주당):36(미래통합당)으로 만들었는데, 결국 이것이 들통이 나버렸다.

이처럼 사전투표를 부정선거한 사실을 정봉주가 알고, "세 놈(양정철·이근형·윤호중)이 짐승 같은 짓을 했다."고 말을 했다. 이미 선거 전에 유시민·김어준 등 좌파 방송인들이 180석을 획득할 것이라고 의석획득 추세전망을 할 때부터, 전 세계 주요 정보기관들과 DKLEE US(디클레 유에스)와 같은 민간 정보분석가는 SNS를 통해 문재인 정부가 4.15총선에서 부정선거를 한다고 폭로를 했었다. 그 주요한 제보 및 폭로 내용 중 스물다섯 가지만 골라 살펴보자.

첫째, 부정선거 득표율 공식이 탄로났다. 이미 위에서 설명한 바와 같이, 서울·경기·인천의 총 사전투표 득표율이 같음이 드러났다. 수도권 3개 지역인 서울·경기·인천의 정당별 사전투표 총 득표율이 63(더불어민주당):36(미래통합당)으로 동일하게 나타났다. 그런데 대다수의 통계학 박사나 교수들은 이처럼 동일하게 득표율이 나타나는 것은 현실적으로 불가능하다고 한다. 그들의 이야기로는 이런 수치가 나오는 것이 어느 정도 어려운가 하면, 로또를 1년 동안 계속 1등을 해야 하고, 벼락을 6개월 동안 하루도 빠지지 않고 계속 맞아야 하고, 아무도 모르게 지구상에 있는 어느 집에 표시를 한 동전 하나를 숨기고 그것을 모르는 사람이 단 한 번 만에 찾아내야 하고, 이런 실험을 5년 했을 때 한 번도 틀리지 않아야 되는 확률이라고 한다. 그리고 조립되지 않은 시계 부속품들을 가방에 넣고 1분간 흔들고 나서 정상적으로 작동하는 시계가 나와야 하는 확률이라고 하니, 가히 현실세계에서는 발생하는 것이 불가능한 일들이다. 그러니 사전에 서로 모의·조작하여 바꿔치기 하는 부정선거를 했다는 결론이 도출될 수밖에 없는 것이다(https://youtu.be/bcFYhWV4EKg).

둘째, 또 다른 부정선거 공식도 발견되었다. 관내 사전 득표율에 0.39를 곱하면 관외 사전 득표율의 숫자가 되도록 맞추어놓고, 이에 따라 표를 바꿔치기하거나 채워 넣은 것으로 추정된다(https://youtu.be/BdyLNdgKlLQ).

셋째, 1번 지역구를 100% 찍은 투표지뭉치가 무더기로 발견되었다. 이것은 북한에서나 가능한 사건으로, 부정선거를 드러내는 확실한 증거이다(https://youtu.be/7g9cxq8WXuw).

넷째, 우체국이나 선관위의 CCTV를 신문지로 가려서 못 보게 하였다. 이것은 사전투표함에 위조투표지를 투입하거나 표를 바꿔치기할 때 CCTV에 찍히지 않으려고 가린 것이다. 혹은, 표 바꿔치기를 하는 약 10분 동안의 CCTV 녹화부분을 아예 삭제한 곳도 있었다(https://youtu.be/bt6Fr8Hjloo).

다섯째, 투표함 바꿔치기를 한 명백한 증거가 나왔다, 투표함을 개봉한 후 표를 바꿔치기해서, 봉인지 필체가 다른 곳이 여러 곳에서 발견되었다. 경상도·전라도만 빼고 서울·경기·인천 등에서 미래통합당의 사전투표지를 더불어민주당의 것으로 바꿔치기 했다. 이를 하기 위해서 다른 사람이 열 수 없게 봉인지를 붙여 놨다. 하지만 이 봉인지를 떼고 투표지를 바꿔치기하고 새로운 봉인지를 붙인 후, 처음 봉인 당시의 투표참관인의 이름을 썼다. 그런데 필체가 전혀 달라서 바꿔치기가 들통났는데, 이것을 선구자방송 기자가 와서 촬영을 하였다 (https://youtu.be/jOVU6PnG2hA).

여섯째, 사전투표함을 바꿔치기하려고 급하게 이름을 적다가 이름까지 틀리게 적었다(https://youtu.be/3qnhw4Wbkd).

일곱째, 사전투표용지 파쇄 의혹입니다. 동작을선관위와 여주시선관위에서 투표용지를 빼서 파쇄한 후 버린 봉투가 발견되었다. 선관위 측에서는 시험용이라고 했다. 비례투표용지는 길어서 손으로 수개표를 하기 때문에 시험을 안 하는데 거짓말을 한 것이다(https://youtu.be/dbIBn8AzF44).

여덟째, 비례대표와 지역구 득표율의 현격한 차이가 바로 선거조작의 증거이다. 전자개표기(투표지분류기)를 사용하지 않고 수(手)개표한 비례대표 득표율은 더불어민주당이 33%, 미래통일당이 34%이다. 그런데 지역구는 163석/84석으로 절반 수준이다. 이것이 모순이다. 비례대표 득표율대로라면 더불어민주당이 123석, 미래통일당이 124석어야 한다. 이것을 보고도 전자개표기 부정선거라고 의심하지 않는다면 그런 어리석은 바보는 없다. 미래통일당은 투표함을 확실히 확보하고 수개표로 재검표하여야 한다. 반드시 비례대표 수치대로 역전될 것이다. 대한민국은 민주주의를 도둑맞았다. 애국 국민들은 깨어 일어나야 한다. 이 나라는 눈뜨고 나라를 도둑맞았다. 비례대표는 미래통일당을 찍고, 지역구는 더불어민주당을 찍는 사람이 과연 얼마나 있을까? 지역구 득표율은 그것을 보여주고 있다. 사전투표 조작과 전자개표기(투표지분류기)로 부정 선거한 것이 분명하다고 할 것이다. 이번 사전투표는 보수 우파 성향의 50대~60대가 더 많았다고 한다. 그런데 이들이 비례는 보수 우파를 찍고, 그 자리에서 마음이 확 바뀌어 지역구는 더불어민주당을 찍었다는 것이 말이 안 되는 소리다. 통계학적으로 보면 지역구를 우파로 찍은 사람이 비례대표를 좌파로 찍을 확률은 거의 없다고 한다.

아홉째, 사전투표와 당일투표의 수도권 전 지역구 및 지방의 전략지역에서 일정비율(+10~13%)로 득표하였다. 당일투표 득표율이 지역 특성과 후보 특성에 대한 편차가 일률적으로 나타나며 사전투표 득표율의 통계학적 상관관계가 전혀 없는데, 이러한 현상은 조작이 아니면 불가능한 수치라고 통계학자들이 이구동성으로 주장하고 있다.

열째, 비례대표 사전투표용지가 접힌 자국이 없다는 점이다. 예를 들어, 봉투 길이가 20센티이면 안에 들어가는 투표용지가 25센티라 할 때 투표용지가 봉투보다 크므로 반드시 접어 넣어야 한다. 그런데 비례대표 사전투표용지가 접은 자국이 없이 개표된 것은, 이 비례대표 사전투표용지를 임의로 출력해서 더불어시민당 등 여권 정당을 기표하여 투표함에 투입한 것으로 볼 수 있는 유력한 증거이다.

열한째, 사전투표에서 기권표가 많이 나왔다는 점이 부정투표의 근거가 된다. 선거 당일 시간이 없어서 사전투표 하러 간 사람이 표에 기표를 안 하고 표만 투표함에 넣었다는 것이 말이 안 되는 소리다. 이것은 50~60대가 사전투표를 많이 해서 미래통합당을 찍으니, 이 투표지를 버리고 기권표로 바꿔치기를 한 것으로 추정된다.

열두째, 선거관리위원회의 홈페이지를 이유도 없이 갑작스레 폐하였다는 점이다. 4.15총선거의 투·개표에 대한 의문이 증폭되자, 마스터 통계데이터에 대한 접근을 차단하고 있다. 이에 대해 수많은 국민들이 중앙선관위에 정보공개 청구를 하였지만, 묵묵부답으로 부정선거를 숨기려 하고 있다.

열셋째, 작년에 볼리비아에서 조작 부정선거로 대통령이 물러났다는 점이다. 최고선거재판소장을 비롯한 37명의 관리들이 선거범죄 혐의로 구속되었고, 선거 결과가 당연 무효 되어 새로운 선거기구를 구성하고 재선거를 치렀다. 이러한 볼리비아의 부정선거에 중공이 영향을 끼쳤고, 민주연구원장이었던 양정철이 중국공산당의 당교와 업무 협약을 체결한 후 4.15총선 전에 볼리비아를 다녀온 사실에서 우리나라도 부정선거의 가능성을 충분히 엿볼 수 있다(https://bit.ly/2KgQ0jE).

열넷째, 양정철 민주연구원장이 4.15총선을 준비하기 위한 정치권 복귀 일주일 만인 2019년 5월 21일, 서훈 국가정보원장을 비공개로 만났다. 집권당 싱크탱크의 수장인 양 원장이 국가의 정보 총책임자 서훈을 만날 이유가 없다. 그리고 양정철이 "선거는 과학"이라면서 9개월 전부터 빅데이터 수집을 극비리에 진행했다. 빅데이터 시스템은 이동통신 기록에 기반한다. 당시에는 대수롭지 않게 생각했다. 그런데 4·15총선 당일 「비보도자료」라는 민주연구원의 21대 총선 판세분석 보고서는 지역구 155석 우세·26석 경합우세로 분류한 자료였는데, 실제 총선 결과와 크게 다르지 않았다. 양정철은 "총선 결과가 너무 무섭고 두렵다."고 했다. 이동통신사가 갖고 있는 가입자의 개인정보는 단순히 데이터를 모으는 것에 관한 것이 아니라, 그 받은 데이터를 처리하는 알고리즘(어떠한 주어진 문제를 풀기 위한 절차나 방법)에 관한 문제이기 때문에 극비에 속한다. 통신사들이 전 국민의 개인정보를 어느 정도 수준으로 넘겨주었는지도 밝혀야 한다. 이것은 합법과 불법을 떠나 개인정보보호법 위반 및 헌법상 인권, 개인의 자유 침탈 문제가 될 수 있기 때문이다.

열다섯째, 부여시선관위 개표장에서 발생한 사건이 바로 부정선거의 증거이다. 부여선관위 개표장에서 사전투표를 개표할 때 기존 조작 값으로 더불어민주당 박수현 후보가 260표, 미래통합당 정진석 후보가 80표를 득표하였다. 그러자 미래통합당의 개표참관인들이 2번의 표가 1번으로 분류되거나 1번의 표가 무효표가 있는 등 있을 수 없는 일들을 확인하였고, 이것이 너무 수상하다며 강력하게 항의하자 선거관리인이 프로그램 2개를 지우고 컴퓨터를 껐다가 다시 켠 후 재검표하니 미래통합당 정진석 후보가 179표, 더불어민주당 박수현 후보가 160표 나왔다. 즉, 더불어민주당 박수현 후보의 표 속에 미래통합당 정진석 후보의 표 100표가 들어가 있었고, 또 다른 후보의 표도 들어가 있었다고 미래통합당의 개표참관인이 증언하였다. 이러한 해프닝을 거친 후에 결국 미래통합당 정진석 후보가 승리한 사건을 〈중앙일보〉가 〈가로세로연구소〉에 보도중지를 요청한 후, 김소연 변호사와 〈중앙일보〉 기자가 취재해 특종으로 보도하게 되었다.

열여섯째, 이태원 주점을 다녀온 LG U+의 한 직원이 코로나19 확진 판정을 받자, LG U+는 추가 감염을 예방하기 위해 2,000여 명의 직원이 근무하는 용산 사옥을 2020년 5월 11일부터 사흘간 폐쇄했다. 4.15총선의 부정선거 의혹이 확산되고, 국제 여론화되려는 시점에서 이런 강력한 조치를 했다는 점에 의구심이 생긴다. 선관위는 왜 보안성이 좋은 KT를 제외하고 단독 입찰하여, 굳이 국제적으로도 보안성이 취약하고 해킹당하기 쉬운 화웨이 5G장비를 탑재한 LG U+에서 선거용 유·무선통신장비를 이용했을까? 이런 점을 고려해 볼 때, 중앙관리 서버가 중공에 있다는 의혹이 있다. 사전투표 장비가 중국 화웨이 제품이기 때문에 중국으로 데이터가 전송된 뒤 조작됐다는 의혹을 감출 수 없는 것이다. 용산 사옥 폐쇄가 조작하고 통신하는 과정에서 LG U+에 남겨진 흔적을 지우기 위한 조치가 아닌가 하는 의심이 짙다.

열일곱째, 온두라스·터키·케냐·이라크·콩고·볼리비아 등 해외에 수출한 전자투표기는 국제적으로 끊임없이 부정선거 논란이 있었다. 2018년 이라크에서 전자개표와 수개표로 특정정당이 12배 차이가 나는 것을 두고, 우리나라에서 제작한 전자개표기에 대해 의혹이 제기되었는데도 왜 제21대 총선에 굳이 전자개표기가 사용되었을까?

열여덟째, 중립이 보장되어야 할 인물들이 중앙선관위에 임명되어야 함에도 불구하고 2002년부터 선거과장을 거쳐 부정선거를 주도해 왔던 조해주가 문재인 대선캠프에서 활동한 후 선관위 상임위원으로 임명했고, 선관위 총 9명 중 2명을 공석으로 둔 채 선거가 치러졌다.

열아홉째, 더불어민주당 이근형 전략기획위원장은 선거가 치러지기 전에 민주당의 전략기획위원회에서 만들어졌던 '대외비' 자료에 민주당이 4.15선거에서 "보정 값"이라는(4.15부정선거 이후에 검증과정에서 처음 사용된 단어) 이상한 문구를 사용, 163석 확보를 정확하게 예측했다. 권역별로 살펴보아도 수도권(서울·경기·인천) 101석(선거 결과 103석), 대전·충청 20석(20석), 광주·전라 27석(27석), 부산·울산·경남 8석(7석), 대구·경북 0석(0석), 강원·제주 7석(6석)으로 거의 모든 지역의 예측이 실제 선거 결과와 정확히 일치했다.

스물째, 4.15부정선거에 관한 수많은 조작과 사기 증거들이 속출되는 가운데, 2020년 5월 7일 경기도 김포시 통진읍에 있는 한 폐기물 재활용업체에서 화재가 발생했다. 철골구조공장 3개 동 중 한 개에서 시작된 불은 업체 야적장에 쌓인 폐프린터 카트리지더미에서 난 것인데, 사전선거 시의 투표용지 프린터가 대량 포함된 것으로 추정된다. 이 외에도 연이어 폐기물 보관 등을 주로 하는 물류업체에서 전국적으로 동시다발로 화재가 발생한 점은, 위조하고 남은 투표지와 기표용구 등을 태울 목적의 방화로 추정되고 있다.

스물하나째, 전북 전주시 완산구 삼천3동 관내사전 비례대표투표에서 선거인은 4,674명인데 투표지는 4,684장으로 10장이 더 많았다. 전주시 완산구 효자2동 관내사전 지역구후보자 투표로, 선거인 수는 2,366명인데 투표수는 2,367개였다. 완산구 서신동 제9투표소 비례대표 개표상황표에 선거인 수 2,731명, 투표용지 교부 1,693장, 투표수는 1,683장으로 기록됐다. 투표지 교부 수보다 투표수가 10장 적다.

스물두째, 부천 신중동 관내 사전투표 인원이 1만 8,210명으로 비정상적으로 많다. 실제 투표시간 24시간을 감안하면, 1분당 12.6명이 투표했다는 뜻이다. 투표지를 인쇄하는 시간보다 더 짧았다.

스물셋째, 경기도 모우체국 앞에서 파쇄지가 발견되었는데 기표된 투표용지와 함께 봉투가 갈려져 있었다. 보통 사전투표용지들은 현장에서 인적사항 확인 후 프린터로 출력하기 때문에 선거 후 남아서 파쇄기에 갈 일이 없다.

스물넷째, QR코드에는 선관위가 밝힌 31자 외의, 알 수 없는 21개의 불법적인 숫자 조합이 숨어 있다.

스물다섯째, 경기도 파주시 진동면의 159명이 사는 동네에서 선거인 수가 201명이 나와 42명이 초과해 버린 사건이 발생했다. 이것은 거주자의 126%에 해당하는 유권자가 투표를 했다는 사실로, 부정선거가 일어났다는 증거 중 가장 최근에 발견된 빼박 증거다. 이 동네는 군사접경지역이라 거주자의 명단을 확인하기 어려운 점 때문에 이러한 상황이 발생한 것으로 보인다. 다시 말해, 접경지역이라서 투표인명부를 작성하기 어려워, 위조투표지를 투입하는 과정에서 투표인 수를 제대로 확인하지 못해 벌어진 자승자박인 셈이다.

6. 구리시선관위의 투표지분류기 사건이 갖는 함의

벤자민 윌커슨 박사가 구리시선관위로 들어가 찍어온 전자개표기(=투표지분류기)의 내부 사진이, 오랜 기간 이어져 온 거대 스캔들을 뒤집을 수 있는 결정적인 증거이다. 이 증거를 최우선적으로 널리 알려야 한다. 투표지 훼손·Follow the party·중국 개입설·양정철 기획론, 이 모두가 이목을 끌 수 있는 자극적인 소재이나 여론을 뒤집을 수 있는 결정적인 증거는 아니기 때문이다. 이런 증거들이 그동안 이어져 왔던 선관위와 대법원의 문제를 증명할 수 없다. 하지만 이번에 밝혀진 전자개표기의 내부구조 사진은 이런 증명이 가능하다. 해당 사진은 【공직선거법】 부칙 제5조를 위반한 증거가 될 뿐만 아니라, 선관위의 거짓 해명·대법원의 오판까지 한방에 증명하는 결정적인 단서가 되기 때문이다.

선관위는 '전자개표기'를 단순 '투표지 분류기'라고 속여 왔다. 그리고 대법원은 이런 거짓 해명을 받아주었다. 그래서 이번 4.15총선과 같은 총체적 부실선거가 발생할 수 있었던 것이다. 이것은 보수와 진보의 대립이 아닌, 국가의 근본 가치에 대한 문제이다. 우리는 우리의 참정권이 보호받을 수 있는지 없는지를 결정짓는 역사적 사건의 기로에 놓인 것이다.

문제가 되는 '전자개표기'는 보수정권과 민주정권을 가리지 않고 탄생시켜 왔다. 2002년 전자개표기가 들어온 이후에 지속적으로 말이다. 그럼에도 불구하고, 소위 우리 사회의 지도층이란 자들이 이 문제를 등한시했거나 은폐해 왔다는 사실이 이번 부정선거 의혹을 밝히려는 과정에서 드러나게 된 것이다.

현재 선관위가 말하는 '투표지분류기'는 '전자개표기'이다. 둘이 같은 것인데, 말만 달리 하는 것이다. 원래 '투표지분류기'는 컴퓨터 장치가 아닌 단순 전산장비로, 모든 선거에 쓸 수 있다. 반면, 컴퓨터 장비가 추가된 '전자개표기'는 보궐선거 같은 작은 선거 외에, 큰 선거에는 쓸 수가 없다. 이번 4.15총선에도 쓸 수 없고, 앞으로 있을 대선에도 써서는 안 된다. 해킹으로부터 취약하다는 것이 이미 확인됐기 때문이고, 그렇기 때문에 다른 나라에서도 사용을 금지하고 있는 것이다.

그런데 이런 문제점을 시민단체가 제기하자, 선관위는 2006년 3월 13일 〈조선일보〉 2면 하단광고에 "투표지분류기는 전자개표기가 아닙니다."라는 허위 광고를 게재했다. 그리고 이런 선관위의 허위 주장(전자개표기는 '전산장치'가 아닌 '기계장치')을 대법원이 허용하는 판결을 내렸다. 이때부터 모든 문제가 악화되기 시작했다.

다시 상황을 요약하면, 2002년부터 약 18년 동안 논란이 돼 온 '전자개표기'의 실체가 이번에 처음으로 공개된 것이다. 선관위는 '전자개표기'가 분류기·제어용 컴퓨터·프린터로 따로 따로 구성돼 있다고 했는데, 막상 확인해 보니 [분류기+제어용 컴퓨터+프린터], 이렇게 확인되었다. 선관위의 주장과 다르게 '분류기'가 단순 전산기계가 아니라 '해킹을 숨길 수 있게 고도로 설계된 컴퓨터'였다는 것이다.

벤자민 윌커슨 박사의 폭로 영상에 나오는 논리회로 칩셋 2개가 선관위의 불순한 의도를 의심케 하는 결정적 단서이다. CPU(MCU) 1개만으로도 불법인데, 외부의 침투 흔적을 지울 수 있게 자이링스 FPGA

소자(CPU와 같은 논리회로)가 하나 더 달려 있다는 점이 핵심이다.

지난 18년 동안 이렇게 투표지분류기(=전자개표기)의 내부가 낱낱이 드러난 적이 없었기 때문에, 법원에서 말장난이 통했을 수 있다. 그런데 이번에 분류기(=개표기)의 실체적인 구성이 모두 공개가 된 이상, 선관위는 분류기가 단순 전산장치라고 주장할 수 없게 된 것이다.

다시 한 번 강조하자면, 이 문제는 2002년부터 시작되었던 거대 스캔들이다. 좌우 이념대립의 문제가 아닌, 선거를 조작하는 기득권과 투표의 참정권을 유린당하고 있는 시민들의 대결이다. 지금 이 문제가 해결되지 않으면, 우리는 우리의 투표가 정확하게 집계되고 있는지, 이 고귀한 가치를 엄정하게 보호받고 있는지 확인할 길이 없게 된다. 시민의 저항을 짓밟은 정권은 더욱 더 오만한 태도로 우리의 권리를 앗아갈 것이다.

그러므로 해명의 여지가 있는 다른 사안들은 잠시 미루어두고, 대중들의 광범위하고 신속한 설득을 위해서는 이 '전자개표기'의 실체에 대해 먼저 숙지한 후 주변의 지인들에게 널리 널리 자세하게 알려야 할 것이다. 이것이 바로 구리시선관위에서 발견한 투표지분류기가 아닌 전자개표기의 문제점을 최우선적으로 국민들에게 알려야 할 이유이다.

| 제5부 |

총체적 부정선거를 위한 사전연습과 철저한 준비

| 제5부 |

총체적 부정선거를 위한 사전연습과 철저한 준비

우선 4.15총선 부정 의혹을 추정해 보면, 개표조작 계획 및 실시로 나누어진다. 문재인 정권은 집권 후부터 비롯된 3년 간의 실정과 조국사태 등으로 민심이 이반하여 총선의 패배를 직감하였고, 이에 여권은 총선승리 전략으로써 부정선거를 실시하기로 결정한 것으로 보인다. 부정선거 방법으로는 사전투표를 중심으로 전산프로그램 개표조작을 선택하고, 재검표실시에 대비해 투표지 추가투입이나 투표함 바꿔치기 등의 다양한 방법을 사용한 것으로 보인다. 양심선언에 의한 탄로를 막기 위해 중국 업체에 전산개표기를 주문하였고, 중앙선관위는 물론 대통령 부부까지도 사전투표를 독려하면서 사전투표를 대대적으로 권장·실시하였다. 선거관리위원회에는 프로그램에 의해 미리 예정된 개표 결과에 맞춰 사전투표함을 조작하는 임무가 주어졌을 것으로 추정된다.

이러한 부정선거의 증거는 선거관리위원회의 「선거결과 보고서」에 인쇄되어 있으므로, 소실되거나 훼손될 우려가 없다고 판단된다. 따라서 진실은 검찰조사 과정에서 반드시 밝혀질 것으로 예상되는데, 검찰의 수사를 이끌어 내기 위해서는 국민들이 부정선거에 대한 의혹을 강하게 제기하는 것이 매우 중요하다. 그러므로 모든 국민은 전심전력으로 부정선거 의혹을 밝히는 데 노력해야 한다.

만약 이번 부정의혹이 바로잡히지 않으면 '자유대한민국'은 멸망이 예상되므로, 여기서는 여권의 총체적 부정선거를 위한 사전연습과 철저한 준비공작을 살펴보자.

1. 창원성산, 통영고성의 4.3보궐선거

2019년 4.3보궐선거 가운데, 특히 창원성산과 통영고성에서 선거 현황을 주의 깊게 살펴보면 신기한 현상을 알아낼 수 있다.

우선 창원성산 지역과 통영고성 지역의 국회의원 총 투표율이 일치하는 점을 발견할 수 있다. 선거인 중 투표한 자의 비율, 즉 투표율이 창원성산 51.17%, 통영고성 51.18%로 소수점 한 자리까지 같다. 선거일투표 비율은 창원성산이 69.7%, 통영고성이 69.6%로 똑같다. 관내사전투표 비율도 창원성산이 28.3%, 통영고성이 28.6%로 사실상 거의 같다. 과연 우연의 일치일까? 두 지역이 아무리 경남의 인접지역이라고 해도, 수많은 유권자가 투표하는데 어떻게 이런 일치가 가능한가? 엄밀히 말해서, 창원성산 지역은 〔민주노총〕이 득세한 공단지역이고, 통영고성은 소형 조선소들이 산재해 있기는 하지만 기본적으로 반농반어형의 농어촌에 속한다. 따라서 두 지역은 근본적으로 산업구조가 다르고 연령별 인구 구성도 달라서, 이처럼 관내사전투표 비율과 총투표 비율이 같다는 점은 납득하기 매우 어렵다.

두 지역의 보궐선거 결과를 비교하다 보면, 누군가가 보이지 않는 프로그램으로 조작한 것은 아닐까 하는 의혹이 든다. 이러한 의혹은 마침내 2020년 4.15총선의 부정선거 의혹사건에 이르러서, 디지털 방식과 아날로그 방식을 총동원한 총체적 부정선거로 4.15총선을 치르기 위한 사전연습이었다는 사실에 확신이 들게 되는 것은 필자만의 상상일까?

※ 4.3보선 창원 성산/통영고성 개표결과 의혹?

구분	창원성산			통영,고성		
	선거인수	투표수	투표율 (투표비중)	선거인수	투표수	투표율 (투표비중)
합계	183,934	94,113	51.17%	155,741	79,711	51.18%
선거일 본투표	155,326 1,882	65,646 1,740	35.69% (69.7%)	131,412 1,101	55,447 1,036	42.19% (69.6%)
사전투표	26,649	26,649	14.49% (28.3%)	22,804	22,804	14.64% (28.6%)
기타	1,959	1,817	0.99% (1.88%)	1,525	1,460	0.27% (0.5%)

☞ 사전투표를 인위적으로 조작해 비율을 맞추는 것으로 추측됨 → 보이지 않는 손?

보궐선거 개표현황

2. 광범위한 여론조작을 통한 사전투표 조작

이병태 교수는 사전투표와 당일투표의 양당 득표율 차이가 발생하는 이유에 대하여, 사전투표 직전에 시행한 KBS 여론조사 결과가 민주당 지지자들의 사전투표 경향이 월등히 높게 나왔음을 근거로 들었다. 그래서 이번 선거 결과는 여론조사 결과에 나와 있었던 대로 '당연한 결과'라고 말하고 있다. 그러나 그와 같은 주장은 KBS 여론조사의 의도 및 방식의 적정성에 대한 분석은 논외로 하더라도, 아주 심한 논리적 비약이 있어 보인다.

일반적으로 사전·당일 투표를 결정하는 가장 중요한 요소는 유권자 개개인의 일정이다. 지지 성향이나 투표의지가 미치는 영향은 개인의 일정에 따라 무심코(또는 임의로) 선택하는 영향에 비해 극히 낮을 것으로 보는 것이 상식적이다. 만약 누군가가 "당신은 사전투표에 임하겠습니까? 당일투표에 임하겠습니까?"라고 물으면 그 질문에 대한 반응을 하게 되겠지만, 실제로는 개개인의 일정(또는 임의로)에 따라 선택을 할 것이다. 즉, 사전투표를 할 것인지 당일투표를 할 것인지는 지지 성향과 상관없이 무차별적으로 행동하게 되는 사건임에도 불구하고, 이것을 대상으로 여론조사를 하게 되면 마치 정치 성향에 따라 의지가 반영되어 큰 차이가 날 것 같은 결과가 나올 수도 있다고 본다. 예컨대, 민주당 지지 성향의 답변자들에게서 월등히 높은 사전투표 참여 답변이 나올 수도 있는데, 한편 여론조사의 교묘한 조작에 따라 그런 통계를 만드는 것은 그리 어렵지 않아 보인다는 것이다.

다시 말해서, 보통의 경우(대다수의 유권자의 경우)에는 별 생각 없이 하게 되는 행동에 대한 특별한 질문을 통해 답변자의 의지가 반영되는 결과가 나오게 되어 통계상의 왜곡이 발생할 수 있다. 그런데 이병태 교수는 이 점을 간과하고 KBS여론조사 결과를 단순하게 인용하고 있는 것이거나, 이를 알면서도 자신의 신념 내지는 이익과 결부되어 KBS 여론조사 결과를 인용하고 있는 것으로 보인다.

이를 염두에 두고 제20대와 제21대 국회의원 총선거의 사전투표와 당일투표율의 차이를 알아보고, 그 결과를 분석하여 보자.

우선, 제20대와 제21대 국회의원 총선거의 사전·당일투표율 차이(전 지역구 단순평균)를 살펴보면 아래 표와 같다.

구 분	민주당	미래통합당 (새누리당)
20대	+4.08%	−3.60%
21대	+10.20%	−9.23%

위 표에 나타난 제20대와 제21대 국회의원 총선거의 사전·당일 투표율 차이의 특징은 첫째, 제21대가 제20대에 비해 약 6% 정도 사전·당일투표율 차이가 확대되었다. 즉, 더불어민주당이 약6% 증가했고, 미래통합당이 약6% 감소했다. 둘째, 제20대에는 더불어민주당이 사전·당일투표율 차가 229곳 (+), 18곳 (-)였고, 미래통합당은 사전·당일투표율 차가 35곳 (+), 212곳 (-)였다(단, 사전투표율에서 당일투표율을

뺀 값). 셋째, 제21대에는 더불어민주당의 사전·당일투표율 차는 전지역구에서 (+)로 나타났고, 미래통합당의 사전·당일투표율 차는 전지역구에서 (-)로 나타났다.

이러한 결과로부터 다음과 같은 잠정적 이론을 도출할 수 있다. 첫째, 제20대와 제21대 총선의 사전·당일투표 결과를 살펴보면, 일반적으로 더불어민주당 지지 성향의 유권자들이 사전투표 참여 경향이 높다고 보인다. 둘째, 제21대에는 제20대 총선거에 비해 더불어민주당 지지자들의 사전투표 결집이 크게 높아졌거나, 미래통합당 지지자들의 당일투표 결집이 크게 높아졌다고 볼 수 있다. 셋째, 제21대 총선거에는 전지역구에서 더불어민주당 지지자들의 사전투표율이 (+)인 매우 이례적인 사건이 발생하였다.

그런데 그 결과가 과연 타당한지 분석해 보자. 우선, 제21대 총선거 투표시 특별한 사건이 없는 상태에서 더불어민주당의 사전투표율이 전국적으로 일정하게(호남 제외) 약 10% 정도 높게 나오는 것은 확률적으로 거의 불가능한 일이다(이에 대해서는 박영아 교수와 이병태 교수의 찬반 논란이 있었지만, 박성현 교수의 등장으로 이러한 결론을 내리는 것이 더욱 타당해 보인다).

다음으로, 제21대 총선거 투표 결과가 정당화되기 위해서는 제20대 총선거에 비해 제21대 총선거의 사전투표와 당일투표율 차이가 크게 달라질 수밖에 없는 매우 특별한 사건이 있어야 한다. 특히 제21대 총선거의 사전투표와 당일투표 사이 기간에, 이 투표율의 차이를 설명할 수 있는 예외적인 특별한 사건이 발생해야 할 것이다. 그러한 특별 사건으로는 〔공명선거국민감시단〕이나 〔공정선거국민연대〕와 같은 보수·시민단체 및 이들이 출연한 일부 유튜버의 당일투표 참여 독려, 그리고 사전투표 직전에 발생한 미래통합당 차명진·김대호 후보의 막말 논란을 들 수 있다.

하지만 보수 유튜버들의 당일투표 참여 권유는 사전·당일투표 차이에 영향을 줄 수 있는 사건이기는 해도, 그 운동의 효과는 거의 없었다고 할 것이다. 왜냐하면, 미래통합당의 당대표인 황교안과 선거대책위원장인 김종인이 사전투표 권유를 당론으로 채택하여 독려하였기 때문이다. 또한 차명진 후보와 김대호 후보의 막말 논란은 그 발언이 실제 막말에 해당되는지 논의는 차치하더라도, 사전투표 직전에 불거졌으나 유권자들에게 미친 영향을 고려한다면 차명진 후보의 막말 논란이 압도적이었다. 그러나 차명진 후보의 막말 논란은 미래통합당의 당내 처리혼선 등으로 사전투표일과 당일투표일 사이에 더욱 크게 불거지며 오히려 당일투표에 더욱 부정적인 영향을 끼쳤으므로, 사전투표에 더불어민주당의 지지율이 높다는 점을 뒷받침하는 근거가 될 수 없다.

이를 바탕으로 정리하자면, 첫째, 보수 유튜버의 당일투표 권유는 미래통합당 지지자의 당일투표 결집에 일부 영향을 미칠 수도 있으나 전체 투표율에 미치는 효과는 미미할 것으로 보인다. 둘째, 차명진 후보 등의 막말 논란은 사전, 당일 투표율 차이의 큰 변수가 되지 못했다. 오히려 당일 투표에 더 악영향을 미쳤을 수도 있다고 할 것이다. 특히, 사전투표 전에 홍성국 후보의 둔산화류계 발언과 윤호중 후보의 돈키호

테 발언 등, 더불어민주당 측의 막말 논란으로 더불어민주당 측에 불리한 요소까지 고려하면 막말논란 전체가 사전·당일투표율에 영향을 미쳤을 가능성은 거의 없다고 할 것이다. 다만 이러한 막말 논란이 사전·당일투표율 차이에 미치는 영향이 없다는 뜻이며, 전체 투표 결과에는 영향을 미쳤을 가능성이 있다고 보는 것이 타당할 것이다.

셋째, 유권자의 사전·당일투표 선택을 결정짓는 가장 큰 변수는 유권자 개인의 일정이며, 유권자의 지지 성향이나 참여 의지 등은 부수적 요소이다. 이를 감안할 때, 제20대 총선거에 비해 제21대 총선거에 사전투표 결과가 크게 달라질 요인은 특별히 없다고 하겠다.

지금부터는 이러한 결론에 따라 사전투표 직전 발생했던 세 가지 주요 사건들에 대한 의혹을 보다 구체적으로 분석해 보기 위해, 그 사건들부터 살펴보자.

우선, '세월호 유족 쓰리썸 논란'이라 불리는 차명진 후보의 막말 사건을 보면, 4월 6일 OBS 스튜디오에서 녹화되었던 'OBS 후보자초청 토론회'에서 차명진이 "혹시 쓰리썸 사건이라고 아세요? 쓰리썸 사건, 2018년 5월에 세월호 자원봉사자와 세월호 유가족이 텐트 안에서 말로 표현할 수 없는 문란한 행위를 했다는 기사를 알고 있다."고 말했다는 사실이 한 언론사에서 보도하며 논란이 되었다. 그리고 이틀 후인 4월 8일에 미래통합당에서 차명진 후보를 제명하기로 결정하였다. 그런데 4월 10일 당 윤리위에서 제명보다 한 단계 낮은 수위의 '탈당 권유'로 결론을 내려, 차명진 후보의 선거활동이 가능해졌다. 그러자 4월 11

일, 차명진 후보가 유세연설 중에 "당장 세월호 텐트의 진실, 검은 진실, 쓰리썸 여부를 밝혀라, 쓰리썸 없으면 차명진이 책임지겠다."고 발언하였다. 이에 수도권에 출마한 유승민계를 중심으로 차명진 후보에 대한 성토가 이어지자, 4월 13일 미래통합당이 긴급 최고위원회의를 열어 차명진 후보를 제명하기로 결정하였다. 이어서 세월호 유가족이 차명진 후보를 검찰에 고발하였지만, 차명진 후보는 제명결의무효 가처분신청을 하여 인용결정을 받아내고 후보로 완주하였으나 낙선하였다. 4월 14일 서울남부지법 민사합의 51부(부장판사 김태업)는 차명진 후보 측의 제명결의무효 가처분을 제명절차상의 하자가 중대, 명백하다는 이유로 인용하였다. 이에 따라 미래통합당 내에선 차명진 후보의 지위 유지 결정이 막판 표심에 악영향을 끼칠 수 있다는 우려가 높아졌지만, 당일 투표에서는 미래통합당이 앞선 결과가 나타났던 것이다.

다음으로 "30·40대 폄하, 노인 폄하 사건"으로 불린 김대호 후보의 막말 사건을 살펴보면, 4월 6일 서울권역 현장 선대위 회의에서 "60~70대에 끼어 있는 50대들의 문제의식에는 논리가 있다. 그런데 30중반, 40대는 논리가 아니다. 거대한 무지와 착각"이라는 발언을 해 30·40대 폄하 발언 논란에 휩싸였다. 다음날 지역케이블 방송인 HCN이 주최한 '관악갑 총선 후보자 토론회'에 참석하여 "장애인들은 다양하다. 1급, 2급, 3급… 나이가 들면 다 장애인이 된다."고 발언하였다. 이에 대해 노인층 비하 발언이라는 논란으로 졌다. 이에 따라, 4월 8일 미래통합당 윤리위는 김대호 후보를 제명하기로 결정하였다. 그런데 김대호 후보의 실제 토론내용을 보면, "누구나 나이가 들면 장애인이 된다.

따라서 시설물들은 원칙적으로 장애인과 비장애인이 같이 하는 시설이 되어야 한다. 특수장애인을 위해서는 따로 시설이 필요하다."는 취지였다. 실제 토론을 보면 노인비하 의도가 느껴지지 않는 자연스러운 언급이었으나, 언론 등은 이를 '노인세대 비하 발언'이라고 보도하였으며, 소위 '막말'로 치부되어 문창극 총리 후보자에 대한 언론들의 표적사냥과 같이 억울하게도 언론의 제물이 되었던 것이었다(https://blog.naver.com/itspolitics/221895996145).

마지막으로, 오거돈 전 부산시장의 성추행 사건을 살펴보자면, 4월 7일 부산시청 직원인 피해여성이 부산 성폭력상담소에 성추행 범죄 피해사실을 신고하였다. 피해여성은 4월 안으로 "오거돈 부산시장이 공개사과를 하는 동시에 시장 직에서 사퇴"할 것을 요구하였고, 부산시는 이 요구사항을 받아들여 피해여성의 요구사항을 따르겠다는 「사퇴서」를 작성해 상담소와 피해여성 측에 전달하였다. 오 시장은 「사퇴서」의 법적 효력을 담보하기 위해 부산의 한 법무법인(법무법인 '부산'으로 알려짐)을 통해 가족의 입회하에 '공증'까지 받은 것으로 확인되었다. 다만 부산시는 총선을 코앞에 둔 민감한 상황을 감안해 총선 이후로 절차를 진행할 것을 제안했고, 이에 대해 피해여성 또한 "성추행 문제가 정치적으로 이용되는 것은 원하지 않는다."며 부산시의 제안을 받아들였다고 한다. 이에 대해 〈가로세로연구소〉는 4월 10일경이나 11일경 문재인 대통령이 부산을 방문했다는 제보가 있었다며, 청와대 측에 공개적으로 확인 요청하였다(https://tititeuteu.tistory.com/127, https://www.youtube.com/watch?v=CAbotGLVu0M).

제21대 총선거의 사전투표 직전에 발생한 위의 세 가지 사실관계를 바탕으로 추론해 보자. 만약 누군가가 사전투표에 영향을 미치려 했다면, 사전투표율이 매우 높게 나오는 현상을 정당화시킬 논리가 필요했을 것이다. 이를 위해 차명진 후보와 김대호 후보의 막말 논란을 적극적으로 확대 재생산하여, 이를 쟁점화하기를 시도한 것이 아닌지 의심스럽다.

그 이유는 차명진 후보와 김대호 후보의 막말 논란은 후보토론 녹화방송 중 발생한 것이다. 그 녹화방송이 나가기도 전에 기사화되며 논란이 크게 불거졌는데, 실제 방송 내용을 보면 해당 발언을 막말로 봐야 할 정도인지에 대해서도 논란이 있다. 특히 김대호 후보의 발언은 과거 문창극을 국무총리 후보자에서 낙마시킨 것과 유사한 경우로 언론의 '악마의 편집'에 따른 희생양이었다. 그런데 지난 4월 7일에 피해자가 신고했던 전 부산시장 오거돈의 성추행 사건은, 만약 사전투표에 영향을 미치려 했던 세력이 있다면 그들이 사전투표율을 높게 나오게 할 정당화 근거를 만들 모든 계획이 물거품이 되게 만들 수 있을 만큼 엄청난 사건이었을 것이다.

결론적으로 말하자면, 사전투표에서 민주당 지지율이 높은 게 민주당 지지 세력이 많이 몰려왔기 때문이라는 것은 거짓이다. 사전투표에는 60대 이상이 30.8%로 가장 많이 참여했고 50대가 21.9%였으므로, 이를 더하면 52.7%로 젊은 층보다 사전투표에 더 많이 나왔다. 게다가 60대보다 더 반문재인인 20대가 16%이므로, 총 69.7%가 반문재인 성향이었다.

3. 대통령 부부가 직접 사전투표를 한 진풍경[1]

문재인 대통령과 김정숙 여사가 4월 10일, 4.15국회의원선거 사전투표를 하며 투표 독려에 나섰다. 문 대통령과 김 여사는 사전투표 시행 첫날인 이날 오전 9시께, 청와대 인근 삼청동 주민센터에 마련된 사전투표소에서 투표했다.

투표 독려 차원에서 노영민 대통령비서실장, 김상조 정책실장, 강기정 정무수석 등 청와대 참모진들도 사전투표장을 찾았다. 이번 사전투표는 투표율 제고뿐 아니라 신종 코로나바이러스 감염증(코로나19)으로 '사회적 거리두기'를 하는 요즘, 사람들이 같은 시간대에 몰리지 않도록 미리 투표해 달라는 의미도 담겼다는 게 청와대 관계자의 설명이었다. 청와대 관계자는 〈뉴시스〉와의 통화에서 "방역을 위한 차원으로 사전 투표를 독려하는 취지"라고 말했다.

하지만 현직 대통령이 당일투표일이 국정공휴일임에도 불구하고 사전투표에 참여한 것은, 지난 2013년 상반기 재보선 때 사전투표제가 도입된 이후 문 대통령이 첫 사례로 기록된다. 이러한 행위는 비록 사소해 보일지라도 나라의 근간을 흔드는 국기문란행위이며, 원칙과 예외를 뒤바꾸어 나라의 질서를 혼란케 하는 범죄행위이다. 왜냐하면, 대통령이라는 자가 공휴일로 지정된 당일투표일에 투표하지 않고 굳이

---

1 이 글은 〈뉴시스〉의 홍지은 기자(rediu@newsis.com)가 2020.04.10.에 쓴 "文 대통령 부부, 국회의원 선거 사전투표 참여…투표 독려"라는 제목의 기사를 참조하여 작성하였다.

사전투표일에 투표를 하는 것은 '부정선거'라는 특별한 목적을 가지지 않고서는 생각해 보기 어려운 일탈행위이기 때문이다. 문 대통령 내외는 2018년 6.13지방동시선거 및 국회의원 재보궐선거 당시에도 사전투표를 통해 투표 독려에 나선 바 있는데, 이것은 2020년 4월 15일에 벌어진 제21대 총선거에서 총체적인 부정선거를 저지르기 위한 예행연습에서 철저한 각본에 따라 치러진 행위였다. 문 대통령은 20대 국회의원선거 사전투표일 첫날이었던 지난 2016년 4월 8일에 전직 더불어민주당 대표 자격으로 광주 지원유세 도중 북구청에서 사전투표를 했는데, 이것은 더불어민주당 대표로 한 사전투표였으므로 현직 대통령으로 한 행위보다는 비난 가능성이 적다. 하지만 이것은 중앙선관위를 장악한 상태의 예행연습이라는 의미를 지닌 행위로, 문재인은 항상 사전투표를 독려한다는 각인을 하기 위한 의도를 가진 사전 포석에 불과하였다.

과연 어느 선진국의 대통령 내외가 원칙에 어긋나 예외적인 행위를 국민들에게 선동하는지 묻고 싶다. 더구나 문재인 대통령은 이러한 점을 실천하는 직업인 변호사 출신이다. 그런데 부정선거를 획책하기 위하여 원칙인 당일투표를 하지 않고, 우한 바이러스의 창궐이라는 핑계를 들어 방역을 위해 사전투표를 한다는 각본으로 국민들을 속인 행위는, 대통령 탄핵을 넘어 중공에 나라를 팔아넘긴 국사범으로 처단해야 할 것이다.

| 제6부 |

왜 사전투표가 승부를 갈랐나?

| 제6부 |

왜 사전투표가 승부를 갈랐나?

제21대 총선에서 부정선거가 어떻게 이루어졌는가 하는 점은, 검찰의 수사를 거쳐 법원의 판결이 이루어져야 확실히 알 수 있다. 하지만 집단지성의 힘으로 지금까지 밝혀낸 사실들을 바탕으로, 그 범죄수법을 추론하여 검찰의 올바른 수사를 촉구하고 실체적 진실이 발견되는 데 일조하고자 한다. 먼저, 민경욱 의원을 비롯한 선거무효소송 담당 변호사단에 소속되어 활발히 활동하고 있는 박주현 변호사의 [최보식이 만난 사람] 인터뷰 기사[1]를 통해 밝혀진 사실을 알아보자. 그러고 나서, 부정선거를 행한 흔적들을 모아 선거부정의 구체적 방법을 추론을 통해 찾아낸, 〔명예시민수사단〕 단장의 역할을 자처·수행하신 애국자의 추론[2]을 살펴보기로 하자.

---

1 이 글은 2020. 05. 25. [최보식이 만난 사람]의 최보식 선임기자가 "'선거부정설'을 추적하는… 박주현 前청와대 특별감찰담당관"이라는 제목으로 게재한 기사를 전재한 것이다.

2 이 부분은 모(某)대학에 재직 중인 교수님께서 공사다망하신 와중에도 불구하고 애국심으로 '기독자유통일당' 등의 소송자료들을 분석하여 직접 작성한 것인데, 본인 요청으로 신분을 밝히지 않는다.

1. [최보식이 만난 사람] : "'선거부정설'을 추적하는… 박주현 前청와대 특별감찰담당관"

與 득표율 높은 선거구에 사전투표율 낮은 걸로 나와 여권 성향 표 아니었다는데…

어떤 투표소 사전투표 수는 1분당 12.6명 계속 했어야 그 많은 숫자 맞출 수 있어

"경기도 구리시 선거구의 사전투표 상자를 여니 1번을 찍은 투표지가 신권(新券) 뭉치처럼 나왔다. 어떤 선거구에서는 인쇄가 한쪽으로 쏠린 투표지, 아래 여백이 긴 사전투표지도 나왔다. 서울 성북구 개표 동영상에는 사전투표지가 두 장씩 전표처럼 붙어 있었다. 사전투표지는 선거인이 올 때마다 발급기로 출력해 주는데 이게 어떻게 가능할까."

박주현(41) 전 청와대 특별감찰담당관은 선거구 6곳의 무효소송을 위해 투표함 증거보전 집행에 참여했다. 투표지 보관 현장을 직접 발로 뛴 변호사다. '사전투표 조작설'을 놓고 말로써 공방이 벌어지는 동안, 그는 마치 취재기자처럼 팩트를 수집해 온 셈이다. 박주현 변호사는 '여당 지지자가 대거 몰려나와 사전투표했다는 주장은 허구였다'고 말했다.

—투표상자 속에 빳빳한 신권처럼 100장 단위로 묶인 사전투표지 다발 사진은 직접 찍었다고 들었다. 전·현직 선관위 고위 관계자도 이 빳빳한 투표지 사진과 정식 규격이 아닌 투표지 사진을 보고는 "도저히 설명이 안 된다"고 반응했다.

"분당을(乙) 투표지 상자들은 텅 빈 주택전시관 안에 있었다. CCTV는 없고 출입문은 번호 키였다. 마음만 먹으면 조작한 투표지를 집어넣고도 남을 만큼 허술했다. 남양주선거구의 투표지 보관 상자에는 지역선관위원장 직인이 찍혀야 할 봉인지에 사무국장 직인도 찍혀 있었다. '법 위반 아니냐?'고 따지니 '도장이 많으면 좋은 것'이라고 답했다. 열려 있는 투표 상자도 있었다."

—남양주 물류창고의 소각장에서 뜯긴 봉인지, 기표 도장, 인주, 투표함 뚜껑 핀, 기표소 막(幕) 등이 발견된 적 있는데?

"증거보전 집행을 위해 가본 곳이다. 주위가 논밭이고 인적이 드물었는데, 시민들이 근처 소각장에서 이런 물품들을 찾아냈다."

—투표상자를 보관하는 과정에서 이런 선거 비품 잡동사니를 한꺼번에 버린다고 들었다. 선관위는 '왜 이게 의혹의 대상이냐'고 하는데?

"비닐 포장도 안 벗긴 새 기표 도장도 있었다. 기표 도장은 만년필처럼 잉크가 들어 있어 인주(印朱)가 필요 없다. 그런데 인주가 나왔다. 사전투표가 끝난 날인 4월 11일 저녁, 한 직원이 투표함 보관 장소에 들어와 봉인지를 뗐다 붙였다 하는 장면이 찍혀 있다. 당초 사전투표함에 붙어 있던 봉인지와 개표 날의 봉인지가 다른 경우가 여러 곳에서 보고됐다."

—실수로 잘못 붙인 봉인지를 제대로 붙이려고 했던 게 아닐까?

"개표할 때는 사전투표함 뚜껑 둘레의 봉인지를 뜯어내는데, 인천 연수을에 증거보전 집행을 가니 뚜껑 중앙의 구멍에 붙여놓은 봉인지가 뜯겨 있었다. 투표함을 열 수 있게 핀도 뽑혀 있었다. 이를 문제 제기하자, 그 다음 대전 유성을의 증거보전 집행부터는 모든 투표함 봉인지를 다 뜯어놓았다."

—이미 개표된 투표함이니 신경을 덜 쓴 게 아닐까?

"훼손된 봉인지나 투표상자가 너무 많이 있었다. 개표 동영상에서 다른 투표지들과 확연히 구별되는 빳빳한 사전투표지들이 한꺼번에 나오는 장면을 볼 수 있다. 화성병선거구였다가 3월 초 선거구 획정으로 화성갑으로 넘어간 봉담읍(화성 제1·2 투표소)에서도 정말 이상한 일이 벌어졌다. 선관위 데이터에서 봉담읍의 관내(管內) 사전투표 전체 집계가 통째로 누락된 것이다."

ㅡ컴퓨터 전산프로그램에 조정된 선거구를 입력 못 한 업무상 착오였나?
"화성시 전체(제1~18 투표소) 관내 사전비례대표 투표수는 8,665명으로 선관위에 집계돼 있다. 화성시에서 이 숫자가 사전투표에 참여했다는 뜻이다. 그런데 봉담읍이 빠진 제3~18 투표소로 이뤄진 화성병의 관내 사전비례 투표수도 똑같이 8,665명으로 나온다. 봉담읍의 사전투표 결과가 아예 사라진 것이다."

ㅡ업무상 중대한 과실인데, 화성선관위는 어떻게 해명했나?
"그쪽에서는 '관내 사전투표를 관외에 포함시켜 집계했다'고 주장만 할 뿐, 입증을 못 하고 있다. 사전투표의 경우 몇 명이 찍었는지 해당 투표소에서 집계가 안 된다. 중앙선관위의 전산에서 집계해 '그 투표소에서 몇 명 투표했다'고 알려주는 식이다. 중앙 전산프로그램에서 투표 숫자를 세팅해 놓을 수 있다는 것이다."

ㅡ조작과 연결 짓는 것은 너무 논리 비약인데?
"총선 전에 선관위는 500만 명에 대해 경력·학력·납세·전과·병력 등 개인정보를 수집했다. 이를 활용해 '유령 투표'가 이뤄졌을 가능성이 있다."

ㅡ'유령 투표'라면 당사자는 투표를 안 해도 투표한 것으로 집계됐다는 것인데, 지금이 어떤 세상인가?
"어떤 노인이 본 투표를 하러 가니 '이미 사전투표를 하지 않았느냐'는 말을 들었다. 이런 사례가 꽤 보고됐다. 이번 사전투표율은 26.6%로 역대 최고로 높았다. 유권자가 이렇게 많이 사전투표를 했을까."

ㅡ의심에 빠지면 모든 일상이 의심스러워 보인다. 코로나 사태로 분산 투표가 이뤄졌고, 문재인 대통령이 직접 사전투표를 하면서 지지자들을 독려한 결과가 아닐까?
"부천 신중동의 경우 사전투표 인원이 1만 8,210명이었다. 투표소가 딱 한 곳이었다. 사전투표는 이틀간 했지만 실제 주어진 투표시간은 24시간이었다. 계산상 쉬지 않고 1분당 12.6명이 해야 한다. 부천을 상동은 1만 2,921명, 1분당 9명이었다. 이게 현실적으로 가능할까. 판사와 함께 법원 결정문을 들고 증거보전 집행에 나서도 사전선거인명부를 안 내놓고 있다."

—어떤 계기로 이런 조사에 빠져들게 됐나?

"서울·경기·인천에서 똑같이 사전투표 득표율이 63:36으로 나오고, 서울의 424개 동(洞) 단위에서도 한 곳 예외 없이 민주당의 사전투표 득표율이 당일 득표율보다 높았다는 분석 자료를 보면서다."

—통계적으로 이상하게 보일 수는 있지만 수도권 표심이 비슷해 그렇게 나올 수 있다. 현실에서 이미 나온 걸 '통계가 이상해 못 믿겠다'고 부정하는 격인데?

"내가 한 인터넷 커뮤니티에서 여야 63:36 사전득표율 분석 데이터를 확인한 시각은 4월 16일 오후 4시 55분이었다. 모든 개표는 이날 오전 11시쯤 끝났다. 그 짧은 기간에 아무리 천재라 해도 선거구와 사전투표소마다 득표수 자료를 모두 다운받고 집계하고, 심지어 관내·관외 사전득표수까지 분석할 수는 없다."

—무슨 뜻인가?

"이 자료는 그전에 만들어져 있었다는 뜻이다. 여기에 투표수를 맞췄다고 보는 것이다. 내부자에 의해 이 자료가 유출됐을 수 있다."

—입증이 안 된 주장을 떠들 자리는 아니다. 분석 데이터의 출처를 확인해 보지 않았나?

"IP 주소를 추적해 보니 태국이었다. 나는 그전에 국세청 교육원 전임교수로 3년간 근무해 통계 숫자에 익숙해 있다. 조작 값이 있었다고 본다. 내가 '사전투표 결과가 조작이 아님을 증명할 수 있으면 1000만원 주겠다.'고 인터넷 카페에 올렸지만, 아직 아무도 안 나타났다."

—여당의 사전투표 압승은 전략 투표 결과라는 분석이 있다. '유권자는 하나의 모(母)집단이 아니라 사전투표와 본투표 집단은 완전히 별개의 집단'이라는 주장까지 나왔는데?

"여당 지지자들이 사전투표일에 대거 몰려나와 전략 투표했다는 주장은 허구다. 전국의 1,537개 동별 사전투표율과 정당투표율을 비교한 분석 데이터가 있다. 민주당 득표율이 높은 선거구일수록 사전투표율이 낮았고, 통합당 득표율이 높은 선거구에서 오히려 사전투표율이 높았다. 사전투표가 결코 여권성향 표가 아니었다는 뜻이다."

—이 분석 데이터는 검증된 것인가?

"최근에 검증된 것이다. 당연하게 받아들인 선거결과 분석에서 맞지 않은 것이 또 있다. 본투표에 보수 성향인 60대 이상이 많이 나온 걸로 알지만, 실제로는 여권 성향인 30·40대가 압도적으로 많이 나왔다. 하지만 결과는 민주당보다 통합당 표가 오히려 약간 더 나왔다. 사전투표에서는 50·60대 이상이 많이 나왔는데도 여당이 22%나 이긴 걸로 됐다. 정상적으로는 설명이 안 된다."

—개표장에는 선관위 직원, 개표사무원, 정당 참관인들이 모두 지켜보고 있다. 투표분류기와 계수기를 거쳐 나온 100장 묶음의 표를 수작업으로 확인한다. 개표상황표를 벽에 붙이고, 실시간으로 정당과 언론사에 공유된다. 상급 선관위에 이를 팩스와 전산망으로 보고한다. 어떻게 조작이 가능하겠나?

"100장 단위로 묶은 투표지를 대략 볼 뿐, 투표수를 일일이 세는 작업은 하지 않는다. 투표지 분류기에서 기호 2번이나 기표가 안 된 무효표가 1번으로 넘어가는 장면의 동영상이 있다. 부여선거구에서 투표지분류기로는 여당후보 표가 더 많았으나, 수작업을 해보니 오히려 100표 이상 뒤집혔다. 서울 성북개표장에서도 전자개표기가 1,810표를 1,680표로 인식한 적이 있었다."

ㅡ이런 사례는 오히려 전자개표기에서 오류가 발생했을 때 잡아낼 수 있는 시스템이 있다는 증거 아닌가?

"참관인들이 꼼꼼히 체크할 수 있는 현장이 아니다. 이렇게 못 잡아내고 지나간 게 더 많았을 것이다."

그가 의혹을 사실로 맹신하고, 자기 위주로만 잘못 해석하고 있을 수 있다. 그럼에도 언론인 입장에서는 이런 의혹들은 충분히 제기할 만하다고 본다. 외면하거나 조롱·비난의 대상으로 삼을 일은 아니다. 지금처럼 세간에 '선거부정설'이 광범위하게 확산하고 있으면, 오히려 적극적으로 검증하려는 자세가 옳다.

2. 왜 사전투표가 승부를 갈랐나?

가. QR코드를 이용한 '사전투표함에 위조투표지 투입'을 중심으로 이루어진 부정선거

모든 스포츠 경기가 그렇듯, 반칙이 없는 경기는 없다. 반칙에도 불구하고 경기는 계속된다. 그러나 운동장을 기울여놓거나 골대 높이를 몰래 낮추어놓은 경우는 그 경기가 무효화되고, 그런 짓을 한 자들은 처벌을 받아야 할 것이다.

제21대 총선의 특징은 거듭된 실정으로 인해 국민의 분노를 산 여당과 정부가 절체절명의 위기에서 어마어마한 돈 뿌리기와 치밀한 사전조작에 의해, 즉 역대 최악의 금권선거와 더불어 전산을 이용한 전국 규모의 부정선거가 저질러진 선거였다는 것이다. 입법·사법·행정을 장악한 현 정부는 이러한 선거 마술작업을 원활히 하기 위해 중앙선관위원 전체를 자신들의 입맛에 맞는 사람들로 모두 바꾸었고 선거사무원조차 자신들의 지시를 잘 따르는 사람들로 채워, 선거판 전체를 거대한 야바위 사기판으로 사전준비를 마치고 마술 같은 선거를 치를 수 있게 준비하였다. 이번 선거에 동원된 투표자들과 개표 참관인들은 치밀하게 준비된 마술을 넋을 잃고 쳐다보면서도, 어떻게 이렇게 진행되었는지를 전혀 눈치챌 수 없었다. 정황상으로나 통계적으로나 실제 나타난 현상은 믿을 수가 없을 정도로 부자연스러운 것이었고, 개표 당시 의문스러운 문제점들이 발견되기도 하였으나 눈앞에서 벌어진 광경만으로는 부정선거라고 말할 수 없게 되었다.

4.15개표장에서는 많은 곳에서 역전의 드라마가 펼쳐졌다. 특히 접전 지역에서 이런 일이 발생했고, 마지막에 개봉된 관외 사전투표함이 열리면서 역전된 곳이 많았다. 많은 곳에서 사전투표함이 마지막에 개봉되면서부터 역전극이 시작되었고, 마지막으로 관외 사전투표함이 열리면서 역전이 되었던 것이다.

당일투표가 민심을 반영한다고 보는 것이 상식이다. 사전투표함은 4~5일 간 보관되기 때문에 '조작'의 위험에 노출되므로, 조작되었다고 가정을 하면 이런 현상을 이해하기 쉽다.

나. 어떤 조작이 어느 정도로 가해진 것일까?

사전투표함에 위조투표지가 다량 투입된 것으로 보인다. 당일투표 결과는 미래통합당이 7만 표 차로 이긴 것으로 보아, 당시 민심은 두 당에 대해 같은 지지를 보였다. 그러나 총 투표 결과는 민주당이 약 330만 표를 더 얻은 것으로 나왔던 것으로 미루어, 약 360만 표의 위조투표지가 투입된 것으로 추정된다. 251개 지역구 중 150개 경합지역에 340~360만 매의 위조투표지가 투입되었다면 지역구 당 평균 2만 3천~2만 4천 장, 비례용지 무게 40kg, 지역구용지 15kg의 분량, 즉 A4용지 묶음 30개 정도가 투입된 것으로 보아진다.

경상도와 전라도를 제외한 150개 선거구에만 투입되었다면, 지역구 당 100매 묶음 230~250개씩 투입된 셈이다.

與 압승, '사전투표'가
견인…'샤이보수' 없었다

기자]
그렇습니다. 그래서 그 우위 정도가 얼마나 되는지를 또 알아봤습니다. 그랬더니 **민주당 후보들의 전체 득표수가 통합당 후보에 비해 평균 1.3배가 많았는데, 관외 사전투표만 따로 봤을 때는 거의 두 배에 가까운 1.9배가 많았습니다.** 그러니까 서울지역 사전투표만 놓고 볼 때, 유권자 한 명이 통합당 후보를 찍을 동안 거의 두 명 가까이가 민주당 후보를 찍었다는 얘깁니다.

정치뉴스9 / 등록 2020.04.16. 21:30
정치부 서주민 기자 jms25@chosun.com

아래 표는 실제 득표수로 추정해 본 투표 양상으로서 다음과 같은 논리로 만들어졌다.

1. 민주당은 1434만표를 얻었고 통합당은 1103만표를 얻었으므로 기타 다른 당은 375만표를 얻었다. 사전투표는 1174만표이므로, 당일투표수는 1738만 표였다.

2. 당일투표결과는 통합당이 7만표 차이로 민주당을 이겼다고 했으므로 통합당이 735만표를 얻었을 때 민주당은 728만표를 얻었다.

3. 통합당 전체 득표수가 1103만표였고 당일득표수가 735만표였으므로 사전투표수는 368만표가 되었고 민주당의 사전투표수는 706만표를 얻었다.

4. 실제로는 당일투표지에도 전산 프로그램을 이용한 표 도둑질이 있었으므로 2% 도둑질이 있었다면 당일투표에서 민주당은 41만표 차이로 졌을 것이다(붉은 숫자,추정)

5. 사전투표와 당일투표가 같은 민심을 반영한다면 민주당이 얻은 실제 사전투표수는 340만-360만이었으므로 투입된 위조투표지 매수는 대략 340만-360만이었을 것으로 추정된다.

6. 이 수치는 150개 경합 지역에서 민주당이 16-18% 지고 있을 때 5% 차이로 승부를 뒤집을 때 필요한 매수다. (서울, 인천, 경기, 충청 유권자 2668만 명 중 투표율 58%인 경우 총 투표자는 1547만명)

7. 예측과 달리 민주당은 실제로는 겨우 2-3% 차이로 지고 있었는데 너무 많은 표를 투입하는 바람에 13%라는 예상 외로 큰 차이로 이기게 되자 민주당 지도부와 조작자들은 조작이 발각될까 두려움에 휩싸이게 되었다.

8. 당일 투표에서 전산을 이용한 17만장의 표 도둑질을 했을 경우(붉은 숫자) 실제 민주당은 통합당보다 41만표나 졌으나, 711만표에 17만 표가 더해져 민주당이 728만표를 얻은 것처럼되어 겨우 7만표 진 것으로 보여진다.(728:735)

실제 득표수로 추정해 본 투표 양상(단위, 만)

단위, 만	민주당	통합당	기타 당	총 투표수
당일투표	711+17=728	752-17=735	275	1738
사전투표	706	364	100	1174
위조투표지	(366?)			
총 합계	1434	1103	375	2912

위 표처럼 투표가 진행되었다면 사전투표 득표율이 민주당 706: 통합당 368로서 대략 60:31으로 나타나며, 민주당이 통합당 보다 1.3배 더 많이 표를 얻게 된다.

위조투표지 360만표(추정)가 몰래 투입되었을 경우 투표율의 변화

	실제 투표	%	발표된 자료	%
사전투표자 수	814만	18.5	814만+360만	26.7
당일투표자 수	1738만	39.5	1738만	39.5
총 투표자 수	2552만	58.0	2912만	66.2
총 유권자 수	4399만			

실제 투표율보다 사전투표율과 총 투표율이 각각 8.2% 증가한다.

이상 살펴본 대로 360만 표의 위조투표지가 사전선거함에 투입되면, 이번 선거에서 나타난 투표 상황이 그대로 재현된다는 것을 알 수 있다.

방송3사는 왜 사전투표 출구조사를 하지 않았나?

사전선거 조작을 은폐하기 위해서.

정치 정치일반

사전투표가 결정적?…4·15 총선 운명 가른 5가지 순간들

등록 2020-04-16 14:32 수정 2020-04-16 16:32

2. 사전투표, 박빙지역 승부 갈랐다

이번 총선의 관전 포인트 가운데 하나는 '높은 사전투표율이 선거 결과에 어떤 영향을 미칠까'였습니다. 지난 10~11일 실시된 사전투표에는 유권자의 4분의 1(26.7%)이 참여했는데요. 출구조사 표본에는 사전투표가 포함되지 않아 높은 사전투표율이 어떤 결과로 이어질지 더욱 궁금증을 자아냈습니다.

위 〈한겨레신문〉 기사에서 알 수 있듯이, 사전선거일에는 출구조사를 하지 않았고 당일투표일에만 투표자들을 대상으로 출구조사를 하였다. 왜 그랬을까? 만일 사전선거 출구조사를 하게 되면 민주:통합당의 49:51의 구도가 드러나게 되고, 개표장에서는 66:34의 구도로 나타날 것이므로 조작이 들통날 수 있기 때문이었다.

다. 어떻게 350~370만 표를 투입하게 되었나?

150개 경합 지역구에서 16~18% 정도로 질 것을 예상하였으므로 평균적으로 16% 지고 있을 때 5% 차이로 이기려면 몇 장이 필요한지 알아야 했고, 아래 식에 따라 필요한 위조투표지 수를 계산했을 것이다.

0.42N+n -058N=0.05(N+n)

0.95n=0.21N n=0.21/ 0.95N=0.22N

(n: 투입해야 할 사전투표지 매수, N: 총 투표자 수)

필요한 위조투표지 n=0.22N(총 투표자 수)이므로 전라도와 경상도를 제외한 150개 지역구(서울, 인천, 경기, 충청)를 대상으로 했을 경우, 총 2,668만 명의 유권자 58%인 1,547만 명이 총 투표자가 되므로 0.22X1,547만=341만 매가 필요하게 된다. 같은 식으로 18% 질 경우 필요한 위조투표지 매수는 대략 370만 장이다.

실제로는, 조작자들은 지역구마다 차이를 두어 위조투표지 투입량을 조절했을 것이다. 이 때 적용한 가중치를 이근형 민주당 전략기획위원장은 '사전투표 보정값'이라 불렀다.

라. 개표 직후 민주당 당직자들과 후보들은 전혀 기뻐하지 않고 곤혹한 표정을 지었던 이유는 무엇인가?

위 계산식에서 보듯이, 그들은 150개 지역구에서 큰 차이로 패배할 것을 예측하여 350~370만 표를 투입하였으나 예측이 빗나가는 바람에 너무나 큰 차이로 이기게 되었다. 실제로는 2%밖에 지지 않았는데 너무 많은 표를 투입해 버리는 바람에, 조작한 티가 너무나 드러나게 되어 당황스러워했던 것으로 보인다. 실제로 최종 결과를 보면, 두 당만 비교하였을 경우 민주당이 무려 13% 차이로 승리한 결과를 가져왔다.

마. 사전투표율은 어떻게 조작되었는가?

사전선거 투표율은 선관위에서 발표하는 것이기 때문에, 중앙 선관위는 이미 조작을 준비해 놓은 조작된 값을 발표하였을 것으로 추정한다. QR코드를 이용하여 사전선거인 수가 814만 명이란 것을 확인한 후, 거기에 자신들이 투입할 위조투표지 매수 360만(추정)을 더하여 1,174만 명(26.7%)이 사전투표를 했다고 발표한 것이다.

당일투표에서는 통합당이 이겼으므로 실제 당일선거한 사람을 대상으로 한 출구조사에서는 민주당: 통합당은 49:51(추정) 로 나왔어야 한다. 그런데 아래 도표에서 보듯이 방송3사가 사전선거까지 포함한 출구조사 결과를 제시한 것으로 볼 때, 방송3사에서는 실제로 자신들이 조사한 출구조사 결과를 발표하지 않고 중앙선관위에서 제공한 가짜 자료를 발표한 것으로 보인다. 본투표 당일 출구조사가 가짜이므로 사전선거율도 조작된 것임을 추측할 수 있다.

[출구조사] 방송사별 결과

	더불어민주당 더불어시민당	미래통합당 미래한국당
KBS	155~178	107~130
MBC	153~170	116~133
SBS	154~177	107~131

바. 왜 이번 선거에서 유난히 사전투표율이 높았는가? 그리고 왜 정부와 여당은 사전투표를 권장하였는가?

이번 선거에서는 실제 사전선거인 수의 44%(360만/814만)에 달하는 위조투표지가 투입되었기 때문에, 마치 사전투표율이 높은 것처럼 보인 것이지 실제로는 18.5%로서 약간 높은 정도의 사전투표율이었다. 특히 이번 총선에서는 우한 바이러스에 감염될 것을 우려한 노인층들이 대거 사전투표에 참여하는 바람에 투표율이 높아진 것이지, 20대 총선까지는 사전투표율이 9~12.19%에 불과하였다. 2017년 대선 때 26.06%, 2018년 지방선거 때 20.14%, 그리고 이번 21대 총선에서 26.69%를 기록한 것으로 보아 2017년 대선 때부터 사전투표지 투입을 이용한 부정선거가 있어왔던 것이 아닌가 하는 의혹을 품게 한다.

	2016 총선	2017년 대선	2018년 지방선거	2020 총선
사전투표율 %	12.19	26.06	20.14	26.69
총 투표율	58.0	77.2	60.2	66.2

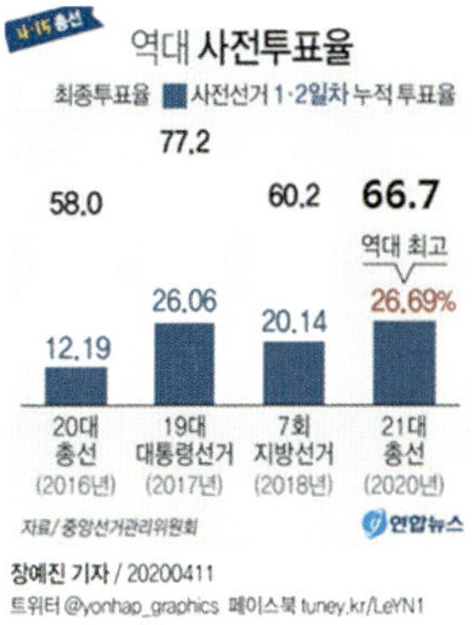

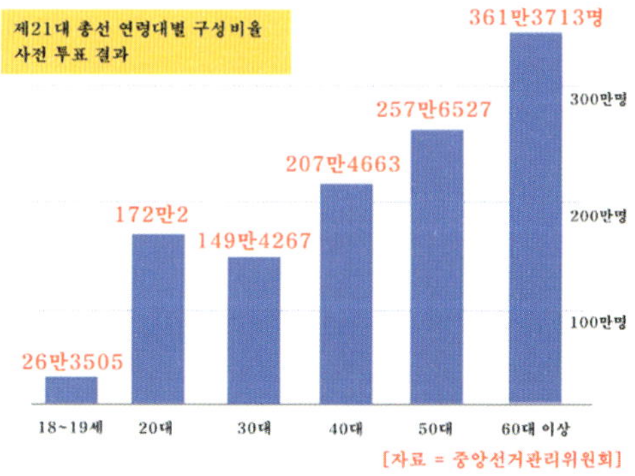

실제로는 위조투표지 투입 때문에 사전투표율이 늘어난 것으로 보이는 것인데, 조작자들은 사전투표율이 증가한 까닭을 만들어내기 위해 대통령까지 나서서 사전투표를 홍보한 것으로 보인다. 즉, 홍보를 많이 해서 늘었다고 속이려고 홍보를 많이 한 것으로 보인다. 또한 코로나 감염 위험을 과장해서 투표자들을 사전투표장으로 내몬 정황도 있다. 즉, 당일 투표장은 혼잡해서 감염될 위험이 있다고 선전함으로써 노인층의 상당수가 사전선거에 참여하였다. 국민들은 높아진 사전투표율이 위조투표지 투입이라고는 전혀 의심하지 않고, 다만 홍보를 많이 해서거나 코로나 감염을 피하기 위해 노인층이 사전투표를 많이 해서라고만 생각하고 아무도 특이하게 높은 사전투표율에 의혹을 품지 않게 되었던 것이다.

사전선거를 독려한 데에는, 사전선거율이 높아질수록 조작을 할 여지가 커진다는 실제적 이유도 있다.

사. 실제 사전투표자 수를 감추기 위한 선관위의 준비

실제 사전투표자 보다 훨씬 많은 위조투표지가 투입되었기 때문에 의심을 받게 될 것을 염려하여사전투표자 실제 숫자가 드러나지 않도록 선관위는 처음부터 치밀한 작업을 하였다.

1. QR코드를 사용하여 투표자 일련번호를 알 수 없게 하였다.

2. 사전투표일 전국 투표소의 CCTV를 끄거나, 신문지로 가리라는 구두 지시를 보냄.

- 지역선관위(대학동) : 중앙선관위에서 지시 https://www.youtube.com/watch?v=bypDtPdjVs8 (7분부터)
- 중안선관위: 선거규칙에는 명시되어있지 않으나 개인정보보호차원에서 전국 지역구 선관위에 CCTV를 가리라고 지시했다. https://www.youtube.com/watch?v=bypDtPdjVs8 (9분15초부터)

3. 사전투표일 출구조사를 하지 않음

4. 사전투표자 선거인 명부를 작성하지 않음(만일 존재한다면 확인해보면 위조투표지 존재여부를 확인할 수 있음)

5. 사전투표함에 투표매수 확인서를 작성하지 않음.

아. 위조투표지 제작

지역구 후보 확정일이 3월 23일이었으므로, 위조투표지 인쇄는 3월 23일 이후에 모 처에서 칼라 인쇄기를 이용하여 제작되었을 것이다. 지역구 투표지 360만 장, 비례 투표지 360만 장 이상을 인쇄하였을 가능성이 있다. 비례투표지는 한 가지 밖에 없으므로 한 가지를 만들어 지역구 별로 나누어 배송하면 되지만, 지역구 투표지는 지역구 별로 후보 이름이 다르므로, 지역구 별로 251 가지 인쇄를 따로 따로 하여야 했을 것이다. 한 곳에서 모두 인쇄를 하였을 가능성과 각 지역에서 인쇄를 하였을 가능성이 존재한다. 투입 매수를 정확히 맞출 수 없어 넉넉히 인쇄해 놓을 필요가 있었을 것이므로 반드시 남은 용지가 존재할 것이다.

강원도의 경우 4월 8일부터 투표용지 인쇄에 들어갔기 때문에 선관위에서 그 많은 투표지에 기표하고 큐알코드를 인쇄할 시간적 여유가 없었기 때문에 아예 인쇄할 때 선관위직인과, 선거관리관 도장과, 기표 및 큐알코드를 인쇄하였을 가능성이 있다. 이럴 경우 큐알코드를 대조해 보면 중복된 큐알코드를 발견할 수 있을 것이다.

만일 그렇지 않다면 각 선관위에서 선거일 전에 보내진 23,000 장 이상의 투표용지에 일일이 큐알 코드를 인쇄하고 기표를 해 놓아야 했을 것이다. 투입할 때도 시간을 절약하기 위하여 100매씩 한 묶음으로 배달 되었을 것인데 장 수를 세는 과정에서 한 두 장씩 실수가 있어서 투표자 수와 투표지 매수가 다를 수가 있었다.

만일 각 선관위가 보관하고 있는 투표지 발급용 프린터를 이용해서 위조투표지를 만들었다면 방법은 더 간단하다. 선관위가 보관하고 있는 선거관리시스템을 이용하여 선거에 오랫동안 참여하지 않는 사람들을 선별하여 이들의 명의를 도용해서 큐알코드를 생성하거나 다른 방식으로 큐알코드를 만들어 프린터를 이용해 위조투표지를 만들 수 있다. 10대의 프린터를 이용할 경우 각 지역 선관위에서 필요한 2만 장(평균)을 출력하는 데는 채 2시간이 걸리지 않았을 것이다. 이들 취조투표지에는 해당 지역 선거관리관 청인은 물론 큐알코드도 인쇄되어 있고, 1번으로 기표되어 있어 육안적으로는 전혀 눈치챌 수 없이 완벽한 '수퍼노트'를 만들어 낼 수 있다.

자. 위조투표지 배분 방식

전국 3508개 소의 사전투표소에서는 각각 3개의 투표함이 발생한다. 1일차, 2일차, 그리고 관외사전투표함이 그것이다. 투표인이 신분증을 제시하면 큐알코드가 찍힌 투표지가 나오고 여기에 기표를 하여 투표함에 넣게 된다. 큐알코드에는 어느 투표소 몇 번째 투표인이라고 기록되기 때문에 투표함 속 투표지 매수가 정확히 파악된다. 이것을 가지고 각 투표함 별로 필요한 위조표 매수가 계산이 된다. 이렇게 작성된 〈위조투표지 투입 목록〉을 보고 각 지역구에서 위조투표지를 각 투표함 별로 고르게 배분할 수 있게 된다. 선거가 끝나고 보관되기 전까지의 짧은 시간 (1시간 정도)에 이 작업을 해치우려면 위조투표지를 각 선관위에서 필요로 하는 분량만큼 삼립빵 박스에 담아 미리 배송해 놓아야 했을 것이다. 위조 투표지 박스는 SPC 물류 시스템(삼립빵)을 이용하여 배송하였을 것이며, 배송은 사전선거일 전에 완료되었을 것이다. 삼립빵 배송트럭이 빵 박스에 들어있는 위조투표지를 전국 선거관리위원회 사무소에 배달하여도 야식을 배달하는 줄로만 생각하고 아무도 의심하지 않았을 것이다. (야식 배달로 위장) 이렇게 사전에 배송된 100매씩 한 묶음으로 된 위조투표지를 저녁 6시 사전선거가 끝나고 〈투입매수 목록〉이 전달되면 그 목록에 따라 필요한 매수만큼의 위조투표지를 투입하였다.

만일 각 지역 선관위에서 프린터를 이용해 위조투표지를 만들어 놓았다면 배송이 필요없게 된다. 투표함이 참관인과 함께 선관위 접수대로 배달된 후 보관소로 보관되기 전에 투입구 봉인지를 제거하고 투입매수목록을 보고 위조투표지를 집어넣고 새 봉인지로 붙인 후 서명을 다시하면 감쪽같이 조작이 가능하였을 것이다.

차. 위조투표지 투입

위조투표지 투입에는 중국 국적 조선족이 동원되었을 것으로 보인다. 작업을 끝낸 후, 이들은 대가로 받은 달러를 가지고 전부 중국 등 외국으로 출국하였을 것으로 추정된다.

투표가 끝남과 동시에 각 지역구 투표함별 투표자 수를 알게 되면, 각 투표함에 필요한 위조투표지 매수가 계산된 후 각 지역구 선관위로 통보된다. 작업자는 표 투입구 봉인지를 떼어내고 필요한 매수의 위조투표지를 투입하고, 새 봉인지를 붙인 후 서명을 위조하여 보관소로 옮기면 작업이 끝난다. 25개의 투표함 작업에 50분에서 60분 정도의 시간이 걸린 것이 CCTV 영상에서 확인된다. 작업 후 이들은 동영상을 찍어, 지시자에게 작업이 완료되었음을 보고하였다.

아래 CCTV 영상은 2020. 4. 10. 저녁 6시에서 4. 11.까지의 경기도 '남양주'선거구 사전투표함 보관소 영상이다. 이 영상에서 보듯이, 이 방과 연결된 옆방에서 투표함을 열어 위조투표지를 투입하고 다시 봉인지를 붙이고 서명을 하느라 시간이 걸리기 때문에, 젊은 남자 4명이 24개 정도의 사전투표함을 옆방으로 옮기는 데 45분이나 걸렸다(2020. 4. 10. 저녁 6:34부터 7:19). 심지어 실수로 빠뜨린 봉인지 서명을 투표함에 추가로 서명하는 장면까지 녹화되기도 하였다.

#부정선거 #CCTV #사전투표
경기남양주 선관위 CCTV 1 (사전투표지 개표전 보관상황)

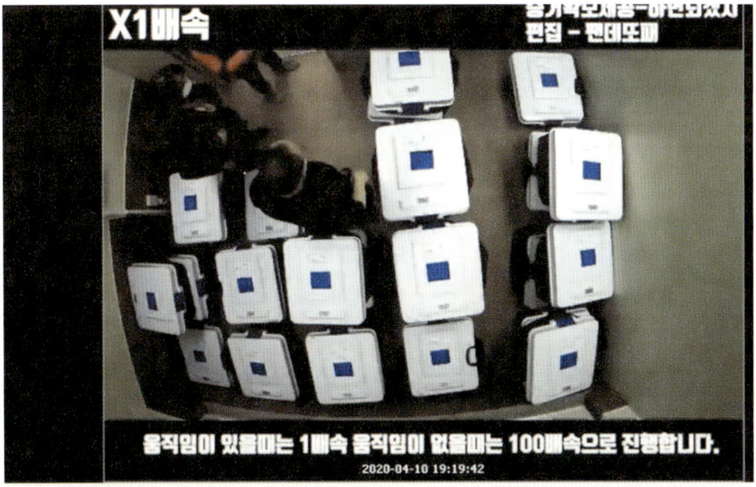

#부정선거 #CCTV #사전투표
경기남양주 선관위 CCTV 1 (사전투표지 개표전 보관상황)

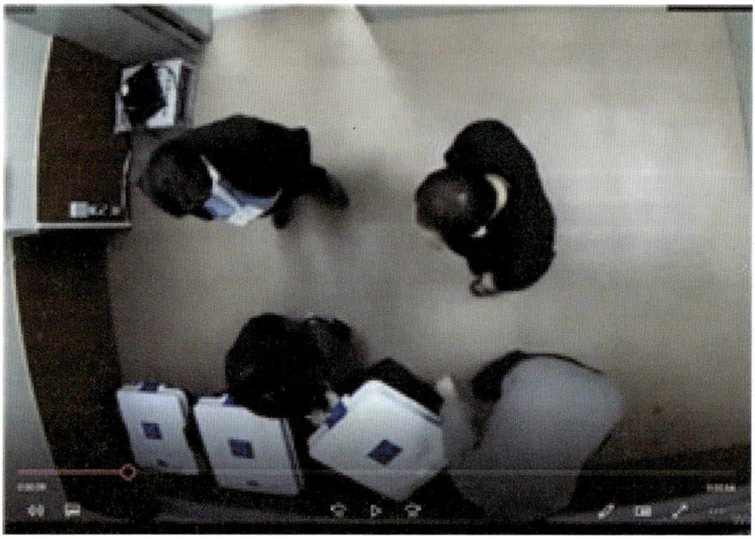

실수로 봉인지에 서명을 빠뜨린 것을 알게 되자,
'작업'함에 추가로 서명하는 장면까지 녹화되기도 하였다.

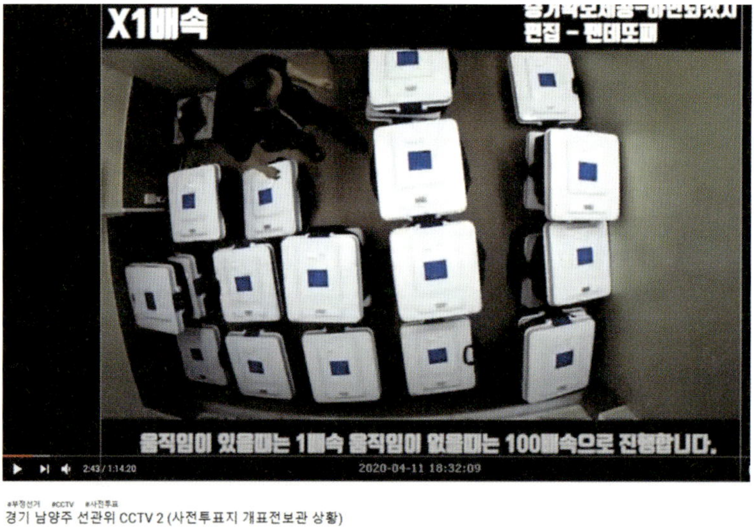

둘쨋날인 4.11에도 저녁 6시 32분에 시작된 운반작업이

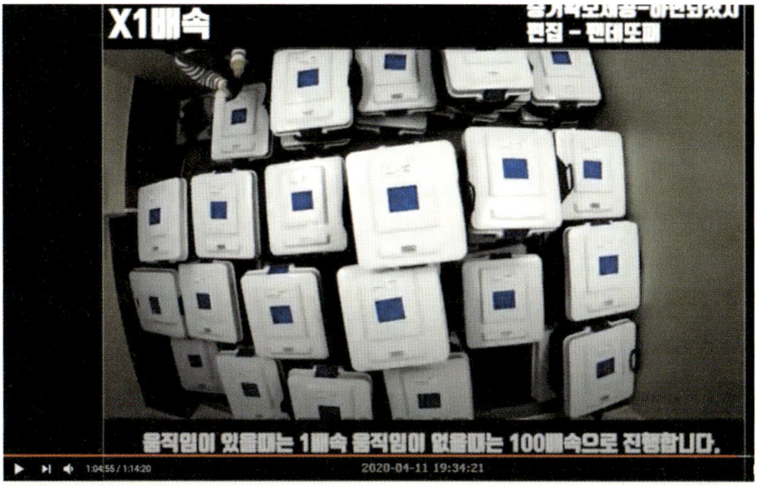

#부정선거 #CCTV #사전투표
경기 남양주 선관위 CCTV 2 (사전투표지 개표전보관 상황)

저녁 7시 33분에야 끝났음을 알 수 있다.
조작 작업이 끝난 모습을 찍어 지시자에게 보내고 있다.

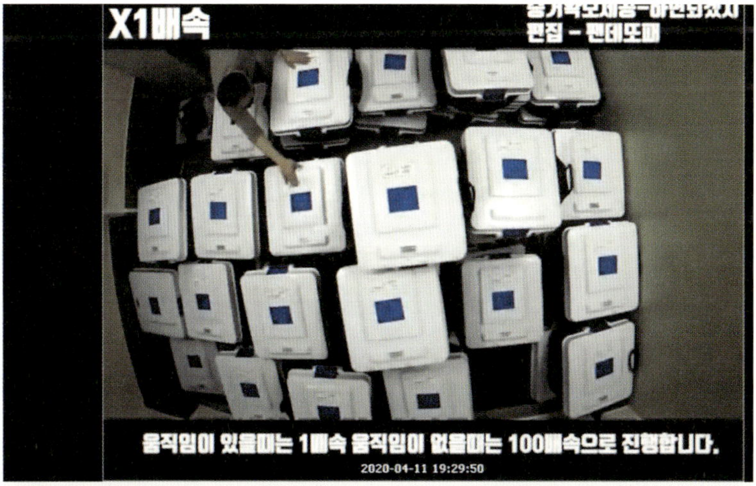

#부정선거 #CCTV #사전투표
경기 남양주 선관위 CCTV 2 (사전투표지 개표전보관 상황)

심지어 자신들이 새로 붙인 '투표소명 스티커'가 잘 붙어 있으라고
손으로 다시 매만지는 세심함도 보였다.

이들이 위조투표지를 투입하고 새로운 스티커와 봉인지를 붙이고 서명을 하는 작업은 CCTV가 없는 다른 방에서 했기 때문에 녹화가 되어 있지는 않지만, 약 45~50개 투표함을 옮기는 작업에 105분 정도가 소요된 것으로 미루어, 이들이 단순히 함을 옮기는 작업을 한 것이 아니라 새 위조투표함을 만드느라 시간이 많이 소요된 것으로 보인다.

이들은 떼어낸 '투표소명 스티커'와 봉인지와 위조투표지에 기표하는데 사용한 것으로 보이는 인주와 기표용구를 한데 모아 쓰레기봉투에 버렸는데, 이것이 5월 16일 쓰레기 소각장에서 발견되었다.

선관위가 "4월 28일 선거관련 쓰레기를 일괄적으로 폐기하라."고 공문을 보냈으나, 남양주선거구에서는 폐기되지 않고 폐기물 창고에 보관하다가 발견된 것으로 보인다.

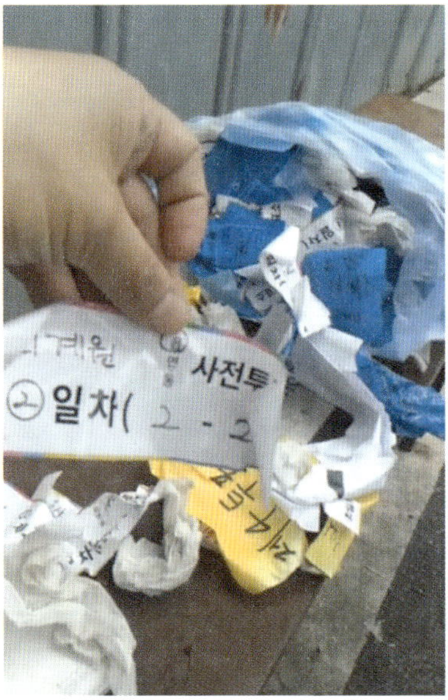

 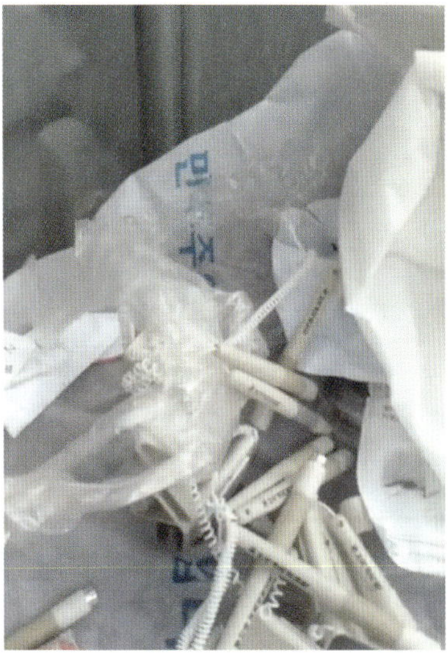

카. 선거를 승리로 이끈 위조투표지 투입의 구체적인 사례: '춘천시갑'

춘천갑지역구 관내 사전투표소 19개소마다 2개의 함(첫날과 둘째날)이 발생하므로 사전투표함 개수는 38개(19*2)이며, 각각의 함내 투표지 개수는 QR코드 덕분에 이미 알고 있고 두 후보의 투표수가 같다는 가정 하에 5%의 차이로 이기기 위해서는 1번 투표지를 몇 장 넣어야 하는지를 계산해 본다.

'춘천시갑' 전체 투표자수 N=192,353 중 56.48%=108,660명이 투표한 경우 5% 차이로 이기기 위해서는 넣어야 할 투표지 매수 n=Nx5/100-5로서, 가짜 투표지를 5,718장을 각 투표소별로 고루 나누어 관내와 관외 사전투표함에 넣으면 5% 차이로 이길 수 있다.

춘천시 동산면의 경우 43매, 즉 1번 투표지 43매를 동산면지역구 사전투표함에 투입하면 된다. 같은 방식으로 '춘천시갑'지역구 모든 투표함에 필요한 매수의 투표지를 미리 준비하였다가, 봉인지를 떼어내고 투표지를 넣고 새로운 봉인지를 붙이면 된다.

	선거인 수	투표수	비율	사전선거함 투입 매수
동산면	1414	981	0.007481	43
신동면	2891	2164	0.016503	94
동내면	13592	9135	0.069666	398
남면	1009	710	0.005415	31
남산면	3242	2178	0.01661	95
소양동	8306	5713	0.043569	249
교동	3610	2471	0.018844	108
조운동	3248	2195	0.01674	96
약사명동	2750	1968	0.015008	86
근화동	6716	4166	0.031771	182
후평1동	10,569	6,587	0.050234	287
후평2동	11768	7675	0.058531	335
후평3동	16885	10981	0.083744	479
효자1동	4481	3254	0.024816	142
효자2동	9903	5807	0.044286	253
효자3동	4177	2692	0.02053	117
석사동	26850	17961	0.136975	783
퇴계동	35217	24218	0.184693	1056
강남동	14384	9988	0.076171	436
관외	**10284**	**10282**	**0.078413**	**448**
총계	191296	131126	1	5718

이런 식으로 계산된 목록에 따라 위조투표지를 38개 관내 투표함과 관외 사전투표함에 집어넣으면, 이변이 없는 한 승부는 5% 차이로 결정되게 된다. 이 때 같은 매수의 비례대표 투표지도 투입해야 함은 물론이다.

한편, 관외 사전투표지의 경우는 전국 각지에서 우체국을 통해 보관소로 집결되지만 그 가방 안에는 QR코드 관외-1번부터 마지막 번까지의 투표지가 여러 개의 가방에 섞여 보관된다.

관외 투표함 곁에 448개의 1번지역구 투표지와 같은 개수의 비례대표 투표지가 들어 있는 가방 하나를 놓아두는 것으로 문제가 해결된다(위 표 사각형 내).

그런데 '춘천갑' 지역인 경우 허영 후보가 김진태 후보에게 10% 차이로 질 것이 예상되었기 때문에, 실제로는 이것을 고려하여 조작 값(보정 값)을 매겼을 것으로 보인다. 즉, 두 후보 간에 실제 득표 차이가 몇 %인가에 따라 약 5% 표차로 이기려면 얼마나 투입해야 하는가를 계산할 필요가 있다.

이 함수에 따르면 총 투표율을 54.8%로 예상할 경우 총 유권자는 192,353명이므로 투표자 수는 105,409명(192,353x 0.548)이고, 10% 차이가 예상되므로 실제로 1번 투표자 수가 47,434명(45%)이고 2번 투표자 수가 57,975명(55%)으로 예상된다. 이런 상황에서 몇 장의 투표지를 미리 집어넣어야 5% 차이로 이길 수 있는가는 다음과 같은 함수로 결정된다.

$0.45N+n-0.55N=0.05(N+n)$
$0.95n=0.1N+0.05N=0.15N$
$n=0.15/0.95N$
$=0.157N$
(n: 투입해야 할 사전투표지 매수, N:총 투표자 수)

즉, 투입해야 할 총 투표지 매수는 105,409x0.157=6,643장이 되어 실제 투표한 사람(사전과 당일 포함)보다 15.7% 더 많은 사람이 투표를 한 모양새가 되었다.

(만일 두 후보의 표차가 5% 날 것이라 예상될 경우에는 2번 투표자는 0.525N, 1번 투표자는 0.475N이므로 0.475N+n-0.525N=0.05(N+n), n=0.105N. 즉, 11,067장을 투입하면 된다.)

이것을 매 투표함마다 고르게 분산시켜야 하므로 세밀한 조정이 필요하다.

선관위 자료에 따르면, '춘천시갑' 총 사전투표자 수 Early voter가 56,410명(관내 46,128, 관외 10,282)인데 이 자료가 조작된 자료라고 추정할 경우 총 사전투표자 수에서 투입된 매수인 16,643장만큼 제하면 실제 사전투표자 수는 39,767명(관내 32519, 관외 7248)이었을 것이다. 투입 총 매수를 관내와 관외 사전투표함에 고루 분산시켜야 눈에 뜨이지 않게 되므로, 집어넣을 표 16,643장을 각 투표함별로 고르게 분산시킬 필요가 있기 때문에 각 투표함별로 필요한 매수를 계산하는 식은 이렇게 된다.

'투입 투표용지 매수*투표소별 투표수/총 투표자 수,' 즉 16,643*투표함 내 투표지/131,126가 되어 '동산면' 사전투표함에 넣어야 할 투입매수는 125매가 되고, 실제 사전투표자 수는 총 투표자 수-투입매수=351-125=226명이 된다.

이런 식으로 계산하면 매 투표함에 투입해야 할 투표지 매수와 실제 투표자 수는 다음과 같다.

투표소명	유권자 수	투표자 수		투입매수	실제 투표자 수
관외사전	**10282**	**0.078413**	**10282**	**1305**	**8977**
동산면	981	0.007481	351	125	226
신동면	2164	0.016503	1227	275	952
동내면	9135	0.069666	3426	1159	2267
남면	710	0.005415	337	90	247
남산면	2178	0.01661	826	276	550
소양동	5713	0.043569	2806	725	2081
교동	2471	0.018844	1444	314	1130
조운동	2195	0.01674	1335	279	1056
약사명동	1968	0.015008	1242	250	992
근화동	4166	0.031771	1729	529	1200
후평1동	6,587	0.050234	2908	836	2072
후평2동	7675	0.058531	3438	974	2464
후평3동	10981	0.083744	4320	1394	2926
효자1동	3254	0.024816	1921	413	1508
효자2동	5807	0.044286	2046	737	1309
효자3동	2692	0.02053	1367	342	1025
석사동	17961	0.136975	5225	2280	2945
퇴계동	24218	0.184693	5804	3074	2730
강남동	9988	0.076171	4376	1268	3108
총 합계	131126	1	56410	16643	39767

이런 목록이 존재하기 때문에 중국 조선족 일꾼들이 이 목록에 따라 미리 투표함별로 준비된 지역구와 비례대표 사전투표용지 묶음을 투표함에 투입하고, CCTV가 설치되어 있지 않은 관외 투표함이 보관된 곳에 1,835통의 관외 사전투표 봉투가 든 가방을 놓고 나오면 작업은 끝난다.

선관위 보관소에는 도장과 인주와 봉인지 등 이런 작업을 할 모든 장비가 있으며, 선관위는 작업을 끝내고 해외로 탈출할 사람들을 이곳에 미리 배치해 놓았을 것이다. 물론 이 작업을 지휘할 선관위 직원은 자신들에게 충성을 할 사람으로 준비해 놓았고, 모든 사람들에게서 보안서약서를 받아놓았을 것이다.

미리 준비가 되어 있다면, 이 작업은 세 사람이 할 경우 50분에서 60분 사이에 작업을 완료할 수 있을 것이다. 실제로, 퇴근하지 않고 밤새도록 보관소에 몰래 남아 있는 공무원이 확인된 선관위도 있다. 이렇게 조작된 투표함이기 때문에 개표를 하게 되면 허영 후보가 당일선거에서는 지다가, 밤늦게 사전투표함이 개봉되면서 역전을 하기 시작하여 약 5% 차이로 이기게 된다. 이러한 역전 드라마가 가능한 것은 QR코드를 이용하여 투표함별로 정확한 투입 매수가 미리 결정되었기 때문이다.

이렇게 '위조투표지 투입' 방식을 사용해야 했기 때문에 사전선거에서는 출구조사를 하지 않았고, 「사전투표 선거인명부」도 따로 작성하지 않았으며, 당일투표함에서처럼 총 매수를 적고 참관인과 관리위원이 서명한 「투표수 확인서」를 붙이지 않았던 것이다.

그렇다면 얼마나 많은 투표지가 추가로 투입되었을까? 지역구별로 다르겠지만, 실제 사전투표함 내에 들어 있는 표의 35~45% 정도의 표를 집어넣은 것으로 보인다. 개표를 해보면, 관내 사전투표에서 민주당 후보 득표수: 통합당 후보 득표수=63:36으로 나오게 된다. 이번 선거에서 민주당의 사전투표 득표율이 월등히 높았던 이유도 이것으로 설명이 가능하다.

현실적으로 민주당 싹쓸이 지역인 전라도 지역은 손을 댈 필요가 없었을 것이고, 경상도 지역은 그 반대 이유로 대부분 손을 댈 필요가 없었을 것으로 보인다. 경합지역과 특정 후보를 떨어뜨려야 하는 곳을 선정하여, 이런 표 투입 작업을 했을 것으로 추정할 수 있다.

위에서 '춘천갑'지역구를 예시하였으나 실제로는 지역구별로 조작 값을 달리하여 유리한 곳에는 조작을 덜 하고, 위태로운 곳은 조작을 많이 하였을 것으로 추정된다. 자신들이 확실히 안전한 지역 100개를 제외한 150개 지역을 대상으로 하였고, 서울·경기·인천, 그리고 김진태·이언주 등 반드시 떨어뜨려야 할 후보 지역구 또는 충청지역 등에도 조작 값을 충분히 설정하였을 것이다.

그러나 예측이 빗나가 예상보다 통합당 후보 득표수가 훨씬 많았던 경우에는, 이런 조작에도 불구하고 민주당 후보가 이기지 못한 경우가 있었다. 이럴 경우를 대비해 전산프로그램으로 전자개표기나 계수기를 조작해 표를 빼앗기도 하였다. 하지만 이런 전방위 조작에도 불구하고, 용산구나 강남 3구에서는 조작 효과가 성난 민심의 벽을 넘지 못하였다.

4.15부정선거의 핵심은 '위조 사전투표지 투입(adding counterfeit ballot)'을 근간으로 하고, 비상사태에는 전자개표기와 계수기를 이용한 '표 빼앗기(Digital ballot robbery)'였다.

타. 민주당 전략기획위원장 이근형이 제시한 ‘사전선거 보정값’이란?

아래 자료에서 알 수 있듯이 민주당 이근형은 163석을 우세지역·경합우세지역·경합지역으로 나눈 후, 이들이 선거에서 이기기 위해 사전투표함에 어느 정도의 가짜투표지를 투입해야 할지를 고민했을 것이다. 즉, 실제로 몇 % 질 것인가와 3% 또는 5% 차이로 이기기 위해서는 각각의 경우에 필요한 위조투표지를 계산해야 했을 것이다. 이 때 필요한 수치를 이근형은 ‘사전투표 보정값’이라고 부른 것인데, 이는 조작의 증거로서 결국 ‘사전투표 조작값’을 말하는 것이다.

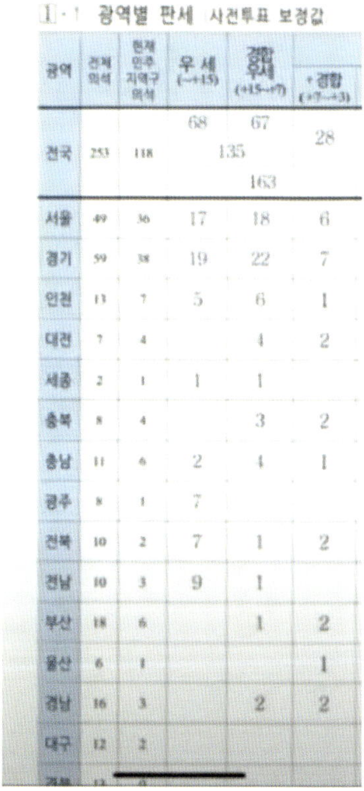

Ⅰ·1 광역별 판세 (사전투표 보정값)

광역	전체 의석	현재 민주 지역구 의석	우세 (~+15)	경합 우세 (+15~+7)	+경합 (+7~+3)
전국	253	118	68	67	28
			135		
			163		
서울	49	36	17	18	6
경기	59	38	19	22	7
인천	13	7	5	6	1
대전	7	4		4	2
세종	2	1	1	1	
충북	8	4		3	2
충남	11	6	2	4	1
광주	8	1	7		
전북	10	2	7	1	2
전남	10	3	9	1	
부산	18	6		1	2
울산	6	1			1
경남	16	3		2	2
대구	12	2			

더불어민주당 이근형 전략기획위원장이 4월16일 페이스북에 올린 자료 캡처 화면. "사전투표 보정값"이라고 적힌 이 자료에는 더불어민주당이 받을 정확한 의석수를 예측하고 있다. 이미지=페이스북 캡처, 사람아이엔지 정준호 대표의 유튜브 영상

아래 표에 우세지역은 ~+15, 경합우세 +15~+7, 경합 +7~+3이라는 표시가 보이는데, 이 숫자가 사전투표 시 추가 투입해야 할 위조투표지 매수와 관련이 있을 것이다. 이로 미루어 추정해 보면, 민주당은 목표의석 163석을 우세·경합우세·경합 지역에 따라 ‘조작값’을 달리하여 세밀한 조작을 가했을 것으로 보인다.

파. 부정선거 작업은 언제 시작된 것인가?

'양정철 민주연구원장—서훈 국정원장' 4시간 비밀 회동 둘러싸고 정치권 파문 확산

•김진기 기자

•최초승인 2019.05.27 17:29:39

위 기사에서 보듯, 양정철 민주당 민주연구원장은 작년 5월부터 국정원장을 만나고 7월에는 중국 당교와 정책 협약을 맺는 등, 북한과 중국과 선거 전략을 꾸민 것으로 보인다.

양정철, 中당교와 협력 위해 방중…"국제·미래정당 추구"

•송고시간 2019-07-09 08:33

북한 정보원으로부터 이애란 박사에게 보내진 정보에 의하면, 1월 22일 이전에 북한에서는 이미 '민주당 160석 확보' 전략이 확보된 것을 알고 있었던 것으로 보아 이 작업이 김정은의 지시와 중국의 협조로 이루어진 작업으로 보인다. 그리고 전산상의 프로그램은 이미 3월 7일 선거구획정이 결정되기 전에 만들어져 있었던 것으로 보인다. 이것을 입증하는 자료는 다음과 같다.

하. 4.15 야바위 선거가 미리 조작된 또 하나의 증거

2020년 3월 7일에 선거구획정으로 투표소 소속이 조금 바뀐 곳이 있다. 화성시 봉담읍 제1과 제2 투표소는 선거구가 바뀌기 전에는 '화성병'에 속했다가 3월 7일부로 '화성갑' 소속으로 바뀌었다. 사전선거 시 지역구의원 선거와 비례대표의원 선거를 동시에 하기 때문에, 각각의 투표용지가 존재하며 투표지 숫자가 동일해야 한다.

아래의 도표는 화성시 전체의 비례대표 선거 득표수다. (비례대표 선거는 지역구와는 달리 갑·을로 나누지 않기 때문에 관내 모든 투표소의 자료가 하나로 계산된다.)

표1.비례대표

읍면동명	투표구명	선거인수	투표수	민생당	미래한국당	더불어시민당	정의당	우리공화당	
합계		643,535	413,056	9,115	110,707	148,230	41,800	2,020	
거소·선상투표		829	771	95	208	195	66	4	
관외사전투표		39,521	39,492	1,039	10,185	13,099	3,958	176	
재외투표		1,352	447	6	97	150	49	[illegible]	
재외투표(공관)		0	0	0	0	0	0	0	
봉담읍	소계	56,852	33,728	779	9,312	17,525	3,904	241	
	관내사전투표	8,665	8,663	173	2,014	3,770	863	48	
	봉담읍제1투	2,547	1,394	34	597	344	91	5	
	봉담읍제2투	1,848	809	12	346	229	47	5	
	봉담읍제3투	2,431	1,317	35	362	456	112	9	
	봉담읍제4투	2,095	1,039	23	345	391	54	4	
	봉담읍제5투	2,430	1,637	49	552	500	130	23	
	봉담읍제6투	3,403	1,569	29	452	584	135	32	
	봉담읍제7투	2,079	1,072	31	362	395	110	9	
	봉담읍제8투	2,404	1,096	24	329	393	80	5	
	봉담읍제9투	2,329	1,369	15	331	499	157	8	
	봉담읍제10투	2,552	1,520	36	470	527	150	11	
	봉담읍제11투	2,375	1,326	33	367	455	127	13	14
	봉담읍제12투	2,940	1,624	28	443	722	164	8	
	봉담읍제13투	2,067	1,281	19	341	597	136	5	
	봉담읍제14투	4,325	2,267	57	528	687	260	11	22
	봉담읍제15투	1,854	1,510	13	357	440	140	14	
	봉담읍제16투	2,500	1,611	57	513	518	167	9	15
	봉담읍제17투	1,816	879	21	248	347	117	12	16
	봉담읍제18투	2,577	1,440	25	417	500	160	10	Windows

표1.비례대표

읍면동명	투표구명	선거인수	투표수	민생당	미래한국당
합계		643,535	413,056	9,115	110,707
거소·선상투표		829	771	95	208
관외사전투표		39,521	39,492	1,039	10,185
재외투표		1,352	447	6	97
재외투표(공관)		0	0	0	0
봉담읍	소계	56,852	33,728	779	9,312
	관내사전투표	8,665	8,663	173	2,014
	봉담읍제1투	2,547	1,394	34	597
	봉담읍제2투	1,848	809	12	346

봉담읍 전체, 즉 제1부터 제18 투표소까지 전체 투표수는 33,725였고, 당일투표수는 25,062였으므로(전체 투표수33,725-관내 사전투표수8,663) 사전투표율은 25.7% (8,663/33,725)다. 그런데 지역구선거 투표지에서는 아래와 같이 이상한 소견이 발견된다. 지역구 획정 전 '화성시병' 소속이었던 봉담읍 제1·제2 투표소는 이제 '화성시갑' 소속으로 바뀌어 있는 것으로 보아 전산프로그램상의 오류로 보이지는 않는데, 봉담읍 사전투표수가 0으로 되어 있다.

표2. '화성시갑'

읍면동명	투표구명	선거인수	투표수	후보자별 득표수					
				더불어민주당 송옥주	미래통합당 최영근	민중당 홍성규	국가혁명배당금당 최철순	무소속 김용	계
합계		193,428	113,449	58,689	52,291	1,915	600	4,503	118,138
거소·선상투표		325	305	113	118	7	3	53	296
관외사전투표		12,123	12,115	6,270	4,506	194	39	454	11,315
국외부재자투표		465	114	82	28	1	1	1	113
국외부재자투표(공관)		0	0	0	0	0	0	0	0
봉담읍	소계	4,384	2,203	884	1,176	23	14	55	2,177
	관내사전투표	0	0	0	0	0	0	0	0
	봉담읍제1투	2,546	1,394	538	775	16	9	40	1,378
	봉담읍제2투	1,843	809	331	441	7	5	15	799
우정읍	소계	14,346	9,275	3,614	3,953	201	95	345	8,176
	관내사전투표	3,035	3,005	1,554	1,246	62	19	122	3,003
	우정읍제1투	3,161	1,340	600	623	31	10	65	1,329
	우정읍제2투	1,991	955	270	627	15	6	26	944
	우정읍제3투	2,403	1,001	403	500	22	13	49	987
	우정읍제4투	1,284	870	339	242	38	11	31	861
	우정읍제5투	1,318	685	288	383	10	7	29	870
	우정읍제6투	1,196	591	152	352	25	4	16	579
향남읍	소계	50,719	34,087	18,851	12,549	652	176	1,479	[illegible]
	관내사전투표	9,175	9,175	5,974	2,566	164	25	398	9,127
	향남읍제1투	2,731	1,085	409	604	17	8	48	1,083
	향남읍제2투	4,825	1,061	803	807	24	14	78	1,836
	향남읍제3투	906	508	150	336	9	2	7	506
	향남읍제4투	1,273	677	145	506	4	6	8	669

2020년 제21대 국회의원선거

이 표를 확대해 보면 아래와 같다. 사전투표 선거인수와 투표수가 0으로 되어 있다.

읍면동명	투표구명	선거인수	투표수	더불어민주당 송옥주	미래통합당 최영근
합계		199,428	119,449	58,689	52,291
거소·선상투표		325	303	119	118
관외사전투표		12,123	12,113	6,270	4,898
국외부재자투표		466	114	82	28
국외부재자투표(공관)		0	0	0	0
봉담읍	소계	4,394	2,203	869	1,216
	관내사전투표	0	0	0	0
	봉담읍제1투	2,546	1,394	538	775
	봉담읍제2투	1,848	809	331	441
우정읍	소계	14,346	8,275	3,614	3,953
	관내사전투표	3,035	3,035	1,554	1,246
	우정읍제1투	3,181	1,340	600	623
	우정읍제2투	1,931	955	270	627

2020년 제21대 국회의원선거

그러나 2020년 3월 7일 선거구 획정으로 '화성시갑'으로 이전된 봉담읍 제1투표소와 제2투표소에서는 4월 10일과 11일에 분명히 사전투표가 진행되었다. 이 2개 투표소 당일 투표자수가 2,203명이었고 이 읍의 관내 사전투표율 25.7%이므로, 762명 (=2203x0.257/1-0.257) 정도가 사전투표를 하였음에도 불구하고 위 자료에서는 아무도 사전투표를 하지 않은 것(0명)으로 표시되어 있다.

한편 선거구 획정 전, 봉담 제1과 제2 투표소가 소속되어 있었던 '화성시병'의 자료는 다음과 같다.

표3. '화성시병'

[국회의원선거][경기도][화성시병][화성시]

읍면동명	투표구명	선거인수	투표수	후보자별 득표수				무효 투표수	기권수
				더불어민주당 권칠승	미래통합당 석호현	국가혁명배당금당 김지완	계		
합계		219,651	139,281	88,793	47,377	1,538	137,708	1,512	80,370
거소·선상투표		283	265	157	93	3	253	12	18
관외사전투표		12,867	12,862	8,506	3,851	234	12,591	271	5
국외부재자투표		604	150	115	35	0	150	0	454
국외부재자투표(공관)		0	11	9	2	0	11	0	-11
봉담읍	소계	52,457	31,525	19,502	11,341	369	31,212	313	20,932
	관내사전투표	8,665	8,665	5,978	2,537	77	8,592	73	0
	봉담읍제3투	2,831	1,317	753	528	25	1,306	11	1,514
	봉담읍제4투	2,095	1,083	595	461	15	1,071	12	1,012
	봉담읍제5투	3,364	1,631	835	762	20	1,617	14	1,733
	봉담읍제6투	3,393	1,563	920	607	20	1,549	14	1,830
	봉담읍제7투	2,078	1,072	574	468	15	1,056	16	1,006
	봉담읍제8투	2,404	1,095	614	441	26	1,081	14	1,309
	봉담읍제9투	2,326	1,369	887	452	15	1,354	15	953
	봉담읍제10투	2,552	1,520	869	613	21	1,503	17	1,032
	봉담읍제11투	2,376	1,320	782	517	8	1,306	18	1,052
	봉담읍제12투	2,940	1,825	1,168	614	24	1,806	19	1,115
	봉담읍제13투	2,937	1,479	951	497	19	1,467	12	1,458
	봉담읍제14투	4,076	2,267	1,416	810	19	2,245	22	1,809
	봉담읍제15투	3,454	1,312	820	445	26	1,291	21	2,142
	봉담읍제16투	2,500	1,612	896	686	17	1,599	13	888
	봉담읍제17투	1,818	979	594	366	8	968	11	839
	봉담읍제18투	2,577	1,410	850	536	13	1,399	11	1,167
진안동	소계	32,629	18,152	11,354	6,411	197	17,962	190	14,477

2020년 제21대 국회의원선거

[국회의원선거][경기도][화성시병][화성시]

읍면동명	투표구명	선거인수	투표수	후보자별 득…	
				더불어민주당 권칠승	미래통합당 석호현
합계		219,651	139,281	88,793	47,377
거소·선상투표		283	265	157	93
관외사전투표		12,867	12,862	8,506	3,851
국외부재자투표		604	150	115	35
국외부재자투표(공관)		0	11	9	2
봉담읍	소계	52,457	31,525	19,502	11,341
	관내사전투표	8,665	8,665	5,978	2,537
	봉담읍제3투	2,831	1,317	753	528
	봉담읍제4투	2,095	1,083	595	461

이 자료에 의하면 봉담읍 제3투표소-제18투표소까지 16개 투표소의 관내사전투표수가 8,665로서 제1투표소-18투표소까지 18개 투표소의 사전투표수 8,663보다 2장이 더 많다(표1. 비례대표).

여기에서 드는 의문점은 여러가지가 있다.

1. '화성시갑' 지역구 소속 봉담 제1·제2 투표소의 관내사전투표지 762장은 어디로 갔을까?

2. 봉담읍 제1·제2 투표소가 빠진 '화성시병' 봉담읍 관내 지역구사전투표지 수가 봉담읍 전체의 비례대표투표지 수인 8,663보다 더 많은 8,665인 것은 어떻게 설명이 가능할까?

3. 사전선거에서 비례대표투표지와 지역구투표지는 그 수가 동일해야 하는데, '화성시병' 봉담읍 비례대표투표지 수는 8,663이고 지역구투표지 갯수는 8,665로서 2장이 더 많은 것은 어떻게 설명할 수 있을까?

먼저 1번 의문에 대한 추정은 다음과 같습니다.

봉담 제1·제2 투표소에서는 10일과 12일 이틀에 걸쳐 사전투표가 실시되었고, 이 투표함에는 762장의 투표지가 들어 있었다. 그 투표함은 '화성시갑' 보관소로 이동되었고 개표일에 투표지가 762장으로 계수가 되었을 것이다.(당연하다.) 그런데 3월 7일 선거구획정이 있기 전에 미리 짜여 심겨진 프로그램이 있었다면, 이 프로그램은 봉담읍 제1·제2 투표소 투표지를 '화성시병' 투표지로 인식하기 때문에 봉담읍 제1·제2 투표소 투표지 762장이 '화성시병' 투표수로 반영되었을 것이다. 실제로 '화성시병' 은 봉담읍 제1·제2 투표소가 없어졌음에도 불구하고, 관내사전투표지 개수가 봉담읍 전체(1-18투표소) 비례대표 사전투표지 개수와 거의 같다는 점이 이를 증명합니다. 오히려 2장이 더 많다. 이것은 사전투표지 계수가 실제 계수와는 무관하게 미리 짜여진 프로그램에 따라 진행되었다는 뜻으로, 우리가 보는 자료는 조작된 자료임을 입증하는 소견이다. 즉, 투표소에서 표가 집계되는 것이 아니라 중앙 컴퓨터에서 조작된 값을 내려 보낸다는 것이다.

'화성시병'에서 보이는 이상한 현상은 이것뿐만이 아니다. 비례대표투표지 수는 8,663이고 지역구투표지 갯수는 8,665로서 2장이 더 많은 것은 이들 사전투표지들이 '손을 탔다'는 증거다. 투표지를 투입하는 과정에서 실수로 한두 장을 잘못 넣은 것이다.

이처럼 전자개표기와 사전선거는 조작의 위험에 노출되어있다. 그리고 화성시 선거 자료는 사전투표지가 누군가에 의해 표 바꿔치기 등 조작되었을 가능성과, 개표 조작 프로그램이 선거구 획정일인 3월 7일 이전에 미리 만들어져 있었을 가능성을 말해 주고 있는 좋은 자료다.

참고 자료

• 2020년 3월 3일, 중앙선거관리위원회 산하 국회의원선거구획정위원회는 21대 총선에 적용될 선거구 획정안을 국회에 제출했다.

국회의원 선거구 획정안 시·도별 조정 내역

◦ 선거구획정위원회는 선거구 인구기준일을 2019년 1월로 설정하였고, 전체인구를 지역구 선거구 총합인 253석으로 나눈 '표준인구'에 따라서 선거구당 평균인구는 204847명이며, 인구하한은 136,565명, 인구상한은 273,130명이다.

◦ 세종시, 경기 화성시 갑·을·병, 강원 춘천시, 전남 순천시의 4곳 선거구가 분구되어 1석씩 증가하였다. 따라서 세종시 갑/을, 화성시 갑/을/병/정으로

선거구가 확대되며 16대 총선 때에 합구된 춘천시와 순천시는 다시 춘천시 갑/을, 순천시 갑/을로 환원된다.

◦ 서울 노원구는 기존 갑·을·병에서 갑·을로, 경기 안산시 상록갑·을 및 단원갑·을 4곳은 안산갑·을·병 3곳으로 각각 통합되어 1석씩 감소하였다.

◦ 강원도에서는 강릉, 동해·삼척, 태백·횡성·영월·평창·정선, 속초·고성·양양, 홍천·철원·화천·양구·인제 등 5곳이 '강릉·양양', '동해·태백·삼척', '홍천·횡성·영월·평창·정선', '속초·철원·화천·양구·인제·고성'으로 4곳으로 줄어든다. 이렇게 되면서 강원도의 접경지역이 모두 1개의 선거구가 되었으며, 최동단의 속초와 최서단의 철원이 1개의 선거구가 되는 코미디 같은 상황이 벌어졌다.

◦ 전남에서는 목포, 나주·화순, 광양·곡성·구례, 담양·함평·영광·장성, 영암·무안·신안 등 5곳도 '목포·신안', '나주·화순·영암', '광양·담양·곡성·구례', '무안·함평·영광·장성' 등 4곳으로 줄어든다.

◦ 인천 중·동·강화·옹진, 남구 갑 / 을은 동구가 떨어져 나와, 중구·강화·옹진, 동구· 미추홀구갑 / 을로 조정된다.

◦ 경북 안동, 영주·문경·예천, 상주·군위·의성·청송, 영양·영덕·봉화·울진은 안동·예천, 영주·영양·봉화·울진, 상주·문경, 군위·의성·청송·영덕으로 조정된다. 참고로 위에서 언급된 시민단체 주장 조정안이 그대로 반영된 것이다.

◦ 시도별로 보면 20대 총선 대비 서울이 1석 감소, 세종이 1석 증가했고, 나머지 시도는 유지되었다.

◦ 경북 북부, 영동지방, 전남 서부의 주요 도시인 안동시, 강릉시, 목포시가 단독선거구 타이틀을 잃게 되었다.

◦ 안산, 부천의 선거구 명칭에서 일반구 명칭이 사라졌다. 안산은 선거구 통폐합에 따른 것이나, 부천은 일반구 폐지에 의한 것이지, 실제 구역에는 변동이 없다.

3. 투표용지를 투입한 다른 증거들

가. 선관위에 심야에 누군가 출입하였고 작업을 한 사례가 많이 보고되어 있다. 문성근이 만든 [시민의 날개]라는 시민단체 소속이었다가 작년에 따로 독립한 [시민의 눈]이라는 시민단체가 투표용지 투입에 관계했다는 제보가 있다(https://www.youtube.com/watch?v=hr7_yxzstbs&t=2s). 심지어 선관위 직원이 퇴근하지 않고 몰래 보관소에 숨어 있었던 경우도 있었다. 한밤중에 음식을 배달시켜 먹은 것으로 보아, 조작을 위해 누군가가 숨어서 작업을 했을 것으로 추정할 수 있다. 또한 한밤중에 트럭이 드나드는 것이 여러 곳에서 확인되었는데, 삼립빵 배달 트럭을 이용해 위조 투표용지를 삼립빵 박스에 넣어 배달한 것으로 보인다(주변 CCTV로 확인해 봐야 함).

나. 아래는 증거보전 신청을 하여 구리시 선관위에서 법원으로 운반되기 전에 촬영된, 보관되어 있던 사전투표용지다. 아마도 위조투표지도 이런 식으로 100장 묶음으로 되어 있었을 것이다. 겉으로 보아서는 위조투표지인지 실제 투표지인지 구분이 전혀 안 된다. 위조투표지는 인쇄소에서 QR코드·도장 및 기표까지 이미 인쇄되어서 배달되었을 것으로 추정된다. 이럴 경우 QR코드를 확인해 보면, 동일한 일련번호를 갖는 용지가 많이 나올 것이다.

다. 아래는 또 하나의 위조투표지로서 좌우 여백이 다르다. 프린터에서 출력되지 않고 인쇄소에서 인쇄된 가짜 투표지로 보인다. 오른쪽 투표지는 남양주을선거구 투표지에 의정부시 녹양동 투표관리관 도장이 찍혀 있는 위조투표지로서, 위조투표지 투입 과정에서 실수가 있었던 것으로 보인다. 그 아래 사진의 투표지 다발 옆면을 보면 옆면이 거칠게 보인다. 이 용지는 프린터에서 나온 투표지가 아니라 인쇄소에서 절단한 흔적이 보이는 위조투표지 다발이다(https://www.youtube.com/watch?v=6eNmw89oe9o).

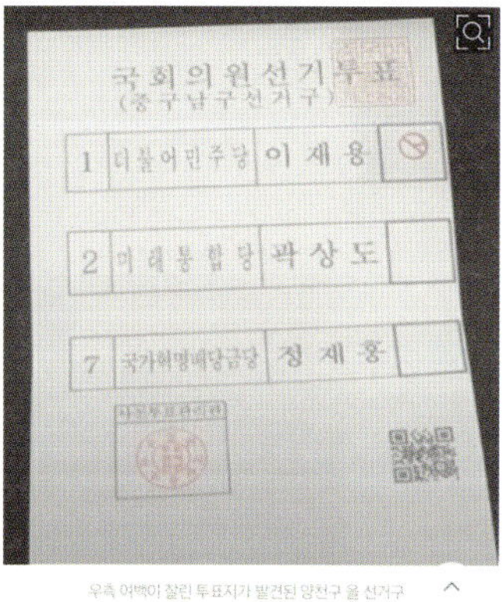

라. 부천시 신중동의 경우 사전투표 인원이 1만 8,210명이었다. 단 한 곳의 투표소에서 24시간 투표를 했다고 치면 1분에 12.6명이 쉬지 않고 투표를 해야 한다. 부천을 상동은 투표자 수가 1만 2,921명으로 1분당 9명이 투표를 했다는 얘기다. 이것은 현실적으로 불가능한 일로, 실제 투표자수는 부천시 신중동의 경우 1만 3천 명, 부천을 상동의 경우는 9,690명 정도였을 것이고 나머지는 투입된 위조투표지였을 것이다.

마. 가짜 투표지는 어디서 만들어져 어떻게 운반되었을까?

별도의 모처의 인쇄소에서 따로 만들어져 삼립빵 배송 트럭에 의해 사전 투표일 이전에 전국 251개 선관위로 배송된 것으로 보여진다. 투입된 가짜 투표지 색상이 원래 용지와 조금씩 다른 것도 이런 의혹을 갖게 한다. 배송된 삼립빵 박스가 여러 지역구 선관위에서 나중에 투표용지 보관함으로 사용된 사실이 이런 추정을 뒷받침한다. 2017년 이후 삼립 빵 박스 디자인이 바뀌었는데 현재 발견되는 투표용지 보관함 박스는 2017년 이전 박스도 보이는 것으로 보아, 이런 선거부정은 2017년 5.9 대선에서나, 2018년 6.13지방선거에서도 같은 방식으로 발생했을 것으로 추정된다.

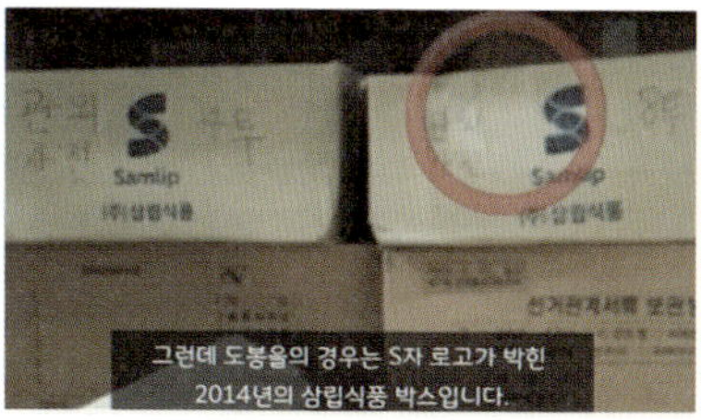

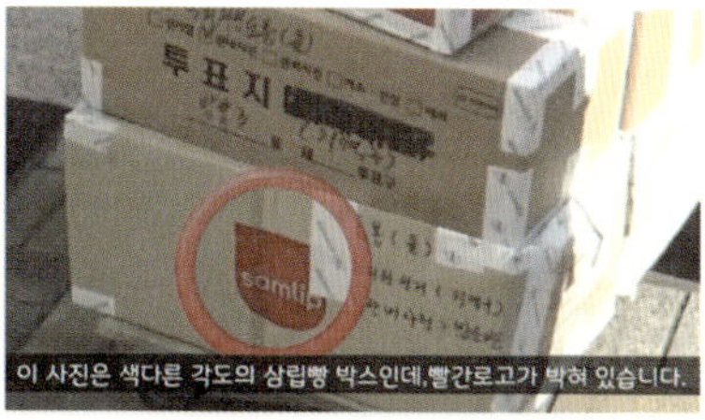

빵 배달차량 스캔들, 우체국 집배차량은 관외사전투표함 담당, 삼립빵 배달차량은 관내사전투표함 담당?

바. 진짜 투표지는 아래와 같이 양쪽 여백이 동일하게 프린터에서 나온다.

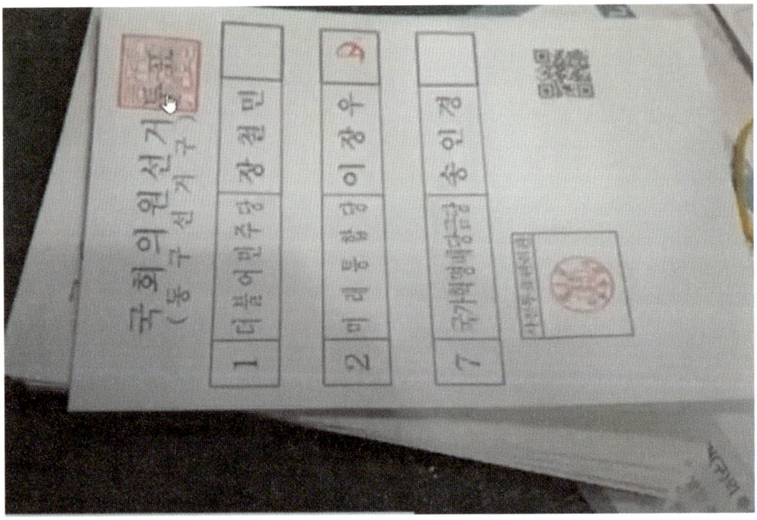

반면 위조투표지는 인쇄를 하여 잘못 절단되면 양 옆 여백에 차이가 나게 된다. 즉, 이렇게 생겼다.

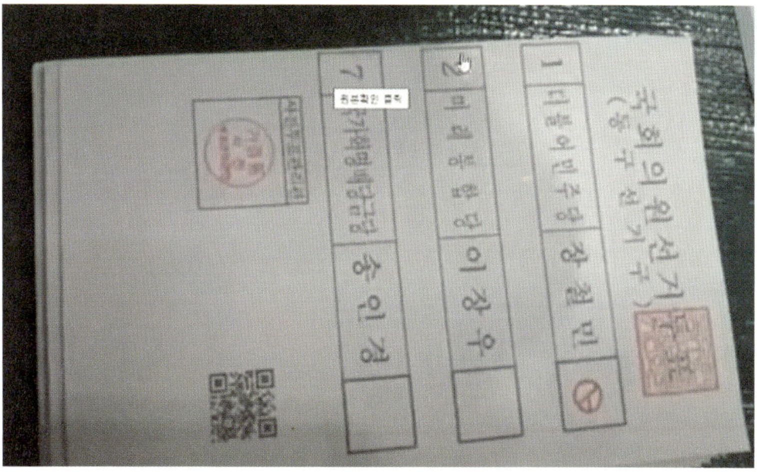

좌측 투표지는 위조투표지로 우측 진짜 투표지와 비교하면 아래 여백이 넓다.

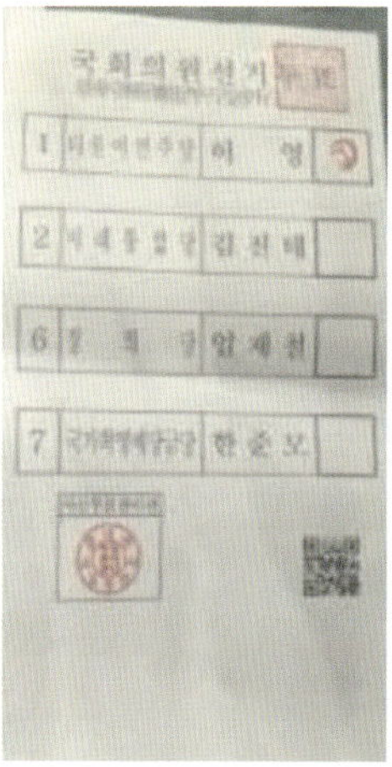

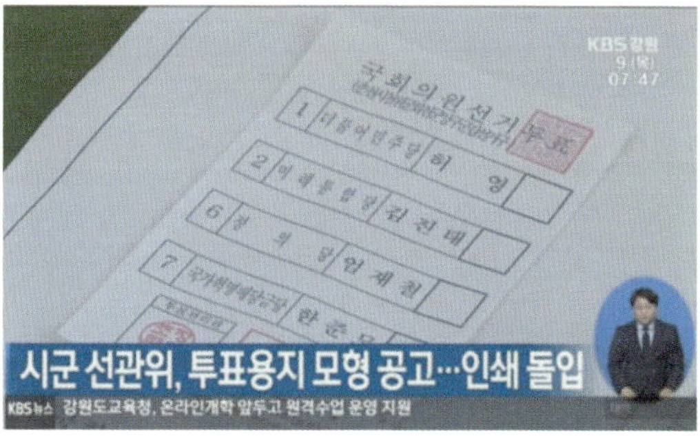

사. 투표함에서 접히지 않은 투표용지가 무더기로 발견되었다는 점도 '투입설'을 뒷받침한다. 광진구을 사전투표함에서는 어마어마한 매

수의 투표지가 발견되었다. 전혀 접히지도 않은 비례투표지가 뭉텅이로 발견된 경우도 많았다. 길이가 짧은 지역구 투표용지는 뭉텅이로 넣어도 통 안에서 흩어지지만, 비례투표지를 뭉텅이로 넣을 경우 길이가 길기 때문에 흩어지지 않게 되어 개함시 뭉텅이로 발견된다. https://www.youtube.com/watch?v=odyk9gBl-OU&t=309s

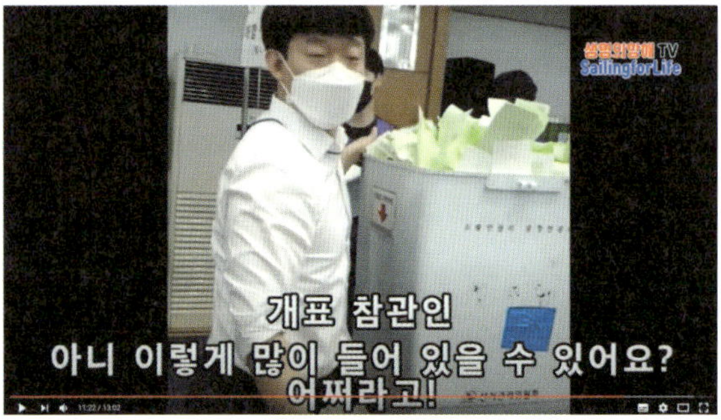

아. 심지어 사전투표함에서 색조가 차이가 나는 청색 투표지가 발견된 경우도 있었다. 색조 차이가 나는 것은 또 다른 인쇄소에서 만들어진 것을 의미하며 투입설을 강력히 뒷받침한다.

https://www.youtube.com/watch?v=rh-GCvzEUgU&t=339s

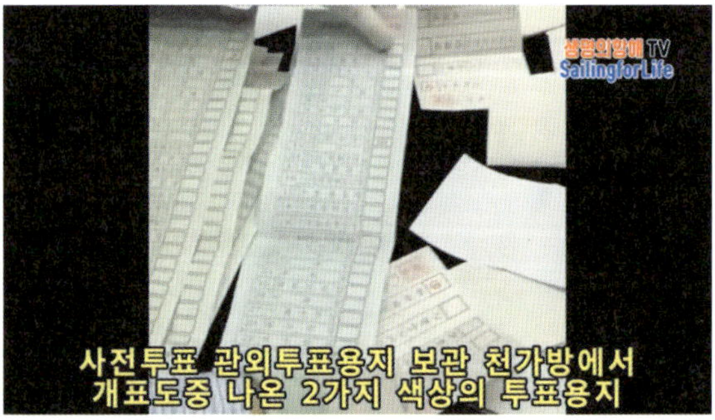

4·15 총선 사전투표 부정 선거 현장 로표 시리즈 8 - 사전투표 용지와 당일 투표용지가 같은 투표함에서 뒤섞여 나오는 개표 현장 - 막장으로 치닫은 표 갈아치우기 완결판

자. 사전 관외투표함을 개봉할 때 기표도 되지 않은 당일 비례대표 용지가 발견되었다. 무더기로 투입한 것을 의미한다. https://www.youtube.com/watch?v=rh-GCvzEUgU&t=339s

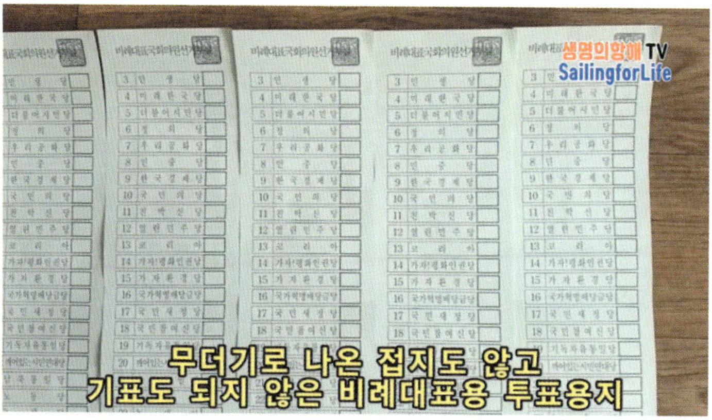

4·15 총선 사전투표 부정 선거 현장 르포 시리즈 8 - 사전투표 용지와 당일 투표용지가 같은 투표함에서 뒤섞여 나오는 개표 현장 - 막장으로 치달은 표 갈아치우기 완결판

차. 사전 관외투표함을 개봉할 때 당일 선거용 투표지가 다량 발견되기도 하였다(QR코드가 보이지 않고 일련번호가 없는 것으로 보아 당일투표지다).

4·15 총선 사전투표 부정 선거 현장 르포 시리즈 8 - 사전투표 용지와 당일 투표용지가 같은 투표함에서 뒤섞여 나오는 개표 현장 - 막장으로 치달은 표 갈아치우기 완결판

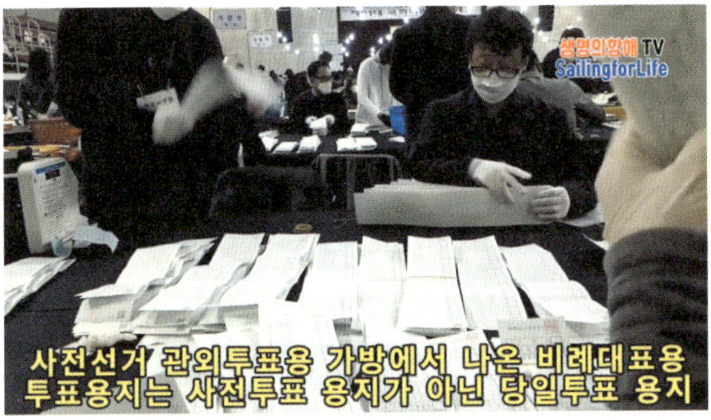

4·15 총선 사전투표 부정 선거 현장 르포 시리즈 8 - 사전투표 용지와 당일 투표용지가 같은 투표함에서 뒤섞여 나오는 개표 현장 - 막장으로 치달은 표 갈아치우기 완결판

카. 성북구갑 개표소에서는 윗면 중간부 일부가 서로 붙어 있는 지역구 사전투표용지가 발견되기도 하였는데, 이것은 따로 투입된 위조투표용지임을 증명한다. 실제 투표용지라면 프린터로 출력할 때 이렇게 붙어 나올 수가 없다. 인쇄소에서 절단이 덜 된 위조투표지를 넣었기 때문에 일어난 현상이다. https://www.youtube.com/watch?v=Uc9Hw6B1nww

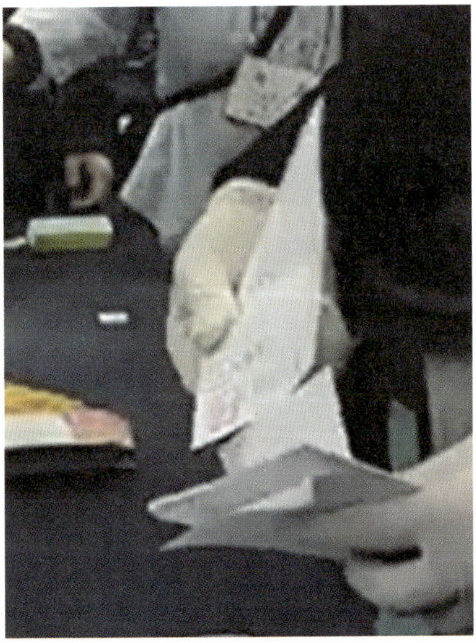

타. 성북갑 개표소에서 성북을 후보 투표용지가 발견된 것도 투입설을 뒷받침한다.

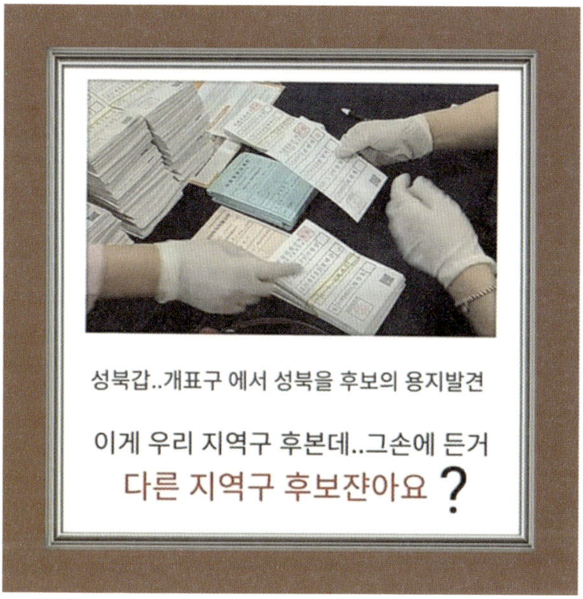

파. 어떻게 선거인(유권자)수보다 투표수가 많은 일이 일어날 수 있을까? 각 투표함 별로 위조투표지를 투입할 때 100매 묶음을 넣고 나서 마지막 십단위 매수는 일일이 세어서 집어넣어야 했을 것이다. 투표지가 얇고 새 종이이다 보니, 한두 장이 더 들어가는 경우가 생긴 것이다. 10장이나 차이가 나는 곳도 있는데, 이는 세다 보면 50인지 60인지를 착각하는 수가 있는데 이런 착각 때문에 10장을 더 넣은 것으로 추정된다. https://www.youtube.com/watch?v=Xmwe6YFuTVg

4.15 총선

한지역에서 모든 주민이 100%투표

이것도 모자라 "유령까지 투표"

지역구	전체 주민100%투표	선거인수		투표자수	(유령표)
서울	(서대문구갑/신촌동)	2,331	<	2,332	(+1)
경기	(수원시갑/ 조원1동)	3,986	<	3,987	(+1)
경기	(안산시단원구갑/ 선부1동)	2,689	<	2,690	(+1)
경기	(고양시정/일산3동)	5,000	<	5,001	(+1)
부산	(해운대구갑/좌제1동)	3,611	<	3,612	(+1)
광주	(서구갑/농성2동)	1,310	<	1,311	(+1)
광주	(북구갑/문화동)	3,920	<	3,921	(+1)
전북	(전주시을/효자2동)	2,366	<	2,367	(+1)
전북	(전주시병/인후1동)	4,497	<	4,498	(+1)
충남	(공주시부여군청양군/부여읍)	4,591	<	4,592	(+1)

#사전투표#조작#증거- #선거인 보다 #투표수 가 많다!!!

비례대표					
강원	(홍천군/화촌면)	892	<	893	(+1)
경기	(평택시/서정동)	3,526	<	3,529	(+3)
경기	(안산시단원구/선부1동)	2,689	<	2,690	(+1)
경기	(고양시덕양구/행신2동)	5,365	<	5,368	(+3)
경기	(김포시/양촌읍)	3,697	<	3,698	(+1)
경남	(거제시/옥포1동)	2,259	<	2,260	(+1)
광주	(서구/농성2동)	1,310	<	1,311	(+1)
광주	(서구/화정2동)	4,480	<	4,481	(+1)
대구	(북구/산격4동)	1,868	<	1,869	(+1)
대구	(북구/읍내동)	3,979	<	3,980	(+1)
부산	(해운대구/좌제1동)	3,611	<	3,612	(+1)
부산	(사하구/신평제2동)	3,158	<	3,159	(+1)
서울	(성북구/삼선동)	4,855	<	4,856	(+1)
서울	(서대문구/홍은제2동)	4,068	<	4,071	(+3)
서울	(동작구/흑석동)	6,477	<	6,478	(+1)
서울	(강남구/논현1동)	2,990	<	2,992	(+2)
서울	(강남구/삼성2동)	3,717	<	3,718	(+1)
서울	(강남구/대치1동)	4,416	<	4,417	(+1)
서울	(강남구/수서동)	3,879	<	3,880	(+1)
서울	(강동구/상일동)	5,353	<	5,354	(+1)
세종	(아름동)	4,822	<	4,823	(+1)
울산	(남구/삼산동)	7,263	<	7,264	(+1)
인천	(남동구/간석1동)	3,365	<	3,366	(+1)
인천	(서구/원당동)	3,770	<	3,771	(+1)
전남	(여수시/월호동)	1,817	<	1,818	(+1)
전북	(전주시완산구/삼천3동)	4,674	<	4,684	(+10)
전북	(익산시/모현동)	7,605	<	7,608	(+3)

#사전투표#조작#증거- #선거인 보다 #투표수 가 많다!!!

또한 어떤 경우는 투표수가 선거인수보다 적은 경우도 있었다. 200개 이상의 투표소에서 이런 현상이 있었는데 투표수로 선거인수가 결정되는 사전투표에서 이런 현상이 나타난 것으로 미루어 보면, 전산 프로그램으로 만들어진 개표상황표에 미리 선거인수가 결정되어 있었고 '작업'에 동원된 자들이 실수를 하여 투입 매수를 정확히 넣지를 못해서 이런 오류가 발생한 것이 아닌가 추측할 수 있다.

4. 관외사전투표함이 열리면서 역전되었다:
관외 사전투표 조작 방법에 대하여

가. 관외사전투표지는 우체국에서 봉투째 갈린 증거가 존재한다.

(남양주 진접 우체국)

나. 각 지역구 선관위는 새 봉투 속에 위조 투표지(지역구와 비례)를 넣고 우체국에서 보내준 주소지 라벨을 붙여놓은 위조봉투를 필요한 매수만큼 관외사전투표함에 넣었을 것이다. 아래 사진처럼 관외사전 봉투에는 받을 지역구 선관위 주소지 라벨만 붙어 있으므로, 우체국으로부터 주소지 라벨만 충분히 확보할 수 있으면 위조봉투를 만드는 일은 식은 죽 먹기다. 위조 투표봉투는 빈 봉투처럼 납작하고 가지런한 것이 특징이다.

아래 사진은 투표소에서 실제로 나온 관외 사전투표 봉투다. 위 사진과 비교해 보라.

다. 관외투표함에서 더욱 의심이 가는 부분은 분당갑 지역구 사전투표지가 분당을에서 발견되거나, 서초을 지역구 사전투표지가 분당을에서 발견되는 등 사고가 있었던 점이다. 이것이 배달사고였을 가능성이 있으나, 배달사고가 아니었다면 봉투 주소지 라벨과 다른 투표지가

들어 있었다는 것이다. 기존의 봉투를 없애버리고 주소지 라벨을 다시 인쇄하여 미리 준비한 위조 투표지 봉투에 붙이는 과정에서 조작자가 실수를 한 것으로 추정할 수 있다.

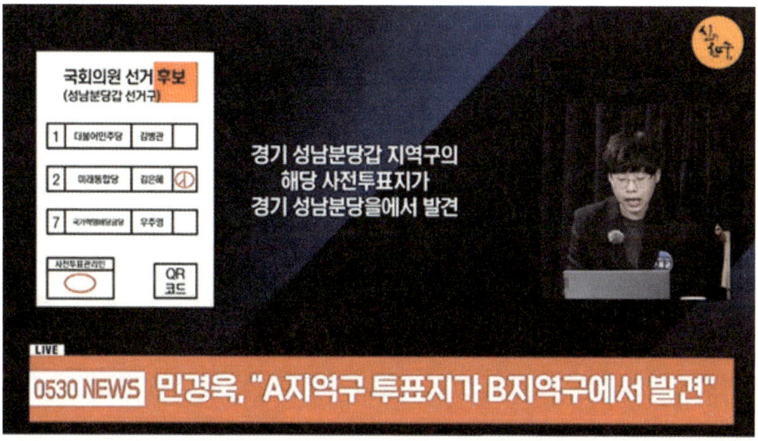

(다반뉴스) 분당갑 투표용지가 분당을에서 발견! / 신의한수 20.05.11

라. 관외투표함에는 1.9배나 민주당 표가 많았던 것으로 미루어, 단순히 추가 투입만이 아니라 함을 통째로 바꿔치기 등 두가지 이상의 조작이 가해진 것으로 보인다.

5. 전자개표기와 계수기를 이용한 개표조작은 없었는가?

개표 현장에서 발견된 사례는 전자개표기와 확장형 검표계수기를 이용한 개표조작이 있었음을 증명한다. 그러나 이 방법은 사후 재검표 때 발각되기 쉬워서, 이 방법은 꼭 이겨야 할 곳에서 지고 있는 경우에 한해서 선별적으로 사용된 것처럼 보인다.

이미 알려져 있고 논란이 되어 왔던 방법을 그대로 사용할 경우, 재검표에서 들통이 난다는 것을 알고 있는 조작자들이 그 방법을 주된 조작방법으로 사용했을 것이라고 추정하는 것은 어리석은 것이다. 이들은 마치 전산장비를 감추는 시늉을 함으로써 국민들의 관심을 다른 데로 끌고, 소송기한이 넘어가기를 기다리고 있는지도 모른다. 그렇기 때문에 우리는 하루라도 빨리 저들이 사용한 방법을 밝히고 법적인 대응을 해야 할 것이다.

그러나 여러 개표소에서 발생한 사례에서 보듯이, '지역구 투표지' 개표 시 2번 표가 1번으로 넘어가거나, 기표되지 않은 투표지가 1번으로 계산되는 사례가 빈번히 발생하였기 때문에, 자신들의 사전 예측과 달리 개표 결과가 자신들에게 불리할 경우를 대비하여 전자개표기를 이용한 표 바꿔치기도 동원된 것으로 보인다.

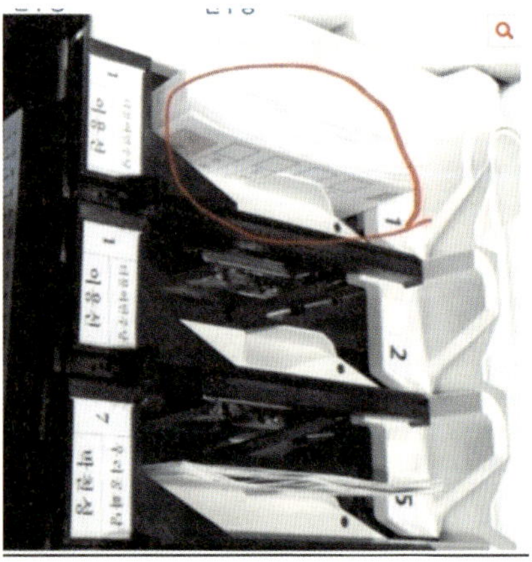

특히, 이번 선거에서는 52cm나 되는 비례용지를 계수할 명목으로 '확장형 계수기'를 주문하였는데, 설계도면에서 나타나 있듯이 장비 안에는 고속 스캐너와 통신장비가 장착되어 있어 QR코드를 이용한 개표조작이 가능하였다. 오직 투표지 장수만 세는 '기계'라는 선관위 해명이 거짓으로 보이는 이유는, 아래 표와 같이 대한민국의 모든 전파기기는 인증을 받아야 하는데 통신기능이 없는 기기는 '적합등록'을 받게 되고, 통신기능이 있는 기기는 '적합인증'을 받게 된다. 그렇기 때문에 아래 표에 나타나 있듯이 본인확인 투표기, 신분증 스캐너, 문서 스캐너, 통합전자인명부, 전자 검표기(심사 계수기), 외장 모니터, 전자개표기, 스캐너 등 모든 투·개표 장비에 통신기능이 탑재되어 있음을 알 수 있다.

미루시스템즈 / 통신기능, 발견되었다

http://www.ilbe.com/view/11257924604 복사하기

인증/등록 현황 검색결과

상호	기자재명칭	모델명	제조국가	날짜	인증/등록 상태
주식회사 미루시스템즈	전자투표기	MES-2000U	한국	2012-09-17	적합등록
주식회사 미루시스템즈	전자투표기	MES-2000T	중국	2011-04-08	적합등록
주식회사 미루시스템즈	PC Main Board	MED-9846MSI	중국	2010-08-12	적합인증
주식회사 미루시스템즈	본인확인 투표기	MES-1000B	한국	2010-07-23	적합인증
주식회사 미루시스템즈	신분증스캐너	MIS-200	중국	2010-07-14	적합인증
주식회사 미루시스템즈	문서스캐너	MDS-2000C	중국	2009-09-14	적합인증
주식회사 미루시스템즈	문서스캐너	MDS-1000C	중국	2009-09-14	적합인증
주식회사 미루시스템즈	문서스캐너	MDS-3000C	중국	2009-07-29	적합인증
주식회사 미루시스템즈	문서스캐너	MDS-2500C	중국	2009-07-21	적합인증
주식회사 미루시스템즈	통합전자인명부	DIO-1000H	한국	2007-05-02	적합인증

사진 : 국립전파연구원

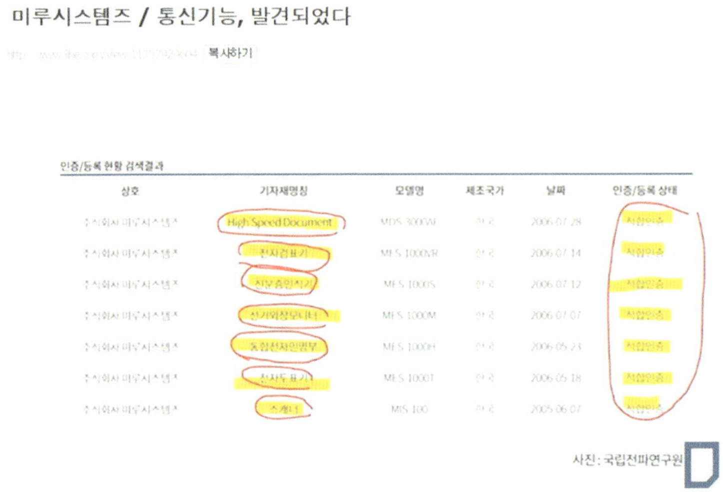

미루시스템즈 / 통신기능, 발견되었다

복사하기

인증/등록 현황 검색결과

상호	기자재명칭	모델명	제조국가	날짜	인증/등록 상태
주식회사 미루시스템즈	High Speed Document	MDS 3000AF	한국	2006.07.28	적합인증
주식회사 미루시스템즈	전자검표기	MES 1000VR	한국	2006.07.14	적합인증
주식회사 미루시스템즈	신분증인식기	MES 1000S	한국	2006.07.12	적합인증
주식회사 미루시스템즈	전기외장모니터	MES 1000M	한국	2006.07.07	적합인증
주식회사 미루시스템즈	통합전자인명부	MES 1000H	한국	2006.05.23	적합인증
주식회사 미루시스템즈	전자투표기	MES 1000T	한국	2006.05.18	적합인증
주식회사 미루시스템즈	스캐너	MIS 100	한국	2005.06.07	적합인증

사진 : 국립전파연구원

참고로 계수기 제작사인 '프러스' 사의 검표계수기 설계도면에도 스캐너와 통신장치가 나타나 있다.

검표계수기 설계도면: 통신부가 존재한다.

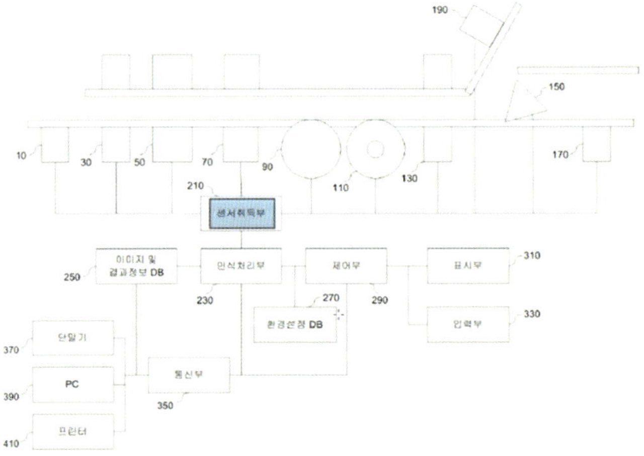

5월 19일 오전 민경욱 의원의 국회의원회관 발표에 의하면, 전자개표기를 납품한 회사 '한틀 시스템' 직원의 제보에 의하면 개표기 안에는 통신장비가 존재하며, 더구나 QR코드 판독기 (스펙트럼 센서) 위치까지 알려주었다고 한다. 이로 미루어, 이상에서 우리가 추정한 대로 개표 장비 모두에 통신이 가능한 설비가 되어 있어서 필요하다면 얼마든지 개표를 조작할 수 있음을 알 수 있다.

이들은 개표장비에 숨겨놓은 QR판독기로 읽은 정보를 통신장비와 무선 통신망을 이용하여 중간 서버로 보내, 자료값을 변경시켜 표를 절취하는 수법을 사용한 것으로 보인다.

다음은 이날 발표된 선관위 내부 고발자의 고발 내용이다.

(첫)[선관위 내부고발자 인터뷰 전문]
https://m.youtube.com/watch?v=e_JkG265NvE&feature=youtu.be

저는 오늘 이번 부정선거의 의혹이 되고 있는 투표지분류기에 대하여 제가 알고 있고 확인한 사실을 공개하고자 합니다.

1. 이번 4.15 총선에 투표지 분류기는 전국 251개 개표소에 1,165대가 설치되었습니다.
2. 한틀시스템은 투표지분류기 기술지원 인력 총 54명을전국에 배치하여 이번 총선을 지원했습니다.
3. 이번 총선에 사용된 투표지 분류기는 노트북과 프린터가 내장된 일체형이며, OS는 Windows 10이 설치됐습니다.

4. 노트북에 인터넷선은 연결되지 않았으며 WIFI 기능은 확인하지 못하게 아이콘이 숨겨져 있었고ipconfig로 확인하면 알 수 있습니다.

5. 투표지분류기에는 직인 센서와 스펙트럼 세서가 각각 있었으며, 스펙트럼 센서의 위치는 왼쪽 상단 커버를 열면 확인할 수 있습니다.

6. 개표상황표에 QR코드가 인쇄된 시점은 투표지분류기에서 분류작업을 마친 후 개표상황표에 선거인수, 투표용지교부수, 후보자별득표수, 재확인대상투표지수를 표기하는 단계에서 내장된 프린터로 인쇄됐고, 이후 수기로 작성되는 최종 개표상황표가 작성됐습니다.

7. 투표지분류기를 검증하면 사전투표지에 찍힌 QR코드 내용을 읽을 수 있는 스펙트럼 센서 장착여부를 확인할 수 있으며 노트북을 확인하면 비공식 프로그램 설치 여부 및 화웨이 중계기와 무선통신을 한 WIFI 사용여부를 검증, 확인할 수 있습니다.

8. 이번에 사용된 노트북의 HDD는 1개 뿐이며 투표지를 읽고 분류한 모든 데이터의 훼손 및 장애발생을 대비하여 어딘가로 실시간 백업을 한다는 사실을 한틀시스템 관계자로부터 들었습니다. 따라서 노트북을 검증, 확인하면 중계기를 통한 백업 데이터 전송경로를 확인할 수 있습니다.

9. 개표상황표에 표기된 해당 선거구 선거인수를 알기 위해서는 메인 서버와 무선통신을 해야 알 수 있습니다. 따라서 선거구 선거인수가 인쇄된 개표상황표가 바로 투표지분류기가 메인서버와 무선 통신을 했다는 증거입니다.

10. 이번 총선에서 기술지원을 했던 관련자는 선관위에 사업을 수행하면서 직-간접적으로 취득한 일체의 정보 및 자료를 외부에 누설, 반출하거나 다른 목적으로 사용하지 않겠으며 이를 위반하였을 경우 민-형사고발 및 손해배상을 감수하겠다는 보안각서를 제출하였기 때문에 진실을 밝히는데 직접 나서지는 못하고 있으나 한틀시스템 관련자는 역사의 진실을 밝히는데 용기를 내어 동참을 해줄 것을 호소합니다.

마지막으로 이번 총선에 사용된 투표지 분류기와 내장된 노트북의 데이터가 훼손되기 전에 하루빨리 물증확보와 수사를 촉구합니다.

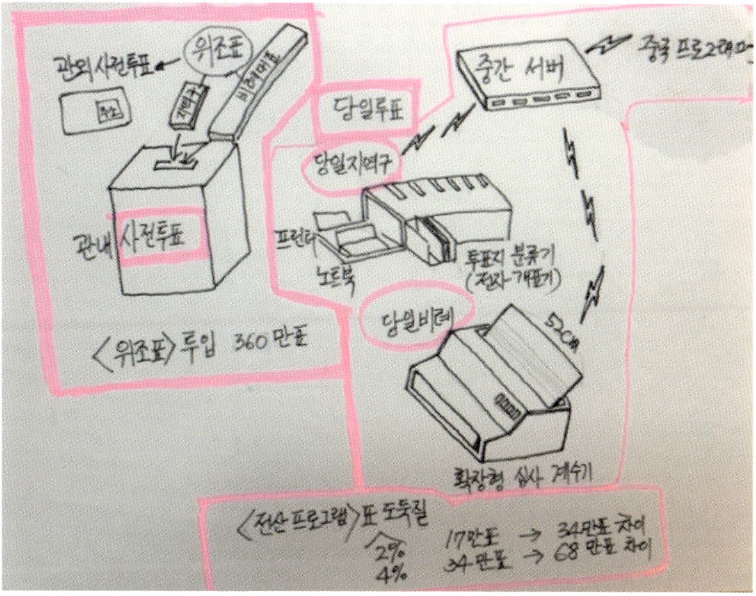

6. 급격히 늘어나는 물류창고 및 소각장 화재: 증거인멸?

지금 대한민국에서는 4월 15일 이후 5월 12일까지 14건의 물류창고 및 폐기물처리장 화재가 발생하였습니다. 이전에 없던, 연이은 물류창고 및 소각장 화재 사건이 증거인멸과 관련되어 있는지 신속하고 면밀한 조사가 시급하다.

▲ 4,15총선 이후 12곳 물류창고 화재.... '부정선거' 의혹 관계 있나?
/ 사진=YTN 뉴스 캡쳐 © 더뉴스코리아

1. 경기 이천 물류창고 화재, 4.29
2. 경남 김해 폐기물처리장 화재, 4.30
3. 경남 함안 폐지적재장 화재, 4.30
4. 경북 성주 재활용업체 화재, 4.16
5. 부산 대저 물류창고 화재, 4.21
6. 군포 물류창고 화재, 4.21
7. 경기 안성 죽산면 재활용업체 화재, 4.23
8. 이천 설성면 폐기물처리장 화재, 4.28

9. 화성 폐기물업체 화재, 4.29
10. 경북 영천 금호읍 폐기물처리장 화재, 5.2
11. 김포 폐기물처리장 화재, 5.7
12. 경기 고양 물류창고 화재, 5.12
13. 경기도 파주 드라마스튜디오창고 화재, 5.9
14. 등등

이들 지역의 물류창고에는 투표지와, 개표에 사용된 장비들이 보관되어 있을 것으로 추정하고 있다.

특히, 4월 21일 경기 군포 복합물류터미널 화재는 220억 피해를 냈는데, 창고에 전자개표기가 보관되어 있었다. 다행히 선관위 관계자는 이번 화재에서 불에 타거나 손상을 입은 전자개표기는 없다고 발표하였으나, 하필 QR코드 판독기가 설치된 것으로 의심받고 있는 전자개표기가 보관된 창고에서 불이 났는지 검찰의 수사가 필요하다.

7. 우리의 대응

QR코드를 사용한 '표 투입' 의혹을 밝힐 수 있는 것은 중간서버 포렌식이 가장 중요하다. 그러므로 중간서버 하드디스크를 확보하는 것이 제일 중요하다. 그러나 이것은 이미 파괴되었을 가능성이 높다. 이런 증거물을 임대계약을 핑계로 파괴한 조치에 대해서, 그리고 서버에 외부 침입이 가능하도록 입찰 요건을 마련한 것에 대해서 선관위를 고소하여야 한다. 또한 사전투표지를 투입하고도 증거가 남지 않도록 모든 조치(투표수 확인서 없음, 관외 사전투표 보관함에 CCTV를 설치하지 않은 행위)를 취한 선관위를 위계에 의한 선거 방해죄로 고발하여야 한다. QR코드에 개인정보가 들어 있느냐 아니냐는 현재로서는 그리 중요하지 않다.

또 한 가지는 진짜 투표지는 일련번호가 들어 있는 표이기 때문에 서로 다르나. '표 투입' 때 사용한 위조투표지의 QR코드는 같은 것이 존재할 가능성이 높으므로 사전투표지 모두의 QR코드를 확인하여 동일한 코드가 나오는지 검토해 보아야 한다. (중요함)

진짜 사전투표용지는 일련번호가 있으므로 QR코드를 모두 촬영하여 일련번호를 확인해 보는 것도 중요하다. 일련번호 마지막 번호는 각 투표소 총 투표인원 수와 같아야 한다.

또한 비례대표용지와 지역구 용지는 한 쌍이 존재해야 한다. 이것도 확인해 보아야 한다.

QR코드 판독기가 있으면 작업이 훨씬 쉬울 것이다. 재검표 때는 기표

에만 신경쓰지 말고 QR코드를 모두 촬영하여 이미지 분석을 해 보아야 한다. (필수)

서울·인천·경기·충청 지역 사전투표소 사전선거일 CCTV영상을 확보하여 사전투표에 참가한 실제 사람 수와 투표지 매수를 비교해 보면, 위조투표지 투입 여부를 확인할 수 있다. 투표지 매수가 투표자 수보다 33% 정도 더 많을 것이다.

중앙선관위는 법원의 증거보존 명령에 대해 사전투표자 명부가 존재하지 않는다고 답변한 바 있으나 중앙선관위가 연령대별 사전투표자 수 그래프를 작성 배포한 것으로 미루어 볼 때, 중앙 선관위는 사전투표자 명부를 갖고 있음에 틀림없다. 중앙선관위는 법원의 명령에 따라 사전투표자 명부를 제출해야 한다.

| 제7부 |

【공직선거법】 개정 방안과 국민주권 실현

| 第7部 |

【공직선거법】 개정 방안과 국민주권 실현

제6부에서 살펴본 것처럼, 우리나라의 중앙선거관리위원회는 직무유기를 넘어 부정선거를 획책한 주범임이 거의 드러난 상황이다. 마치 고양이에게 생선가게를 맡긴 꼴이다. 선거범죄자들을 색출하여 국기문란사범으로 엄정히 처벌함은 물론, 중앙선거관리위원회의 인적 구성의 대폭 교체가 필수적이다.

신뢰를 잃어버린 선거관리위원회는 더 이상 국민주권의 실현 기능을 수행할 수 없다. 정보화 사회의 디지털 기술에 대처하는 선진 각국의 선거에 관한 입법례를 살펴본 다음, 이를 바탕으로 바람직한 【공직선거법】 개정 방안을 도출해 보자.

1. 신뢰를 잃어버린 선거관리위원회[1]

"컴퓨터(로 진행한) 투표와 개표는 독일 헌법재판소의 판결에 의해 '위헌'이다. 일반 비(非)전문가인 시민이 전 선거 과정을 검토할 수 있어야 한다는 공

1 이 글은 2020. 05. 26. 김대중 칼럼니스트 djkim@chosun.com가 쓴 [김대중 칼럼] "표를 세는 사람이 모든 것을 결정한다?"를 옮겨 쓴 것임을 밝힌다.

개성 원칙이 있어야 한다는 판결이다." 박광작 성균관대학교 명예교수가 지난 15일 SNS에 2009년 독일 헌법재판소의 판결문을 공유하면서 올린 글이다.

이 판결의 영문(英文) 골자를 보면 헌법재판소는 2005년 실시한 독일연방 하원 의원 선거에서 컴퓨터로 결정된 투·개표에 항의하는 시민 고발사건 2건을 판시하면서 "그 사안에 '전문적 지식'이 없는 시민에 의해 투표의 핵심 과정과 개표 결과가 검증되는 것이 요구된다."고 했다. 즉, 투·개표의 모든 과정은 헌법상 예외 규정이 없는 한, 시민적 재검표 대상이 된다는 것이다.

우리가 이 판결에서 주시하는 것은 두 가지다. 하나는 '선거의 공공성(public nature of elections)' 개념이고, 다른 하나는 시민의 재검표 권리이다. 특히 투·개표 과정에 대해 전문적 지식이 없는, 다시 말하면 이해 관계자가 아닌 '일반 시민의 재검표 요구'를 수용한 것이 중요한 대목이다. 선거가 권력자나 이해 관계자끼리 하는 게임이 아니고 일반 국민이 참여하는 공공 행사라는 의미인 것이다. 즉, 컴퓨터 서버니 QR이니 바코드니 하면서 일반 국민이 접근하기 어려운 영역을 설정해 놓고 자기들만의 '암호'처럼 까불어대는 것을 경계한 것이다. 의문이 있는 시민은 구체적 증거 없이도 누구나 언제나 투·개표 과정을 들여다볼 수 있고, '다시 보기'를 요청할 수 있어야 한다는 것이다.

소련의 독재자 스탈린이 남긴 유명한 말이 있다. "표를 찍는 사람은 아무것도 결정하지 못한다. 표를 세는(count) 사람이 모든 것을 결정한다." 투표하는 사람은 자기 표가 어디로 가는지 모르고, 개표하는 과정에서 어떤 인위적 작용에 따라 승리가 결정된다는 말이다. 그것이 선거의 맹점이고 함정일 수 있다. 권력을 쥔 세력에 어떤 자제와 제어를 기대하는 것 자체가 연목구어다. 고금을 통해 권력을 쥐면 자기 아닌 상대방은 모두 적폐로 몰 수 있다. 또 법도 바꾸고 죽은 사람도 살리고 살아 있는 사람도 죽일 뿐 아니라,

돈도 벌고 좋은 자리도 차지하는데 왜 굳이 정직한 척할 필요가 있겠는가.

현실로 돌아와 우리는 지금 난감한 상황에 처해 있다. 4.15총선에서 투·개표 부정에 관련된 문제점, 특히 사전투표의 문제점이 강하게 제기되고 있다. 대부분의 통계학자도 통계상 오류를 지적하고 있다. 투표용지가 야당의원 손에 들어가고, 개표한 용지가 빵 상자 속에 처박혀 있었다. '빳빳한 신권 다발처럼 묶인 사전투표지'를 고발한 변호사도 있다. 그럼에도 여야 정치권은 물론 친여·친야 사이에서 공방만 난무하고 있고, 정작 그 여부를 가릴 선관위는 팔짱을 끼고 있다. 가관인 것은 야권 내에서 '부정이 있다 없다'로 인신공격이 계속되고, 야권의 유튜버 사이에서도 '사쿠라 논쟁'이 일고 있는 것이다. 보수·언론 내에서도 부정 여부를 둘러싸고 자해적(自害的) 논쟁이 일고 있다.

선관위가 재검표에 적극 나서고, 의문이 제기된 곳을 사정 당국이 법적으로 들여다보면 진상은 규명될 수 있다. 그런데 그것이 문제다. 선관위는 이미 신뢰를 잃었다. 문재인 대선 캠프에 있던 인사가 선관위원이 되고 야당 몫 선관위원 자리가 공석인 상황에서, 선관위가 의혹을 밝히는 데 나설 것인지는 미지수다. 이미 제기된 재검표 요구 등 139건의 선거무효소송을 어떻게 수용할는지도 불투명하다. 검찰의 권력 감시 의지는 아마도 '조국 사태'까지일 공산이 크다. 검찰의 기(氣)는 이미 꺾인 듯하고 강직한 검사는 이제 소수로 몰리고 있는 상황에서 집권당이 심취해 있는 '4·15 승리'에 칼을 들이댈 용기가 있는지 모르겠다. 이 나라 사법의 총책인 대법원은 국민 사이에서 권력의 하수인으로 인식된 지 오래다.

이런 와중에 선거 부정을 제기하는 것조차 공연히 일을 만드는 것처럼 여겨지는 분위기다. '또 선거 부정 타령이냐'는 일부 비아냥에 문제는 덮이고 있다. 우리에게 독일 헌법재판소 판결 같은 한 줄기 '소나기'는 없을까? 우리에게 선거

부정을 고발할 내부의 용기는 없는 것일까? 우리에게 '표를 찍는 사람이 모든 것을 결정하는' 세상은 요원한 것인가?

한편 4.15총선 부정선거의혹 진상규명을 요구하는 목소리가 높아지고 있는 가운데, 민경욱 미래통합당 의원을 비롯하여 유명 유튜브 방송인 〈바실리아TV(죠슈아)〉·〈이봉규TV〉·〈공선감TV〉·다수의 '디시인사이드 우한갤러리' 회원 및 많은 구리시민들이 함께 5월 20일에 구리시 선거관리위원회 사무실 앞에서 밤샘을 하였다. 최근 복수의 개표소에서 투표분류기와 계수기·노트북 등에 조작 가능성이 있다는 의심을 살 만한 영상이 다수 확보된 상황에서, 구리시선관위에 보관된 투표분류기와 노트북의 보관과 보안은 초미의 관심사가 되었다. 이들 물품들은 5월 19일까지 구리시선관위 사무실에 보관되어 있다가 5월 20일 중앙선관위로 옮겨갈 예정인 것으로 알려지고 있는데, 중앙선관위에 따르면 전국 개표소에서 쓰인 투표분류기 등 주요 물품은 군포물류센터 C동으로 이동된다고 했다. 그 결과 전국에서 구리시선관위에 모인 이들 '시민지킴이'들은 5월 20일 0시 5분 현재 4.15부정선거의혹을 규명하려는 목적으로 자리를 지키고 있으며, 투표분류기와 노트북 등 개표에 쓰인 물품의 보안을 밤새 챙긴다는 계획이었다. 당시 구리시선관위에는 22대의 사전투표기, 4대의 분류기와 다수의 노트북 컴퓨터 등이 보관되어 있었다. 당시 구리시선관위 앞의 상황은 〈공선감TV〉를 비롯해서 〈국민주권신상민TV〉·〈이봉규TV〉 등에서 실시간으로 현장중계를 하여, 유튜브 채널을 포함한 1인 미디어가 큰 역할을 해내었다.

구리시선관위에 보관되었던 전자개표기에 대한 유튜브 등의 폭로가 이어지자, 도둑이 제 발 저린 격으로 '중앙선거관리위원회'가 5월 28일 전자개표기에 대한 공개 시연회를 열었다. 이것이 바로 자충수였다. 2002년 전자개표기가 도입되고 지금까지, 시민단체들이 꾸준히 공개 검증을 요청했지만 단 한 번도 응하지 않았던 '선관위'가 갑자기 시연회를 하겠다고 나선 것이다. 통상 공개시연회를 하기 위해서는 언론사는 물론이고 정당의 실무자와 부정선거 관련 시민단체 전문가 정도는 공식 초청하는 것이 상식이다. 그런데 선관위는 자기들의 입맛에 맞는 언론사 기자들만 초청했다.

이것은 2012년 2월에 있었던 박원순 아들 박주신의 공개신체검사의 데자뷰다. 어설픈 단 한 번의 '신체검사쇼'로 박원순 아들 박주신의 병력비리가 그냥 덮였었다. 그런데 이번에도 마찬가지로 공개시연 '쇼'를 한 것이다. 쇼의 목적은 당연히, 아직도 깨어나지 못하고 있는 우매한 국민들을 속여 부정선거에 대한 불길 확산을 막아보겠다는 얍삽한 꼼수다.

그런데 선관위의 시연 쇼가 '양심고백장'이 되고 말았다. 시연과정에서 '전자개표기가 불법임을 스스로 자인'하는 장면이 연출된 것이다.

첫째, 전자개표기 안에 '무선랜카드'가 있었음을 고백했다. 지금까지 선관위는 "투표지분류기 안에는 외부와 통신을 할 수 있는 무선랜카드 따위는 없다."고 수차례 공언해 왔다. 랜카드 자체가 없으니 외부와 연결할 수 없고, 단지 투표지를 분류하고 집계만 가능하다는 것이다. 【공직선거법】에는 외부와 통신이 가능한 '전자개표기'는 쓸 수 없도록 규정되어 있기 때문이다. 그런데 랜카드를 제거한 흔적이 남아 있었고, 한 기자가 질문을 하자 당황한 나머지 한 직원이 "자신이 랜카드를 뺐다."고 실토를 하고 만 것이다.

따라서 투표지분류기 안에 무선랜카드가 있었다면 이 기계장치는 자동적으로 전자개표기가 되어, 전자개표기를 쓴 4.15총선뿐 아니라 2002년부터 실시한 모든 선거가 자동무효가 된다. 이 점에 대해서는 미국 IBM의 반도체 설계매니저였던 벤자민 윌커슨(한국명 박타미) 대표가 〈이봉규TV〉에 출연하여 방송한 내용("[특종] 구리선관위 보관 전자개표기 정밀분석 [벤자민 윌커슨-컴퓨터 공학자]")을 참조하면 자세하게 이해할 수 있지만, 여기서 간략하게 그 내용을 살펴보자.

우선, 벤자민 윌커슨의 설명에 의하면, 전자개표기(일명 투표지분류기)에 통신기능이 없다는 선관위 주장과는 달리 전자개표기에 통신기능이 있다. 투표지분류기와 계수기는 전산망에 연결되어서는 안 되는데, 분류기에 최초 코드를 다운받는 절차가 있고 계수기에는 통신모듈이 있다. 따라서 선거구 선거인 수가 인쇄된 개표상황표가 바로 투표지분류기가 메인서버와 무선통신을 했다는 증거다. 이를 증언하는 내부관계자의 녹취록이 있다. 또한, 벤자민 윌커슨의 설명에 의하면, 개표기에 엄청난 용량의 CPU와 컴퓨터 시스템이 내장되어 소프트웨어를 바꿀 수 있는 장치임으로 조작이 가능하다. 그리고 껐다가 다시 켜면 원래 프로그램으로 돌아가서, 개표기가 조작에 의해 분류하는 작업이 다시 원래대로 정상 작동되어 참관인이 알 수가 없다. 그리고 불필요하고 정보 유출의 위험이 있는 USB 단자가 여러 개 내장되어 있다.

둘째, 문제의 QR코드가 불법적으로 사용했음을 고백(?)했다. 우리는 이번에 QR코드가 부정선거의 핵심임을 알았다. 사전투표지에는 QR코드를 다 넣었고, 전자개표기에 있는 센서가 QR코드를 읽는 순간 QR코드에 이미 정해져 있는 기표가 노트북 화면에 숫자로 집계되도록 되어 있었다. 우리가 직접 기표한 도장은 아무런 역할을 할 수 없었던 것이다.

그런데 〈안동데일리〉의 조충렬 기자가 "1. 중앙선관위는 【공직선거법】 제249조 투표위조 및 증감죄를 저지른 선거당사자로 제2항에 의한 신분범으로 가중처벌을 받아 징역 3년 이상 10년 이하에 해당하는 범죄자들입니다. 2. 또 당신들은 국민이 선출한 국회의원들이 만든 【공직선거법】 제151조 제6항을 명백히 어기고 헷갈리지 말라고 정의규정까지 만들어 '막대모양의 바코드'라고 있는데, 법까지 어겨가며 굳이 'QR코드'를 2차원 바코드라고 억지를 쓰는 의도가 무엇인가요?"라고 질문하여 법에도 없는 QR코드를 왜 썼는지를 묻자 선관위 간부는 얼떨결에 양심고백을 하고 말았다. 그는 "우리가 국회에 QR코드를 빨리 법으로 정해 달라고 했지만, 국회가 정해주지 않았기 때문에 QR코드를 그냥 쓰고 있다."면서 QR코드를 쓰게 된 책임을 국회로 교묘히 돌리며, 법 제정 이전에 불법 QR코드를 썼음을 스스로 실토하고 만 것이다.

또 조충렬 기자가 "일단 선관위 당신들은 현행법을 어겨 사법처리 받을 대상인데도 불구하고, 교만하고 오만한 자세로 국민의 대표이자 입법부인 국회가 당신들의 요청한 대로 하지 않았다는 망발을 하느냐? 그래서 '당신들은 법과 국민 위에 군림하냐?'는 소리를 듣는 거다.

3. 선관위 당신들이 만든 'QR코드'는 기존에는 일련번호를 넣지 않다가, 이번 선거에는 당신들이 이미 밝힌 대로 위조방지를 한다며 넣어놓았는데…"라며 질문을 이어 나가자, 급당황한 선관위 직원이 "다른 기자에게도 질문 기회를 주어야 한다."는 핑계로 송곳질문을 하려던 조충렬 기자의 입을 막았다. 그는 "전주시 완산구선관위에서 발견된 유령표 '10매'는 선거무효소송을 떠나 먼저 일련번호를 살펴보면 부정선거가 있었다는 사실을 입증하는 중요한 증거가 되지 않는가?" 라고 추가질문을 하려고 했지만, 두 번째 질문을 마친 후 세 번째 질문에 대해 더욱 답변하기가 곤란해진 선관위 직원이 다른 기자들에게도 고르게 질문 기회를 주어야 한다는 핑계로 결국 질문을 가로막았던 것이다.

만약 이것이 사실이라면 이것은 결코 그냥 넘어가서는 안 되는 일이다. 선관위가 국회에서 법으로 정해지지 않는 불법도구를 썼다는 것을 공개된 장소에서 스스로 고백했기 때문이다. 국회보다 더 위에 있는 존재가 선관위로 하여금 그냥 쓰라고 명령을 내렸고, 선관위는 국회보다 더 힘을 가진 존재가 쓰라고 하니 그 힘만을 믿고 쓰고 만 것이다.

이상 이 두 가지가 5월 28일 시연에서 선관위가 보여준 양심고백의 내용이다. 이것 이상 더 명백한 불법 증거가 무슨 필요가 있을까?

그런데 5월 28일 시연회를 통해 우리 국민들이 매우 중요한 한 가지를 추가로 확인했다. 그것은 바로 시연회에 참여한 대한민국 주류 언론사들이 모두 선관위와 '한패'라는 사실이었다. 우리는 지금까지 제도권

주류 언론들이 왜 이렇게 명백한 부정선거에 대해 침묵해 왔는지 이유를 몰랐다. 〈안동데일리〉의 조충렬 기자 단 한 명을 빼고는 거기에 참여한 기자 모두가 기자가 아니라 '기레기'들이었고, 우리는 어제로써 대한민국 언론이 공식 사망했음을 분명히 확인했던 것이다. 입법·사법·행정부가 주인인 국민을 버렸고, 언론·방송마저 국민을 버렸다는 엄중한 사실이다.

대한민국 정부와 언론들이 주인을 버렸으니 주인은 어떻게 해야 하는 것일까? 이제 주인들이 나서서 스스로 새 판을 짜는 방법 외에 다른 방법이 없지 않을까? 공복(公僕)들이 주인을 버렸으니, 이제 주인이 나서서 공복들을 갈아치우는 수밖에 없다. 그렇지 않으면, 주인들이 공복인 공무원들에 의해 오히려 죽게 될 것이기 때문이다. 이와 아울러, 공복들의 우두머리를 주인이 뽑는 【공직선거법】을 한시 바삐 개정하여야 한다.

2. 바람직한 【공직선거법】 개정 방안

국민이 바라는 것은 간단하다. 국민주권을 조작당하지 않는 것이다. 투표권을 행사했는데 조작당한다면 민의를 알 수가 없는 암흑의 시대로 접어드는 것이다. 투표권이 조작당하지 않고 공정한 선거가 이루어지기 위해서는, 투표 후 즉시 현장에서 수(手)개표를 할 것을 주장한다. 이렇게 하면 조작할 수가 없다. 이를 위해 지금까지 의혹의 대상이 되어 온 전자개표기(투표지분류기)와 사전투표를 폐지하여야 한다. 사전투표는 과거의 부재자투표 제도로 충분하다. 공정성을 의심받고 조작이 성행하는 상황에서 사전투표의 편리함만을 강조하는 것은 어불성설이다.

이 모든 것을 규정하기 위해서는 【공직선거법】을 전면 개정하여야 한다. 국민이 투표권을 제대로 행사할 수 있도록 기본으로 돌아가야 한다. 국민주권을 형해화시키는 악법을 국민이 나서서 개정해야 한다. 3.15부정선거가 일어난 후 4.19혁명에 의해 수립된 장면 정부가 채택한 선거법으로 돌려놓아야 한다. 부정선거를 규탄하는 시민들이 바라는 국민주권을 찾는 길은 【공직선거법】을 전면 개정함으로써 실현된다. 국회에서 【공직선거법】을 개정하도록 범(凡)국민적인 서명운동이 필요하다. 정치권의 호응이 없을 경우에는 '국민주권회복운동'을 힘차게 전개해야 한다.

국민주권을 잃어버리고도 국민이 분노할 줄 모르면 국민주권은 영영 찾기 힘들다. 이런 사회가 바로 독재국가다. 국민의 여론을 반영할 수 없는 체제가 바로 조지 오웰이 예견했던 '동물농장'이고, '1984' 체제다. 국민주권회복운동의 종착점은 결국, 헌법적으로 국민저항권의 행사로 나타날 수도 있다. 이를 위해서는 우선 조작당하는 줄도 모르는 국민들이 깨어나야, 비로소 공직선거 악법을 제대로 개정할 수 있다. 조작당하는 줄도 모르는데 어떻게 【공직선거법】을 개정할 수 있겠는가?

국민들이 현행 악법에 저항하여 '국민주권회복운동'을 확산함으로써 1차적으로 더 이상 조작당하지 않도록 한 후, 문재인 정부에 예속당한 사법부가 아니라 객관적인 제3의 독립기구에서 진상조사를 하여 모든 의혹을 밝히는 것이다. 이런 절차를 거쳐 【공직선거법】을 개정하자는 것이 '국민주권회복운동'의 궁극적인 목표다.

오늘날 이처럼 총체적인 부정선거가 가능하도록, 대여섯 차례에 걸친 '살라미전법'으로 공정선거를 위한 안전장치를 모두 풀어 젖혀 제도화시킨 부역자들은 역사에 기록하고 반드시 징치해야 한다. 선거법을 투표조작의 원천으로 만드는 데 부역한 정치인들에 대해 반드시 응징해야 한다. 자유민주주의의 국민주권을 형해화시킨 그들이 정치를 계속하게 놔두면 안 된다. 보다 적극적인 방법으로는 【공직선거법】을 투표조작의 온상으로 만든 정치인들에 대한 국민의 심판이 있어야 한다. 사전투표가 악용되고 있다는 것을 알면서도 대한민국의 국민주권을 형해화한 국기문란범들의 죄상을 밝혀, 역사에 기록하여 후세에 본보기로 삼아야 한다.

3. 국민주권 실현을 위한 자유시민운동[2]

이처럼 우리는【공직선거법】의 올바른 개정과 아울러 국민주권회복과 그 실현을 위한 자유시민운동을 힘차게 벌여나가야 한다. 자유시민운동의 목표와 그 필요성을 적확하게 지적한 〔정의를외치는교수들의모임(정교모)〕의 성명서가 있어 이를 살펴보기로 하자.

사회정의를 위한 범국민 자유시민운동을 시작할 때

1. 우리가 외치는 건 상식과 진실입니다.

그냥 선거부정 범죄는 범죄로 처벌해야 한다는 말입니다. 정치적 이해관계가 없는 사람들이 여기 모여 이야기하잖아요. 권력이 상식을 벗어날 때, 지성인은 상아탑을 나서고 젊은이들까지 일어섭니다. 세상에서 가장 큰 힘입니다. 우리는 지금 여기에서 그 상식과 힘의 무서움을 경고합니다.

선거불복, 정치 투쟁, 보수 승리, 그런 말들로 아직도 우리를 폄훼합니까? 우리는 상식과 진실을 위해 모였고, 모인 것으로 우리는 이미 이겼기에 정치적 승리에 집착하지 않습니다. 조국이 사임한 10월 14일이 아니라 6,200명의 교수모임인 정교모가 거리로 나간 9월 19일에 이미 조국은 무너진 겁니다.

여기 모인 우붕(牛棚)이들이 통계학적 상관관계 분석을 알기 쉽게 콜럼버스의 달걀처럼 세우고 모든 자료를 공개했는데, 그걸 보고도 믿지 못하는, 아니 애써 믿으려 하지 않는 꼰대들은 할 수 없는 겁니다. 우붕이들이 거리로 나선 5월 1일 이미

---

2 이 글은 〔정교모〕 공동대표인 최원목 교수가 서울대트루스포럼·우붕이들과 함께 2020. 5. 26. 10시부터 12시까지 프레스센터에서 벌인 '범국민 자유시민운동의 출범식'에서 발표한 "사회정의를 위한 범국민 자유시민운동을 시작할 때"라는 제목의 성명서를 전재한 것이다.

부정선거 세력은 역사적으로 패배했습니다. 트루스포럼이 두 차례에 걸쳐 정리한 성명서도 선거부정 의혹의 합리성과 검증의 당위성을 이미 청년세대의 눈으로 입증했습니다.

2. 과거 부정선거 시비와는 차원이 다릅니다.

과거 정치권에서 제기됐던 부정선거 시비와는 차원이 다릅니다. 이번에는 정치중립적인 청년들이 먼저 냄새를 맡고 국내외 자유시민과 학자들이 자발적으로 참여해 치열한 자체 논쟁을 거쳐 검증했기 때문입니다. 개표사무원이 조선족 알바였다는 것도 알아냈고, 그 때문에 조기에 중국인 입국을 막지 않았다는 설득력 있는 설명도 제시했고, 선관위가 중국산 화웨이 전자 장비를 쓴 이유도 추적했고, 수도권 사전선거에서 민주당과 통합당 득표율이 63:36으로 균일하게 나타났다는 것도 포착해 냈습니다. 사전선거에서 경기·서울을 비롯한 전국에서 수많은 동 단위 선거구가 있는데도 균일한 격차가 나왔다는 것 자체가, 통계학을 이야기하기 전에 상식 수준에서 부정선거를 확신할 수 있는 콜럼버스의 달걀입니다. 달걀 세우기를 처음에 생각하기는 어려워도 콜럼버스에 의해 세워진 달걀은 여러분 눈앞에 있습니다.

아직도 하늘이 지구를 중심으로 돈다는 천동설을 벗어나지 못하는 사람들은, 그게 자신들이 정치적으로 구축해 놓은 이념체계이기 때문에 거기서 벗어나지 않으려 하는 겁니다. 데카르트의 기본조차 말할 자격이 없는 사람들이 현대학문 세계에서 '지식인'이라는 포장을 뒤집어쓰고, 중세시대의 도그마처럼 남의 자유와 탐구의 영역에 침을 뱉기까지 합니다.

현재 노골적으로 드러나고 있는 여러 증거와 정황엔 눈을 가리고, "이것도 증명해라, 저것도 증명해라"며 원색적 비난까지 섞어가며 요구사항이 끝이 없습니다. 이념 대립의 도그마에 빠진 기성세대의 자화상입니다.

3. 범죄행위 영상이 찍혀야 유죄판결이 납니까?

살인죄가 유죄로 판정될 때 사람을 죽이는 모습이 꼭 영상으로 담겨야 유죄판결이 납니까. 그런 영상을 찍는 건 거의 불가능합니다. 여러분들과 자유시민들이 하나하나 쌓아올린 직접증거들, 간접증거들, 정황증거들이 이미 살인죄를 입증하고 있습니다. 최소한 살인죄 기소요건은 충분히 갖췄습니다. 선거부정은 온 국민을 살해하는 범죄입니다. 그런데 사법당국은 아직도 제대로 된 전면조사나 기소조차 안 하고 있습니다. 함께 드러난 것은 국가 전체의 이익을 추구해야 할 공권력을 진영논리 강화와 사익을 추구하는 도구로 남용하는 정권, 의도적으로 구축한 이념진영들이 거대한 연합요새로 커버린 현실, 그리고 이념집단이 이권수탈 세력으로 변질되면서 보편적 양심의 적으로 드러나고 있는 상황입니다. 선거조작까지 하면서 100년 정권을 유지하려 하는 어리석은 정치는 자체적으로는 치유 불가입니다. 최근 2년 동안 광화문을 비롯한 도처에서 셀 수도 없는 시민집단이 자발적으로 구성돼 현 정권에 대한 집단적 저항권을 행사해 왔습니다. 그러던 중 코로나19 사태가 발생해 모든 집회가 금지되고, 국민들의 관심은 위기극복 의식에 빼앗겼습니다.

이제 '4.15부정선거 규명'이라는 새로운 국면이 펼쳐지고 있고, 이것은 국민 모두에게 치명적인 경종을 울리고 있습니다. 국민 한 사람 한 사람이 자신의 권리가 전체주의에 오염되고 있는 걸 피부로 확인할 수 있기 때문입니다.

4. 그래서 일반인들이 나서고 있는 겁니다.

내가 행사한 표가 1번 후보자로 몰렸다니. 내가 모든 정치인들이 꼴보기 싫어서 기권한 내 표가 사전투표 1번 지지로 둔갑했다니. 100명이 투표하고 투표용지가 110장이 나오고, 개표장에서 봉인지가 훼손된 투표함이 여기저기 발견되고, 개표할 때 빳빳한 표가 쏟아져 나오고, 개표기 오차율이 10%를 넘어섰으면, 선거조작 가능성은 현실이 됩니다.

라벨 프린터로 절단해서 하나씩 나눠주는 투표지 중에서 붙어 있는 투표지가 여러 장 발견되고, 분류기가 무효표를 민주당으로 밀어 넣었고, 성북구을에서 성북구갑 투표지가 나오고, 개표기에 통신기능이 어쨌든 있는데도 선관위는 전혀 없다고 반복적으로 변명해 댔고, 내부 고발자라 자칭하는 사람이 거짓이면 엄중히 처벌받을 것을 알면서도 공개 인터뷰를 하고 나섰고, 현직 국회의원이 중국 공산당 구호가 코드화되어 숨어 있다는 것과 그 코드 해독과정을 다 공개해 버리는 일이 있었다면, 선거조작 가능성은 의혹 차원을 넘어서 전면적 진실규명만 남은 겁니다. 그런데도 관련 국가기관들은 모두가 조용합니다. 청와대, 선관위, 감사원, 검찰, 경찰, 외교부 등 관련기관들이 한두 개가 아닌데 눈치 보기로 여론 향배만 주시하고 있는 것 같습니다. 집권당은 물론이거니와 야당의 역할은 기대조차 안 합니다. 법 집행기관들이 묵묵부답할거라면, 차라리 수많은 증거를 제시하는 사람들에 대한 허위사실 유포죄 조사라도 개시해야 하는 것 아닙니까?

지금 우리사회에서 언론은 죽었습니다. 견제관계여야 할 권력과 언론이 공생관계로 바뀌고, 나아가 일체관계로 발전한 현실이 이번 기회에 확실히 드러났습니다. 정권이 미디어 의제를 마음대로 주무르니 사회적 의제 또한 거기에 연동됩니다. 적폐청산과 친일이 사회적 화두가 되고, 정권의 넘쳐나는 스캔들·부도덕성은 용두사미로 처리합니다. 특히 이번 4.15총선의 부정 의혹은 민주주의의 근간을 흔드는 중차대한 사건임에도, 아직 미디어 의제로도 발전하지 못하고 있습니다. 한 마디로 한국이 전체주의 국가로 진입하고 있고, 정부에 비판적 의견을 표하는 지식인부터 정말로 하나둘씩 밤중에 사라질 날이 다가오고 있는지도 모릅니다. 문화혁명 당시에 지식인들을 소 우리에 가두었기에, 소 우(牛) 우리 붕(棚), '우붕이'라는 말은 탄압받는 지식인을 상징하는 말입니다. 우리 속에서 소처럼 울부짖는 우붕이들이 지금 여기 와서 그걸 입증하고 있잖아요. 이런 분위기가 대세일 때 항상 일어나는 일이, 약삭빠른 지식인들부터 대세에 편승한다는 겁니다. 앞장서서 선거부정 논리를 왜곡시키고 터부시하는 데 일조하는 사람들이 그들입니다. 자신들의 신념이 그렇더라도 도대체 검증해서 진실이 무엇인지 찾아보자는데, 그걸 왜 원색적으로 비난하며 앞장서서 틀어막습니까?

5. '사회정의를 위한 범국민 자유시민운동'을 시작해야 합니다.

이미 〔정교모〕는 그동안 여러 차례에 걸쳐서 '사회정의를 바라는 자유시민운동(Citizens' Solidarity for Freedom and Justice)'을 제창했습니다. 대한민국 지식인집단과 시민단체들로 〔사회정의를 바라는 자유시민연합(자유시민연합)〕을 구성하여, 위선의 정부를 퇴출시키고 사회 각 분야에 자리 잡은 전체주의적 이념진영과 이권수탈 연합세력을 몰아내는 것이 시대적 사명임을 제창했습니다. 우리는 대한민국이 지향해야 할 3대 목표로 (1)자유로운 사회, (2)진실에 기초한 정책, (3)정의로운 법치를 제시했습니다.

지금은 진실이 자유고 정의입니다. 이러한 '자유시민운동'은 전체주의화되어 가고 있는 대한민국을 구해 내는 것이 급선무이므로, '전체주의 반대 범국민투쟁'의 이름으로 전개됩니다. 우리는 전체주의화를 주도하는 핵심세력의 배경에 특정이념 네트워크로 연결되어 있는 3개 집단이 있음을 주목했습니다. 교육, 법조, 언론방송 분야의 이념집단을 해체시키지 않고서는 전체주의 망령은 우리와 후속세대를 늘 괴롭힐 것입니다. 이번 부정선거 검증을 조직적으로 가로막거나 의도적으로 직무유기하고 있는 이념진영들이 법조계와 언론방송분야에 포진해 있습니다. 이들을 국민의 이름으로 해체시키지 않고는 오늘과 같은 일이 언제라도 벌어질 수 있습니다. 이제는 '사회정의를 위한 범국민 자유시민운동'을 시작할 때입니다. 소 우리에 갇힌 보통사람 지식인들이 상식과 양심으로 우는 울부짖음이 얼마나 무서운 것인지를 역사는 이미 알고 있습니다.

4. 미·중 패권전쟁을 활용한 국민주권회복 방안

위에서 살펴본 【공직선거법】 개정과 자유시민운동을 해나가야 하는 것은, 우리의 자구 노력으로서 너무나 당연한 일이다. 하지만 오늘날과 같이 세계화된 국제정치적 환경에서는 국내 정치문제라 해서 국제정치적 상황을 무시하고, 우리 스스로 이 문제를 해결하자고 주장하는 것은 우물 안의 개구리와 같은 주장이다. 당연히 미·중 패권전쟁의 각축장이 되어 가고 있는 한반도의 지정학적 상황을 고려해야 한다.

4.15총선을 부정선거로 치른 증거가 점차 쌓여가는 이 상황에서조차, 행정부를 차지한 문재인 정부가 사법부와 선관위를 장악하고 있기 때문에 그 진실을 밝히는 사실 자체도 쉽지 않다. 전통적 우방인 미국을 버리고 중공과 협력하여 공산블록을 형성하기 위해 마지막 관문인 입법부를 장악하려는 목적으로 아날로그적 방식과 디지털 기술을 총동원하여 저지른 4.15총선의 부정선거 전모를 파악하고, 이를 다수 국민들에게 알리기 위해서는 자유시민들의 집단지성만으로는 부족한 실정임을 겸허히 수용할 필요가 있다.

마침 우리의 맹방인 미국에서도 2020년 대선을 치르고 있는 중이다. 그런데 러시아뿐만이 아니라 중국과 이란도 미국의 2020년 대선(US elections)에 개입할 것이라고, 미국의 전문가들이 경고를 했다고 한다. 미국 정부와 트럼프를 비롯한 공화당 진영에서는, 러시아 외에도 중공을 비롯한 북한·이란 등이 자국의 명운을 걸고 필사적으로 2020년 미국의 대선개입과 투표조작을 벌일 것이라는 우려가 크다. 특히,

미국 정부는 중국의 2020년 대선 개입을 대단히 우려하고 있다. 미국에서는 한국의 4.15총선에서, 특히 관외 사전투표를 통한 부정선거 사례에 주목할 가능성이 크다. 왜냐하면, 미국의 민주당이 우리의 관외 사전투표와 유사한 위험성을 가지고 있는 우편투표를 주장하고 있기 때문에 그 반면교사로서의 사례가 필요하기 때문이다. 우리는 이처럼, 천재일우의 기회를 놓쳐서는 안 된다.

한편, 지한파이자 친한파 미국인 로렌스 펙(Lawrence Peck)이 최근에 "'핀란드화' 현상이 한반도에서 재연될 가능성을 주목하라."고 경고한 글을 살펴보기로 하자. 그리고 미국이 겪었던 외세 개입에 의한 부정선거의 사례를 일별하면서, 민간 차원에서라도 미국 공화당과의 공조를 통해 4.15부정선거를 밝혀내 국민주권을 회복하기 위한 대장정을 한 걸음씩 시작하여야 한다.

가. 핀란드화 현상이 한반도에서 재연될 것인가[3]

소련이 핀란드(Finland)를 상대로 추구했던 '핀란드화(Finlandizaton)' 책략을 이해하는 데 특히 주목해야 할 사실은 소련이 쿠시넨(Kuusinen)과 같은 핀란드의 '매국노'들만 아니라 파스키비(Paasikivi)와 케코넨(Kekkonen) 등, 입으로만 '현실주의'를 표방했던 핀란드 정치가들을 다 같이 활용했다는 사실이다.

또한 문제의 '핀란드화' 책략을 추구하는 과정에서 구소련에 의한 다양한 형태

3 이 글은 로스앤젤스(Los Angeles)에서 재미 한인사회 내부의 '종북'세력의 움직임을 모니터하고 있는 미국인 로렌스 펙(Lawrence Peck) 씨가 5월 20일 "'핀란드화' 현상이 한반도에서 재연(再燃)될 가능성을 주목하라."고 경고한 글을, 이동복(李東馥) 전 장관이 번역하여 소개한 것을 전재하였다.

의 검열(Censorship)들이 시행되었다. 그 중 어느 것은 구소련이 직접 요구한 것도 있지만 다른 것들은 핀란드가 스스로 알아서 긴 것들이었고, 그 밖에는 친소적이긴 했지만 긍정적인 것들도 있었다.

 뿐만 아니라, '핀란드화' 책략에서는 핀란드 공산주의자들이 추구했던 점진적인 정권 획득은 물론, 1948년에 시도되었던 즉각적인 쿠데타 계획 가운데 어느 것도 배제되지 않았다. 구소련은 핀란드에 아직 공산당 정권이 출현하지 않았는데도 비밀리에 핀란드의 동조 세력에게 미화 1,600만 달러에 상당하는 금품을 지원했다.

 핀란드 정부 안에는 이미 공산주의자들이 장관으로, 보좌관을 포함하여 정부 안팎의 요직을 점거하고 있었다.

 1970년대를 풍미했던 이른바 '유럽 공산주의자(Eurocommunists)' 현상에도 불구하고 핀란드 공산주의자들 가운데는 구소련 정부에 충실하게 충성을 바치는 강력한 스탈린주의자들이 포진하고 있었다.

1948년 핀란드 애국자들은 '물가 상승·거짓 공약·여론 탄압·관제 민주주의' 등을 예거하면서 "그만하면 이미 충분하다(Enough Already)."는 구호 아래 구소련에 의한 직접적 장악에 반대하는 투쟁을 전개했다.

 1940년 독일의 노르웨이(Norway) 침공 이후 핀란드에서는 나치에 협조한 키슬링(Quisling)이 새로이 '매국노'로 매도되었지만, 핀란드 공산당과 구소련과의 협조를 주장하는 쿠시넨(Kuusinen)은 이미 그 이전부터 '매국노'라는 꼬리표를 달고 있었다. 쿠시넨은 1939년부터 1940년 사이에 구소련이 핀란드를 침공했을 때 '민주 핀란드(Democratic Finland)'라는 명칭의 친소 정권을 수립했었다.

 그 다음에는 미국에서 핀란드계 미국인들 가운데 구소련 지지자들의 입장을 옹호하는 선전활동을 전개한, 잘 조직된 핀란드인 공산주의 운동이 등장했다. 구소련에 우호적인 핀란드계 미국인들에게는 미국의 '진보적'인 학계와 언론 및 문화계 안에 영향력이 있는 지지자들이 있었다. 심지어 비핀란드계 미국인들 사이에서는 1939년부터 1940년 사이에 전개된 구소련의 무력에 의한 핀란드 침공을 지지하는 '전위조직'이 출현하기도 했었다.

릴리안 헬맨(Lillian Hellman), 달톤 트럼보(Dalton Trumbo) 및 레스터 콜(Lester Cole)과 같은 스탈린주의를 추종하는 할리우드(Hollywood) 영화대본 작가들은 핀란드를 침공한 구소련을 공공연하게 옹호하고, 이에 저항하는 핀란드를 비난하는 활동을 전개했다. 헬맨 같은 자는 핀란드의 저항군을 위한 모금 공연을 가리켜 '호전적(好戰的)' 행사라고 비난했으며, 공산주의 전위조직인 '미국청년회의(American Youth Congress)'는 핀란드의 자위권 지지자들을 공격하는 성명을 발표하기도 했다.

1939년에는 심지어 할리우드의 저명한 예술가들과 지식인들이 연명으로 핀란드에 대한 구소련의 무력침공을 '자위행위'라고 옹호하면서 미국이 핀란드에 대해 전쟁을 선포해야 한다고 주장하는 '공개 성명'을 미국 공산당 기관지 ,데일리워커(Daily Worker)〉에 게재하기까지 했다. 영국에서는 문호 조지 버나드 쇼(George Bernard Shaw)와 노동당 지도자 애뉴린 베반(Aneurin Bevan) 및 맑스주의 사학자 에릭 홉스바움(Erick Hobsbawm)이 구소련의 핀란드 침공을 지지했었다.

나. 2020년 미국 대선에서 중공의 해킹을 우려하는 미국 법무부[4]

현재 미국 법무부는 중국이 해킹을 해서 개표과정이나 데이터베이스를 집중적으로 조작할 것을 대단히 우려하고 있다. 그 이유를 잠시 살펴보자.

중국은 대만의 선거과정에 계속 개입을 해왔다. 그러던 중 2020년 1월 11일 대만 총통선거를 한 달여 앞두고, 중국 스파이를 자처하는 20대

4 이 글은 2020. 5. 4. 〈Scott 인간과 자유이야기〉라는 유튜브, 제166회 방송을 참조하여 작성하였다.

청년이 〈호주TV〉와의 인터뷰에서 “중국 당국이 차이잉원 대만 총통의 재선을 막고자 조직적 선거 공작을 벌였다.”고 털어놨다.

2019년 11월 23일(현지시간) 호주 언론 〈시드니모닝헤럴드〉와 탐사방송 ‘60분’ 등은 “왕리창(26)이 중국 정부가 홍콩과 대만 등에서 벌인 공작활동 정보를 제공하는 대가로 호주 정부에 망명을 요청했다.”고 보도했다. 그는 중국계 홍콩회사로 위장한 정보기관에서 일했고, 중국 여권과 홍콩 주민증·한국 여권을 사용했다. 〈시드니모닝헤럴드〉는 “왕리창이 2015년 홍콩 서점 주인 5명을 중국 본토로 납치하는 데 관여했고, 지난해 8월 대만으로 건너가 차이 총통과 여당인 민진당을 낙선시키려고 노력했다. 차이 총통의 경쟁자인 한궈위 국민당 후보에게 2,000만 위안(약 33억 원)을 전달했다.”고 전했다. 홍콩과 대만은 발칵 뒤집혔다. 대만 당국은 왕리창이 근무했다는 ‘창신투자공사’의 샹신 총재를 간첩 혐의로 붙잡았다.

반중 성향의 차이 총통은 2016년 1월 당선된 뒤, 국정운영 미숙 등으로 어려움을 겪었다. 지난해 11월 지방선거에서 여당인 민진당은 국민당에 참패했다. 그럼에도 시진핑 중국 국가주석의 대만 압박으로 올 하반기부터 지지율이 급등했다. 그는 과거 자신의 실정으로 패배한 선거까지 ‘중국의 침투공작’으로 덮을 수 있게 돼, 내년 대선이 더욱 수월해졌다. 과거 우리나라 선거에서, 북한이 도발하면 보수정권이 반사이익을 얻던 ‘북풍’·‘총풍’과 비슷한 효과다.

반면, 홍콩사태 여파로 지지율이 급락한 한 후보와 국민당은 왕리창의 폭로로 회복 불능의 치명상을 입었다. 한 후보는 “중국에서 돈을 받은 증거가 나오면 대선 후보에서 사퇴하겠다."고 배수진을 쳤지만, 반전은 없었다. 이 날 〈빈과일보〉가 발표한 대선 여론조사에서, 차이 총통은 51%의 지지율로 경쟁 후보(19%)를 세 배 가까이 앞서며 격차를 최대로 벌렸다.

이처럼 왕리창은 여론전과 여러 가지 정치공작·매수 등을 중국 공산당으로부터 명령받고, 대만에서 수행하다가 자유가 그리워 호주에서 망명을 했다. 이 인터뷰를 계기로 대만, 호주, 뉴질랜드는 여러 가지 법안을 준비하게 되었다.

첫 번째는 중국의 개입을 차단하는 것, 특히 중국에 의해서 매수되는 것, 돈을 줘서 대만·호주·뉴질랜드 정치인들을 매수하는 것을 막기 위해서 여러 가지 법안을 만들었다. 특히 대만이 여기에 대해서 가장 심각한 법안을 이미 만들었고, 그래서 작년에 대만은 중국의 정치개입을 원천적으로 차단하는 법안을 만들었다. 중국으로부터 이제 정치헌금을 받아서도 안 되고 만약 그런 짓을 했을 경우 큰 처벌을 받게 되고, 여러 가지 대만의 독립을 지키기 위한 여러 법안을 만들었다. 호주 역시 이런 작업을 준비 중이고, 뉴질랜드 역시 이미 법안을 통과시켰는데, 50뉴질랜드달러·US달러로 한 33불정도 이상의 외국인의 정치적 기부(foreign political donations) 한도를 정한 것이다. 즉, 외국인으로부터 정치헌금을 받지 못하도록, US 33달러까지만 받을 수 있도록 만들었다. 이렇게 해놓으면 호주 정치인이나 뉴질랜드 정치인·대만 정치인들은 이렇게 뇌물이나 정치헌금을 받을 수가 없고, 만약에 받으면 큰 처벌을 받게 된다. 대만·호주·뉴질랜드는 자신들의 선거에 외국인이 개입하는 것을 차단하기 위해 노력하고 있는 것이다.

중국은 2000년 초반부터 아프리카 국가들의 선거에 깊숙이 개입했다. 그래서 친중 정부를 만들기 위해, 그때 당시만 해도 중국 경제가 급속히 팽창하는 시기였기 때문에 자원이 절실히 필요했다. 그래서 2006년도 석유 값이 가파르게 오를 때, 자원을 확보하기 위해서 중국은 아프리카 각국의 정치인들을 매수를 하고, 동시에 선거과정에 깊숙이 개입했다. 가급적이면 친중(親中) 정치인들을 대통령에 앉히기 위해서 공작을 많이 했다.

화웨이, 화웨이는 인민 해방군이다. 인민해방군은 중국 공산당과 한 몸이다. 화웨이가 아프리카에서 어떤 짓을 저지르고 있는지 그것을 고발하는 2018년 8월 〈월스트리트 저널〉 특집 기사를 살펴보면, 화웨이는 2억 달러, 2천500억 원 정도를 기부해서 '아프리카연맹' 건물을 만들었다. 그 후 아프리카 각국이 그 연맹에 조인을 하고, 각국이 모아둔 정보를 화웨이가 그대로 빼돌려 상해로 빼돌리는 사건도 있었다. 그래도 대부분이 친중 정치인들이기 때문에 찍소리도 못하고 일단 넘어갔는데, 현재 중국은 아프리카 각국의 정치인들을 매수를 해서 친중 정권을 만들어놓았다.

그런데 화웨이는 그들에게 특별한 서비스를 제공한다. 그것은 민주주의를 파괴하는 서비스를 제공하는 것이다. 즉, 선거를 통해서 정권이 교체되는 것을 막고, 현재의 친중 정권을 계속 유지하기 위해서 각국 정부 대통령들에게 반대편 정파, 즉 야당 세력들을 도·감청하고 동선을 파악하고, 그리고 야당 정치인과 관련된 정보를 대통령에게 제공한다.

이 화웨이 기술자들이 주도적으로 야당 정치인들의 뒤를 캐서 동선도 파악하고, 전화·이메일 등을 해킹해서 빼내가지고 대통령에게 갖다 바쳤다. 그러면 대통령은 그것을 보고 야당을 탄압하고, 이러면서 독재를 공고히 하고, 중국 입장에서는 친중 정권을 공고히 하고 민주주의를 말살했다. 지금 화웨이는 아프리카에서 이런 짓을 저지르고 있다.

한편, 일부 해외 매체는 왕리창이 실제 스파이는 아닐 것으로 본다. 20대의 나이로 세계 곳곳을 누비며 중요 공작을 모두 이끌었다는 사실을 믿기 어렵다는 이유다. 해당 사건이 폭로된 시점도 전 세계의 이목이 집중된 홍콩특별행정구 구의회 선거(11월 24일)를 코앞에 두고 터져서 석연치 않다. 〈환구시보〉는 "그는 2016년 허위 투자 프로젝트로 460만 위안을 가로채 징역형을 선고받고 도주 중인 사기범"이라면서 "기껏해야 간첩 끄나풀에 불과한 청년을 두고 (서방 매체들이) 기다렸다는 듯 반중 여론몰이에 악용하고 있다."고 비판했다.

그런데 미국이 이처럼 투표조작 우려를 하는 것은 하루 이틀의 문제가 아니다. 그 사례 중 언론에 보도된 시간 순서로 다섯 가지를 살펴보자.

1) 미 대선, 사망자 투표 등 부정선거 징후

2000년 11월 미국 대통령선거와 관련해, 논란이 일었던 플로리다 주의 한 카운티에서 사망자 이름의 투표용지가 발견되는 등 부정선거 징후가 드러나고 있다고, 영국 BBC가 미국의 〈마이애미헤럴드〉지를 인용해 보도했다.

플로리다 주의 선거 결과를 재조사하고 있는 〈마이애미헤럴드〉는, 마이애미-데이드 카운티에서 지난 97년 사망한 앤드루 앨리슨이라는 이름의 투표지 한 장을 포함한 150장의 무자격자 투표지가 나왔다고 밝힌 것으로 BBC는 전했다.

2) 미 대선 앞두고 전자투표장치 오작동, 조작 우려 제기

미국 대선 투표를 앞두고, 전자투표장치의 오작동에 따른 혼란을 우려하는 목소리가 높아지고 있다. 은행 현금자동인출기와 비슷한 터치패널 방식의 전자투표장치가 오작동을 일으키는 경우가 잇따르고 있는데다, 기기의 소프트웨어를 바꿔치기해 투표 내용을 조작할 우려도 제기되고 있다고 〈요미우리신문〉이 2012년 11월 5일 보도했다.

지난 10월 23일 노스캐롤라이나 주의 한 조기투표소 전자투표장치에서는, 미트 롬니 공화당 대선후보를 눌러도 반복해서 버락 오바마 대통령이 선택되는 일이 벌어졌다. 공화당은 오하이오·콜로라도 주에서도 비슷한 일이 벌어졌다며, 지난 1일 6개 주의 모든 투표장치의 점검을 요구한 바 있다. 현재 미국의 투표 참가자 가운데 3분의 1 가량이 전자투표 방식을 이용하고 있다.

전문가들은 전자투표장치의 소프트웨어를 조작해 득표수를 바꿀 우려도 있다고 지적한다. 투표용지를 미리 보내는 우편투표 방식으로 무효표가 늘어나, 논란이 일어날 가능성도 제기되고 있다. 〈로이터통신〉은 우편투표 때 봉투에 서명을 제대로 하지 않거나 유권자가 미리 신청을 통해 받은 투표용지를 봉투에 넣고 봉인할 때 서명을 허술하게 할 경우 무효 처리되는 경우가 많고, 배달 과정에서 투표용지를 넣은 봉투 자체가 사라지는 경우도 많다고 지적했다. 2010년 중간선거에서는 우편투표의 1.3%가 무효 처리된 바 있다.

3) '투표 결과 조작될라'…美 전자투표기계 해킹에 취약 우려

2016년 8월 경 일리노이 주 선거관리위원회는 주(州) 등록유권자의 데이터베이스가 해킹을 당하자, 이를 즉각 폐쇄했다. 애리조나 주도 미국 연방수사국(FBI)의 해킹 경고를 접한 뒤, 등록유권자 관련 시스템을 닫았다.

2016년 5월에는 보안전문가 데이비드 레빈이 플로리다 주 리 카운티의 선관위 웹사이트에 침입했다가 경찰에 체포됐다.

강력한 투표 보안과 투표 후 철저한 감사를 지지해 온 비영리단체인 '베리파이트 보팅'의 퍼멜러 대표는 "전자투표 시스템이 완벽하게 갖춰지더라도 누군가가 투표에 개입해 결과를 바꿀 가능성은 남아 있다."고 경고했다.

특히 미국의 투표 관리가 중앙이 아닌 지역 차원에서 이뤄지고, 전자투표 시스템과 보안의 기준도 천차만별이기 때문에 마음만 먹으면 누구라도 어렵지 않게 해킹할 수 있다는 지적이 나온다.

4) 트럼프 "수백만 불법투표·캘리포니아 등 3개주 선거조작" 주장

미국의 도널드 트럼프 대통령 당선인이 2016년 11월 27일(현지시간) 3개 경합주 재검표 논란과 관련해, "이번 대선에서 불법투표와 선거조작이 있었다."고 주장했다.

트럼프는 이날 자신의 트위터에 "버지니아, 뉴햄프셔, 캘리포니아에서 심각한 선거조작이 있었다."며 "언론들이 이 사항을 왜 보도하지 않느냐, 심각한 편견이자 큰 문제!"라고 했다.

트럼프가 선거조작이 있었다고 주장한 3개 주는 모두 민주당의 힐러리 클린턴이 승리한 곳이다. 클린턴은 특히 캘리포니아에서 61.6%의 득표율로 트럼프(32.8%)를 압도했다.

트럼프는 앞서 올린 트위터 글에선 "선거인단에서 압승을 거둔 데 이어 불법으로 투표한 수백만 명의 표를 빼면, 득표수에서도 내가 이겼다."고 말했다.

그는 이어 주별 승자독식제의 간접선거 형태가 아닌, 최다 득표자가 대통령이 되는 구조에서도 자신이 승리했을 것이라고 강조했다.

5) 트럼프 "부정선거 가능성…공화당, 우편투표 저지해 달라" 촉구

미국 트럼프 대통령이 우편투표에 대한 반대 입장을 거듭 확인하고, 공화당 의원들의 저항을 주문했다. 부정선거 가능성이 높다는 이유에서다.

도널드 트럼프 대통령은 2020년 4월 8일(현지시간) 트위터에 "공화당은 주(州) 전체에 걸친 우편투표 문제에 관해 매우 열심히 싸워야 한다."고 썼다.

트럼프 대통령은 "민주당은 그것(우편투표)에 대해 시끄럽게 떠들고 있다."며 "유권자 사기에 엄청난 가능성이 있다. 그리고 어떤 이유에서든 공화당에는 좋은 쪽으로 작용하지 않는다."고 덧붙였다.

이어서 미국 내부뿐 아니라 세계에서도 러시아 외에 중국·북한·이란 등 미국과 적대관계에 있는 나라들이 미국의 투표를 조작하려는 것을 우려해 왔는데, 그와 관련된 보도들을 시간 순으로 여섯 가지만 살펴보자.

1) 펜스 부통령 "중국, 미국 중간선거 개입 시도"

중국이 2018년 11월에 실시되는 미국 중간선거에 개입을 시도하고 있다고, 마이크 펜스 미국 부통령이 밝혔다.

펜스 부통령은 2018년 10월 4일 워싱턴의 민간단체인 허드슨연구소 연설에서 "중국이 미국의 여론, 2018년 선거와 2020년 대선으로 이어질 환경에 영향을 미치기 위해 전례 없는 시도를 하고 있다."면서 이같이 밝혔다. 또 "중국은 다른 미국 대통령을 원한다."고 말했다.

그러면서 중국의 보복관세가 트럼프 대통령에 대한 지지세가 높은 지역 산업에 집중됐고, 중국 관영매체의 비용으로 미국 내 지역신문에 트럼프 정부의 무역정책을 비판하는 광고가 실렸다고 주장했다.

앞서 도널드 트럼프 대통령도 9월 26일 기자회견에서, "중국은 내가 중국과 무역전쟁을 벌이는 최초의 대통령이기 때문에 나와 공화당이 선거에서 승리하는 것을 원하지 않는다."며 중국의 선거개입 의혹을 제기했다.

2)美 "중·러·이란, 2020년 대선개입 시도 정황 포착"

중국과 러시아·이란이 2020년 미 대선에 개입하려는 정황을 포착했다는 주장이 도널드 트럼프 행정부에서 나왔다. 대선을 1년 앞두고 언론과 소셜 미디어 등을 통해 여론조작을 시도했다는 것이다.

2019년 6월 24일(현지 시각) 미 블룸버그는 트럼프 행정부 관계자를 인용해 "러시아·중국·이란이 2020년 대선을 앞두고 미국 여론을 조작하려고 했다."고 보도했다. 이 관계자는 중국이 자국의 무역정책 등을 옹호하기 위해 주로 TV 등 전통매체를 여론조작 도구로 활용했고, 러시아와 이란은 소셜 미디어 플랫폼을 적극적으로 활용했다고 설명했다. 하지만 구체적인 개입시도 사례를 공개하지는 않았다.

이란은 미국에 대한 사이버공격 수위를 높이며 강경 대응에 나선 것으로 알려졌다. 앞서 미 사이버 보안업체 '파이어아이' 등은 최근 이란이 미 행정부와 금융기관 등을 상대로 전산망 해킹을 시도한 정황을 포착했다고 밝혔다. 공격 대상이 흥미를 가질 만한 제목의 이메일을 통해 클릭을 유도하고, 컴퓨터를 감염시키는 '스피어 피싱(spear-phishing)' 공격을 감행한 것으로 알려졌다.

3) 궈원구이 "중국 집권당, 트럼프 재선저지 기도, 네 가지 수단으로 미국 대선 개입"

미국에 망명중인 중국 부동산재벌 궈원구이(郭文貴·52)는 중국 공산당이 2020년 도널드 트럼프 미국 대통령의 재선을 저지하기 위해 허위정보를 적극 유포하고, 정치적 영향력 행사에 힘쓰고 있다고 밝혔다.

미국 보수매체 〈워싱턴 프리비컨.은 2019년 7월 30일 궈원구이를 인용해, "2018년 미국 중간선거 이후 중국 공산당은 미국 내 친중(親中) 인사를 모집하는 등, 트럼프의 재임을 막기 위한 공작을 계속하고 있다."고 보도했다. 이에 따르면, 중국 공산당은 미국에 배치한 정보 자원과 영향력 자원 및 민주당과 공화당 간의 정치적 갈등을 이용해 미국 집권당을 바꾸려 하고 있다.

궈원구이는 통역을 대동한 인터뷰에서, 워싱턴 프리비컨에 "트럼프 대통령은 이미 중국 공산당에 큰 충격을 주었다. 이 때문에 중국 공산당은 트럼프의 4년 재집권을 허용하지 않겠다고 선언했다."고 했다. 또 "2020년 미국 대선에 대해 중앙국가안전위원회(CNSC)는 이미 '트럼프가 2020년 대선에서 승리하는 것을 용납할 수 없다'는 매우 명확한 지시를 내렸다."고 말했다. 그는 인터뷰 내내 미국 대선에 개입하려는 세력을 지칭하면서, 중국 대신 '중국 공산당'이라는 용어를 사용했다.

궈원구이에 따르면, CNSC는 2020년 미국 대선을 겨냥한 '4가지 무기'를 이용해 트럼프의 재선을 뒤집을 계획이다. 궈원구이는 "이 4가지 무기에 주의할 필요가 있다는 것을 말해야 한다. 왜냐하면 그것들은 진정한 위협이 될 가능성이 매우 크기 때문"이라고 강조했다. 네 가지 무기란 월가 리더, 워싱턴의 정치 지도자와 로비 단체, 미국의 주류 언론, 그리고 해외 화교 및 아시아계 미국인이다.

"베이징의 미국 내 친중공 활동의 예를 들겠다. 2019년 7월초 미국내 친중 세력에 '대만 지지자들과 충돌하라'는 지시가 내려졌다. 차이잉원 대만 총통의 방미 기간 집회는 대만 지지 자들에 대한 대응이었다. 이 네 가지 무기는 (중국 공산당 중앙위원회) 국가안전위원회라는 사실을 기억해야 한다.…중국 공산당 안보기관의 진정한 목표는 모든 수단을 동원해 당내 고위층의 이익을 지키는 것이다."

궈원구이는 "2020년 미국 대통령 선거가 공화당과 민주당 간의 선거

전이 아니라는 것을 알아야 한다."며, "실제로는 트럼프 대통령과 중국 공산당의 경선"이라고 주장했다. 그는 "중국은 서방이 중국 내정에 간섭하려 한다고 항의해 왔지만, 실제로 중국은 미국 내정에 간섭하려 할 뿐만 아니라 미국의 대선에 공개적으로 간섭하고 있다."고 덧붙였다.

4) 연 4억 댓글 쏟아내는 中 '50센트軍'의 공습… 美 대선 노린다

미 〈워싱턴포스트(WP)〉가 2019년 9월 23일(현지시간) 내년 11월 치러질 미 대선에 대한 중국의 여론조작 가능성을 경고하고 나섰다. "미국은 러시아의 대선 개입을 우려하고 있지만, 더 경험이 많은 선수(중국)가 가만히 두고 보지만은 않을 것"이라면서.

〈워싱턴포스트(WP)〉는 중국의 '댓글부대' 문제를 수면 위로 끌어올렸다. 〈워싱턴포스트(WP)〉는 2017년 하버드대 연구 자료를 인용, 중국 정부가 200만 명 규모의 댓글부대 '5마오군'(五毛軍 · 1마오=17원)을 운용하고 있다고 보도했다. '5마오군'은 중국 공산당을 찬양하고 국내의 반정부 여론을 불식시킬 목적으로, 2004년에 처음 조직됐다. 이름은 인터넷상에서 반정부 댓글을 발견, 당국에 신고하면 건당 5마오(약 85원)를 수당으로 받는 데서 유래했다고 한다.

하버드대 연구진에 따르면, 5마오군이 매년 작성한 댓글은 평균 4억 4,800만 개에 달했다. 연구진이 중국정부를 지지하는 내용의 댓글 4만 3,800개를 조사한 결과, 99% 이상이 이들에 의해 작성된 것으로 파악됐다.

이들의 여론조작 활동은 예전엔 중국 내부에서만 진행됐다. 3,000개의 TV 채널, 2,500개의 라디오 방송, 1만 2,000개의 신문과 잡지, 그리고 300만 개 이상의 웹사이트 등에서 공공연하게 선전활동을 해왔다. 그러나 최근에는 중국이 온라인 여론을 조작하는 댓글부대를 나라 밖에서도 운용하는 정황이 포착되고 있다.

미국 스탠퍼드대의 연구기관인 '스탠퍼드 인터넷 옵저버토리(The Stanford Internet Observatory)'는 내년 대만 총통선거에 중국이 영향력을 행사하려고 하는 것이 거의 확실하다고 분석했다. 가짜 아이디로 만든 중국 본토의 계정들이 '하나의 중국'·'경제난' 등 대만 내 독립파에 불리한 여론을 온라인상으로 확산시키고 있다는 것이다. 이미 지난해 지방선거에서 이같은 온라인 여론전에 밀려, 대만 독립을 주창하는 민진당이 친중파 국민당에 참패했다.

최근 홍콩 시위에서 트위터와 페이스 북은 중국인으로 추정되는 여론호도용 유령계정 수십 만 개를 삭제했다. 중국 정부는 "사실이 아니다."라고 강력 반발했지만, 〈뉴욕타임스〉 등 외신에 따르면 홍콩 시위와 무관하던 계정이 느닷없이 시위대 비난 글을 규칙적으로 쏟아낸 것으로 밝혀졌다.

〈로이터통신〉은 중국이 지난 5월 호주 총선을 앞두고 호주 의회와 주요 정당을 노리고 사이버 공격을 감행했으며, 호주 정부는 이를 확인하고도 중국과의 무역에 악영향을 미칠까 쉬쉬했다고 보도했다. 중국 정부의 전방위적인 사이버 여론전이 확인된 셈이다.

〈워싱턴포스트〉는 "미 대선이 치열해질수록 중국은 (대선에) 개입하려 할 것"이라며, "지금이 그 출발선일 수 있다. 긴장하지 않으면 안 된다."

고 경고했다. 미·중 무역분쟁이 치열하고 경우에 따라선 미국의 차기 행정부로 공이 넘어갈 수 있기 때문에, 중국 정부로서는 사이버 여론조작을 통해 미국 대선에 개입하려는 유혹이 커질 수밖에 없다는 얘기다.

5) FBI 국장 "러 외에 북·중·이란도 내년 미 대선개입 우려"

크리스토퍼 레이 미국 연방수사국(FBI) 국장이 2019년 10월 30일(현지시간) 러시아와 북한, 중국, 이란이 내년 미국 대선에 영향력 행사를 시도할 수 있다고 우려했다.

정치전문매체 〈더힐〉과 〈워싱턴포스트〉 등에 따르면, 레이 국장은 이날 하원 국토안보위 청문회에 출석해 "러시아인들이 2020년 대선에 개입하려고 할 것으로 예상한다."면서 "중국과 같은 나라들도 허위정보를 퍼트리고자 노력할 것으로 본다."고 말했다.

〈AP통신〉에 따르면, 미 정보기관들은 러시아와 중국·이란이 지난해 중간선거 개입을 시도했다고 보고 있다. 마이크로소프트(MS)는 최근 이란 해커들이 이름을 밝히지 않은 대선 경선 후보 선거캠프, 정부관리, 언론인, 이란 반체제 유명인사들에 대한 해킹을 시도했다고 밝힌 바 있다.

같은 청문회장에 나온 케빈 매컬리넌 국토안보부 장관대행도 "러시아와 중국·이란을 포함한 외국 세력이 사회관계망서비스를 활용해 악의적인 영향을 가하려 하는 수많은 사례를 매일 보고 있다."고 했다.

다만 그는 북한에 대해서는 언급하지 않았고, 2018년 중간선거나 2020년 대선에서 외국 세력이 선거개입에 성공했다는 증거는 없다고 했다. 매컬리넌 대행은 "중국이 러시아·이란과 함께 미국의 중요 시설을 공격하고, 무역 기밀을 훔치기 위해 '첨단 사이버 능력'을 활용하고 있다."고도 경고했다.

6) 미 안보보좌관, 외국의 미 대선개입 경고하며 북한도 거론

로버트 오브라이언 미국 백악관 국가안보보좌관은 2020년 2월 23일(현지시간), 러시아를 비롯한 외국의 미 대선개입을 경계하며 북한도 함께 거론했다. 오브라이언 보좌관은 이날 〈abc방송〉 일요 시사프로그램 '디스 위크' 인터뷰에서, "우리는 러시아와 중국·이란·북한 등 우리를 해치려 하는 누구도 우리 대선에 끼어들지 않도록 할 수 있는 모든 것을 할 것"이라고 말했다.

오브라이언 보좌관의 발언은 러시아가 소셜 미디어 허위정보 등을 이용해 2016년 미 대선에 개입한 데 이어, 올해 대선에서도 도널드 트럼프 대통령의 재선을 도우려 한다는 의혹에 대해 해명하는 과정에서 나왔다.

다. 미·중 패권전쟁을 활용한 국민주권회복운동[5]

위에서 살펴본 바와 같이, 미국 정부와 트럼프를 비롯한 공화당 진영에서는 러시아 외에도 중공을 비롯한 북한·이란 등이 자국의 명운을 걸고 필사적으로 2020년 미국의 대선개입과 투표조작을 벌일 것이라는 우려를 하고 있다. 특히, 미국 정부는 중국의 2020년 대선개입을 대단히 우려하고 있다. 러시아뿐만이 아니라 중국과 이란도 미국의

5 이 글은 2020. 6. 1. 〈조선일보〉의 [사설] "코로나 이어 미·중 '홍콩 전면전' 전략과 지혜 있나"를 참조하였음을 밝힌다.

2020년 대선(US elections)에 개입을 할 것이라고 전문가들이 경고를 했다고 한다.

정보담당자(Intelligence officials)들이 첫 번째는 해킹, 두 번째는 가짜뉴스의 유포 등 두 가지에 대해서 우려를 하고 있다. 2020년 대선에서 미국은 두 가지를 걱정하고 있다. 첫 번째는 소셜 미디어인 트윗(트위터)이나 페이스 북을 이용해서 가짜뉴스 등 허위정보(disinformation)를 퍼트리는 것이다. 가짜 뉴스, 음해하는 것, 역정보, 허위정보 이런 것을 퍼트려가지고 민심을 교란하는 것이다. 두 번째는 선거 데이터베이스에 직접적으로 해킹을 해서 표를 조작할 가능성(potential efforts to breach voting databases)이다. 즉, 선거 결과를 바꾸는 것이다. 예를 들어 조 바이든하고 트럼프가 만약에 대선 레이스를 하게 된다면, 해커들이 선거 데이터베이스에 들어가 개표하고 집계된 표를 조작하는 것이다. 바로 그것을 미국은 대단히 우려하고 있다.

지금 한국의 21대 4.15총선에서 이런 일이 벌어졌을 거라고 추정하는 사람들이 많다. 이런 사이버 어택은 여러 가지로 부작용을 낳는다. 첫 번째는 민심을 교란하는 것이다. 이제 국론을 분열하여 미국민들끼리 분열하게 만들고, 또 실제로 이 선거 데이터베이스(voting databases)에 해킹을 해서 이런 시도를 하게 된다면, 비록 그 시도가 성공하지 못한다 하더라도 일반 대중들이 봤을 때는 '아, 저기 데이터베이스가 혹시 왜곡된 것이 아닌가?' 혹은 '조작된 것이 아닌가?'라는 걱정이 앞서게 된다.

그래서 공공의 신뢰(public confidence)가 무너지게 되면 국가는 더욱더 분열하게 되는 것이다. 만약에 이래서 러시아나 중국으로부터 사이버공격이 오게 되고 저들이 성공을 하면 그것은 그 자체로 걱정이고, 또 실패한다 하더라도 공공의 신뢰(public confidence)를 흔들 수 있기 때문에 그것 역시 대단히 심각한 것이다. 2020년에는 러시아뿐만이 아니라 특히 중국과 이란·북한 등 몇 나라를 사이버 공격의 주체로 걱정, 고민할 수 있다고 사이버 보안전문가(cyber security expert)가 발표를 했다고 한다. 특히 북경이 이번 선거에 있어서는 가장 주요한 걱정거리(Beijing as a particular source of concern)라고 이야기하고 있다.

한편, 중국이 【홍콩보안법】을 강행하자 미국 트럼프 대통령이 2020년 5월 마지막 날 드디어 "홍콩에 부여한 특별지위를 철폐하는 절차를 시작하겠다."고 보복 의사를 밝히며, 강공의 포문을 열었다. 투자·무역·비자 발급 등에서 홍콩을 중국 본토와 다르게 특별대우하고 있는 혜택을 없애 중국의 자본 조달 및 수출 창구 역할을 하는 홍콩의 기능에 타격을 가하겠다는 것이다. 홍콩은 중국·미국·베트남에 이어 우리나라의 넷째 수출시장이므로 한국 경제도 타격이 불가피해졌다. 지난해 홍콩에서 【송환법】 시위가 벌어지자 대홍콩 수출이 31% 급감했었던 경험에 비추어보면 자명하다.

금융에도 악영향이 예상된다. 미국 의도대로 홍콩의 금융 허브 기능이 훼손되면 홍콩 주가 하락·위안화 가치 급락을 낳고, 이는 한국 투자자들의 손실과 원화 환율 불안으로 이어질 수 있다. 코로나 위기에 이어 또 하나의 대형 악재가 추가된 것이다.

이러한 경제 차원을 넘어 더욱 본질적인 문제는 ,한국이 미·중 어느 편에 설 것인지 선택해야 할 시점이 앞당겨지고 있다는 점이다. 트럼프 대통령은 6월 워싱턴에서 열릴 예정이던 G7(주요 7국) 정상회의를 9월로 연기하고, 여기에 한국과 호주·러시아·인도 정상도 초대하겠다고 밝혔다. 백악관은 트럼프 대통령이 동맹국들과 "중국의 미래에 대해 논의하기를 원한다."고 밝혔다. 한국도 대중국 봉쇄전선에 동참하라는 뜻이다.

코로나 확산으로 궁지에 몰린 트럼프 대통령은 11월 대선을 앞두고 반중(反中) 세계질서 재편으로 성과를 보이려 한다. 경제번영네트워크(EPN)란 경제블록 구상을 내놓고, 한국을 포함한 우방의 참여를 요청하고 있다. 중국 내 생산기지를 미국이나 미국이 믿을 수 있는 우방국가로 옮기고, 5G·인공지능 등 4차 산업혁명 분야에서 미국 중심의 글로벌 분업체계를 새로 구축하겠다는 것이다.

지난주 미 국무부 등은 【홍콩보안법】 반대 전선과 반중 블록에 한국을 포함한 우방국들이 동참할 것을 공개 요청했다. 이에 호응하여 영국·캐나다·호주 등은 미국과 공동으로 대중 비난성명을 내는 등, 반중 전선에 속속 동참하고 있다. 일본도 자국 기업이 중국 공장을 일본으로 옮기면 이전비용을 전액 지원해 주는 프로그램을 마련했고, 세계 1위 반도체 파운드리 업체인 '대만 TSMC'는 120억 달러를 투입해 미국에 반도체 공장을 짓겠다고 발표했다. 군사력은 물론, 기술·자본·통화 패권 등에서 우세한 미국 쪽에 가세하는 것이 국익에 유리하다고 판단하는 것이다.

그런데, 미국의 주요 동맹·우방국 중 한국 정부만 침묵으로 일관하고 있다. 코로나 사태 초기에 중국인 입국 금지를 회피하고, 주한미군 사드 장비 교체도 중국에 미리 통지하는 등 중국 눈치 보기로 일관하고 있다. 정부는 국익을 위한 '전략적 모호성'이라는 변명을 늘어놓으며, 미국의 글로벌 공급망 재편이나 【홍콩보안법】 사태에 대해선 일체의 입장 표명을 유보하고 있다. 중국에 대한 경제 의존도가 높은 우리로선 미묘한 입장에 놓인 것이 사실이지만, 선택의 골든타임을 놓치면 미국 주도의 새 경제블록에서 낙오되어 경제파탄에 이를 수도 있다.

미·중간에 벌어지는 치열한 패권경쟁의 각축장이 바로 한반도다. 중공을 비롯하여 북한·이란 등 미국의 적성국들이 국운을 걸고, 자유민주주의국가들의 맹주인 미국의 대선에 개입하려는 것은 그들의 입장에서는 생존전략이기에 필사적이다. 중공이 우리나라의 제21대 총선에 개입하여 디지털 방식의 해킹을 통한 개표조작을 한 것은, 2020년 미국 대선에 개입하기 위한 실험장으로 활용하였다고 판단된다. 특히 관외 사전투표에서 약 400만 표에 가깝게 투표함 바꿔치기, 표갈이, 위조표 투입 등의 방법으로 부정선거를 한 것으로 추정된다. 트럼프와 공화당이 민주당 조 바이든 후보 측의 우편투표 주장을 무력화시키기 위해서는, 중공이 개입하여 부정선거를 한 나라의 사례 조사가 필수적이다. 아프리카의 각국 사례가 있지만 그것들은 과거의 일이기도 하고, 미국과는 너무나 현격한 차이를 보이는 정치 환경으로 인해 비교 사례로 부적합하다. 한국은 아프리카 각국에 비해 민주화된 국가로 알려져 있어서, 최근에 벌어진 제21대 4.15부정선거의 사례를 조사하여 우편투표의 조작 가능성을 주장하는 것이 민주당 조 바이든 후보 측의 주장을 좌절시킬 수 있는 가장 강한 논거가 될 것이다.

그러므로 우리나라에서 벌어진 4.15부정선거를 밝히기 위해서, 문재인 주사파 정부에게 장악된 검찰의 수사결과나 사법부에게 제기한 선거무효소송의 결과만을 만연히 기다릴 일이 아니다. 미국 대통령 트럼프와 공화당 측에 우리나라에서 벌어진 부정선거의 사례를 철저하게 조사하여 상·하원에 보고하는 것이 민주당 조 바이든 후보 측의 우편투표 도입 주장을 반대할 수 있는 강력한 논거가 된다는 점을 강조, 트럼프 대통령 자신이 재선하기 위하여 이를 중요한 자료로 사용하도록 촉구할 필요가 있다.

만약 미국이 이러한 제안을 받아들여 4.15부정선거에 대한 보고서를 작성해 미국 의회에 제출할 경우에, 우리가 이를 입수·활용하여 국민들에게 4.15총선이 부정선거였음을 폭로하는 근거자료로 삼는 지혜를 발휘해야 한다. 그렇게 된다면 이것은 미·중 패권전쟁을 활용한 국민주권회복운동의 '신의 한 수'가 될 것이다.

이와 아울러 작년 【송환법】 시위 때 지도자로 부상했던 조슈아 웡(Joshua Wong, 黃之鋒)이나 【홍콩보안법】 사태로 촉발된 홍콩의 민주화 운동의 새로운 지도부나 밀크티 동맹의 지도부와 연계하여, 소극적으로는 우리들의 자유를 지키기 위하여 중공의 홍콩·대만·태국 등 동아시아 주변국에 대해 '디지털 독재기법 수출만행'을 폭로하는 등 정치적 자유에 악영향을 미치는 행위에 대하여 저항하는 것을 서로 지지

선언을 해야 할 것이다. 그리고 보다 적극적으로는 민간 차원에서라도 이를 발전시켜 중공의 디지털 독재 구상에 대항하는 국제적 자유연대를 결성해 국제사회에 호소해 나가는 등, 시민의 자유를 지키는 동아시아 수준의 국제적 시민단체를 결성하고 UN인권이사회와 공동 대처해 나가야 할 것이다.

—

에필로그

우선 하나님의 은총으로 이 책의 집필을 무사히 마무리하게 되었음을 감사드리며, 모든 영광을 하나님께 바친다. 이 책 역시 필자의 독창적인 창작이라기보다, 중앙선거관리위원회 노조위원장을 두 차례나 역임하셨던 공저자(共著者) 한성천 전(前) 노조위원장님과 이 땅의 국민주권을 지켜내려는 자유시민들의 합력에 의한 집단지성의 산물임을 밝힌다.

우리 정부는 세계사의 보편적 발전방향에 역행하며, 세계의 흐름을 벗어난 외톨이 북한을 쫓고 있다. 우한 바이러스 사태를 맞아 자국민의 생명과 재산 보호는 안중에도 없이, 국민에게 책임 떠넘기기에 급급한 중공 정권과 결탁하여 4.15총선에서 거대한 부정선거를 저지르고야 말았다. 그 결과, 자유민주·인권의 보편적 발전방향을 무시한 채 거짓 선동과 재정능력을 초과한 선심성 예산집행으로 국가의 적자경영을 지속하고 있는 것이다. 지나친 선심정책은 정권 유지를 위한 임시방편일 뿐, 국가의 지속 가능한 생존수단이 될 수 없다.

4.15총선이 부정으로 얼룩진 지금, 온 나라가 우한 바이러스의 후유증으로 난리다. 문재인 정부는 4.15부정선거의 조력자인 대규모의 중국인 입국을 돕기 위해, 국민보건은 뒷전으로 하여 감염원인 중국인에

대해 아직까지 입국 금지를 하지 않았다. 대신, 그들은 온갖 매스컴과 행정력을 동원해 '신천지=미래통합당'이라는 프레임을 씌워 이를 유포하는 데에는 중공이 우마오당(五毛黨)을 동원하였고, 중국 우한 바이러스를 기화로 중공이 완성한 디지털 독재기술을 우리나라에 도입하기 위하여 실험하였다고 의심받고 있다. 또한 권위주의 시대의 고무신·막걸리 살포보다 더 심한, 생활지원금이라는 명목의 금권선거로 선심예산을 편성해 금품을 지급하거나 지급하기로 약속하였다.

기생충은 기생충끼리 친화력을 가진다. 공산주의의 영에 사로잡힌 자본주의 체제의 기생충 문재인이 정통 개신교의 기생충으로, 이단의 영을 가진 '구원파' 유병언을 통해 세월호 사건을 일으켜 대한민국호를 붉은 바다에 침몰시키고 있다. 이제 문재인은 온갖 불법행위를 자행해 사전투표와 전자개표기를 사용한 부정 투·개표를 저질렀다. 그 후 이를 알아챈 국민들이 집단지성으로 부정선거를 밝혀내자, 이것을 덮기 위해 김정은의 건강 이상설을 흘렸다. 급기야 5월 3일 오전 7시 41분 강원도 철원 3사단 백골부대 지역에서 북측이 아군 GP를 향해 총탄 수발을 의도적으로 발사, 군사적 긴장을 높여 국민적 주의를 분산시키려 애쓰고 있다. 하지만, 4.15총선의 부정선거 여부를 밝혀내지 못한다면 대한민국의 자유민주주의 체제가 말살되는 것은 시간문제다.

이제 우리 국민들이 긴 잠에서 깨어나야 한다. 참정권은 재산권보다 훨씬 중요한 권리다. 주권을 도둑맞고도 찾지 않는다면, 그것이 바로 종의 신세인 것이다. 종은 주인의 처분에 무조건 따라야 하므로, 아무리 많은 재산이 있더라도 그것은 자신의 것이 될 수 없다.

A tribe including many members who, from possessing in a high degree the spirit of patriotism, fidelity, obedience, courage, and sympathy, were always ready to aid one another, and to sacrifice themselves for the common good, would be victorious over most other tribes; and this would be natural selection -Charles Darwin.
(애국심·충성·순종·용기·동정심을 많이 가진 사람들이 항상 서로를 도울 준비가 되어 있고, 공동이익을 위해 자신들을 희생하는 구성원이 많은 부족은 다른 부족들에 승리할 것이다; 이것이 자연 선택이 될 것이다. ―찰스 다윈)

위기에 처한 대한민국을 위해, 무엇보다도 먼저 위기에 처한 현실을 바로 알아야 우리의 앞길이 열린다. 현실을 외면한 채 이념에 편향된 경제정책 노선을 이제는 그만둘 때가 되었다. 사람은 자기의 기존 지식이나 소신을 꺾는 게 쉽지 않다. 하지만 훌륭한 지도자들은 과감히 기존 노선을 벗어나, 당면한 현실을 인정하고 살 길을 열었다.

그런데 현재 정권을 잡고 있는 친중·종북 정권은 '적폐청산'을 기치로 내걸고 과거에 매몰되어, 분열과 파괴의 정치를 거듭하여 왔다. 과거에 매달려 현실을 망치지 말고, 미래로 가자. 과거와 현재와 미래는 한 줄기의 강처럼 연달아 이어져 흐르고 있다. 이념과 헛된 가치에 사로잡힌 문재인 정권은 현실적 이익을 팽개친 채 국가 경제를 망치고 있고, 현실·실존·실체를 내팽개친 채 친중·종북 정책에 매몰되어 있다. 거의 독자성을 갖지 못한 채 자신들의 권력 유지와 장기 집권에만 연연해하고 있는 것이다.

이 길을 벗어나지 않으면, 우리는 쇠락과 파멸로 가게 된다. 정치권 역시 분열과 당쟁으로 망한 대한제국을 교훈으로 삼아, 통합과 실사구시 정신을 살려야 21세기 선진국가로 약진할 수 있다. 지금 우리에게는 이념에 사로잡히지 않은 실용주의 지도자가 절실히 필요하다. 4.15총선에서 자행된 총체적 부정선거를 밝혀내고, 합리적이고 실용적인 새로운 정치세력의 등장만이 나라를 되살리는 첩경이다.

이 책이 세상에 빛을 볼 무렵이면 점점 더 4.15총선이 부정선거라는 목소리가 커져, 이에 위협을 느낀 문재인 정부와 범여권에서는 부정선거가 자행되어 무효인 총선을 통해 구성된 제21대 국회에서 개헌카드를 꺼내들고 야권 분열을 획책할 가능성이 농후하다. 그런데 애국시민들이 문재인 정부와 범여권이 노리는 개헌 논의라는 미끼에 속아서는 안 된다. 그것은 대략 다음의 세 가지 이유 때문이다.

첫째, 일단 개헌을 저지하는 데 있어서 국민투표 거부운동이 필수적인데, 국회를 통과한 개헌안에 대한 국민투표에 대하여 국민 과반수가 반대표를 던지더라도 개표 시에 조작될 수 있는 현재의 부실한 선관위를 그대로 두고는 어차피 궁극적으로 국민투표 반대운동은 성공하기가 어렵기 때문이다.

둘째, 4.15총선이 부정선거라는 운동은 그 주장의 근거가 타당하다면 합리성과 공정성을 중심적 가치관으로 삼고 있는 20대부터 40대까지의 청년층의 지지를 확보할 수 있는 반면, 국민투표에 의한 개헌반대 문제는 이념에 기반한 선전선동에 취약한 청년층의 지지를 끌어내기 어렵기 때문이다.

셋째, 여야 정치권·지상파·공중파 방송과 주요 일간지가 중국공산당에 장악된 상태에서 그들이 유도하는 주제인 개헌문제에 새롭게 끌려가기보다는, 20대부터 40대까지 청년층의 호응을 받을 수 있는 4.15총선 부정선거 문제에 집중하는 것이 좀 더 승산이 있다고 할 것이다.

결국 위에서 열거한 세 가지 이유 때문에, 개헌 문제의 급박성 내지 우선순위라는 이유로 국민투표에 대한 개헌 반대운동을 전개하는 것은 본의 아니게 적의 계략에 말려 오히려 4. 15부정선거 규명운동을 방해할 것이다. 그와 동시에 물 타기가 되어 궁극적으로 개헌을 돕는 결과를 초래할 가능성이 농후하다. 따라서 지금이야말로 "호랑이 굴에 잡혀가도 정신만 차리면 산다."는 속담처럼, 문재인 정부와 범여권이 내민 개헌 문제의 미끼에 속아 허둥지둥하지 말고, 차분하고도 전략적인 발상으로 4.15부정선거를 밝혀내는 데 애국시민들의 총체적 역량을 투입하여야 할 것이다.

권력·종교·언론·군대, 모두가 독일 간첩으로 조작해 드레퓌스에게 누명을 씌운 사건을 용감하게 파헤쳐서 진실을 드러낸 에밀 졸라는 「나는 고발한다」라는 명문에서 조작에 관여한 권력·종교·언론·군대를 고발했다. 그는 "Truth is on the March, and nothing can stop it(진리는 행진중이다. 아무것도 멈출 수 없다)."고 했다. 아무리 권력과 언론이 부정선거가 아니라고 해도, 부정선거에 대한 국민주권 회복을 위한 진상규명과 국민저항권 행사를 향한 진리의 행진을 멈출 수 없을 것이다. 예수님도 “You know the truth, the truth set you free!(진리를 알지니 진리가 너희를 자유케 하리라!)”고 하셨다. 민주주의 사망선고인 부정선거에 대한 저항은 우리를 노예가 아닌 자유인이게 하는, 진리를 위한 국민의 권리이자 자유다.

마지막으로, 4.15부정선거의 진상을 규명한 이 책을 통하여 4.15총선이 부정선거라는 점을 확실하게 깨닫게 되어 국민주권을 회복하는 운동에 동참, 애국심·충성·순종·용기·동정심을 많이 가진 행동하는 민주시민이 한 사람이라도 늘어나기를 바라는 마음이 간절하다.

| 별첨 |

참고문헌·첨부

〈참고 문헌 및 유튜브 방송〉

『중국 우한 바이러스 이만희와 세월호 유병언』, 조원룡, 도서출판 광화, 2020.
『공직선거법 해설』, 김동근, 법률출판사, 2018.
『1984』, 조지오웰 지음, 김기혁 옮김, 문학동네, 2010.
『동물농장』, 조지오웰 지음, 김지현 옮김, 비꽃, 2017.
『드루킹의 따거』, 조원룡, 글마당, 2019.
『사상의 빈곤이 가져온 우리 시대 모순과 상식』, 허화평, 새로운 사람들, 2018.
『선거는 과연 공정한가?』, 양선엽, 도서출판 광화, 2020.
『김정은이 만든 한국대통령』, 리소데츠, 글마당, 2019.
『제18대대통령부정선거백서』, 선거무효소송인단 및 세상만들기시민연합추진위, 2013.
『대한민국건국전후사 바로알기』, 양동안, 대추나무, 2019.
『대한민국의 건국혁명1』, 김영호, 성신여자대학교출판부, 2015.
『이승만의 생애와 건국비전』, 유영익, 청미디어, 2019.
『제4차 산업혁명』, 클라우드 슈밥, 새로운 현재, 2016.
『한국 근현대사 바로알기』, 김재동, 복의근원, 2018.
『21세기 미국의 패권과 지정학』, 피터 자이한 지음, 홍지수·정훈 옮김, 김앤김북스, 2018.

1. 김미영, 〈VON칼럼〉 대표, "follow the party"를 찾은 로이킴은 누구인가?"
2. 추부길의 [whytimes논평] 중 2020. 5. 4. 방송한 "아날로그 사고로는 이해 못 하는 4.15부정선거 의혹."
3. 〈김필재TV〉의 [뉴스추적] "중국의 '화웨이,' 한국의 '철도-전력-통신' 등 주요 '기반시설' 공략."
4. 〈문갑식의 진짜TV〉 중 "특종! 대구의 진짜 비밀, 이제는 밝힐 수 있다!"와 "어느 마스크 도매업자의 고백, 4월 총선 때 나눠주려고 마스크 생산 중지시켰다!"와 "돌아온 드루킹 후예들 '신천지=통합당' 프레임 뒤집어씌워라!"
5. 〈Scott 인간과 자유 이야기〉 중 2020. 5. 4. 방송한 제166회 "2020년 미국 대선에서 중공의 해킹을 우려하는 미국 법무부."

〈첨부 1〉 고발장

고 발 장

고 발 인1 공정선거국민연대 대표회장 양선엽
주소 서울시 서초구 서초대로51길 25, 5층(서초동, 로펌타워 501호)
고 발 인2 자유당 대표 손상윤
주소 서울시 노원구 동일로174길 7, 406호(공릉동)
고 발 인3 국가원로회 의장 장경순
주소 경기도 용인시 기흥구 구갈로 94

피고발인 1. 중앙선거관리위원회 사무총장
2. 중앙선거관리위원회 전산국장
3. 서울지방선거관리위원회 사무처장
4. 경기도지방선거관리위원회 사무처장
5. 인천지방선거관리위원회 사무처장

고발죄명

가. 선거방해죄(공직선거법 제243조)
나. 사위투표죄(동법 제248조 제2항)
다. 투표위조 증감죄(동법 제249조 제2항), 형법 제37조

고발의 이유 및 근거

대한민국은 민주공화국이고(헌법 제1조 제1항) 대한민국의 주권은 국민에게 있고, 모든 권력은 국민으로부터 나온다(동조 제2항). 대한민국 국민주권의 행사는 선거를 통하여 행사하게 되고, 공직선거는 국민의 자유로운 의사와 민주적 절차에 의하여 공정이 행하여지도록 하여야 한다(공직선거법 제1조). 그러한 공정선거의 책임을 맡고 있는 중앙선거관리위원회를 비롯한 각급 선거관리위원회

는 선거의 부정을 방지하고 민주정치의 발전에 기여할 책임을 맡고 있는 최후의 보루의 역할을 하여야 한다.

피고발인 1, 2는 중앙선거관리위원회의 선거실무 최고책임자이면서 4. 10~11 사전투표용지에 본인인식을 위한 방법으로 공직선거법 제151조 제6항에는 바코드를 입력하라고 규정하고 있음에도 불구하고, 이에 반하여 중국 공안에서 인민 감시용으로 사용하는 QR코드를 장치하게 함으로써 투표인의 종합정보가 누출되고, 선거의 자유와 비밀을 침해할 수 있는 제도를 유지함으로써 사전투표 후 사기투표, 투표위조 등이 가능하게 하였고, 심각함을 넘는 것은 QR코드를 사용하는 중국 공안에 사전투표인의 정보가 입력되고, 중국 공안이 우리 선거를 해킹하여 조작이 가능하게 되어 있다는 것이다. 그렇다면 우리 사전선거의 법에도 없는 QR코드 인식시스템을 누가 왜 도입하였고, 그 후 이를 어떻게 악용하고 있는지 종합적 수사가 이뤄져야 한다는 것이다.

뿐만 아니라 4·15 총선의 서울, 경기, 인천의 각 지역구 사전투표(4. 10~11), 본 투표(4,15)의 더불어민주당 후보와 미래통합당 후보 간의 개표결과를 보면 같은 지역구에 사는 투표인들의 투표결과가 같거나 비슷하게 나오지 않고 큰 격차를 보인다. 더불어민주당 후보는 사전투표의 득표율이 본투표 득표율에 비하여 10~16% 지지율이 높게 나오고, 미래통합당 후보는 사전투표 득표율이 본투표 득표율보다 10~15% 높게 나온 결과를 볼 수 있다.

같은 투표구에 사는 사람들 중 사전투표일 투표인과 본 투표일 투표인 사이에 지지율이 10~15%씩 격차가 있다는 것, 그것도 서울, 경기, 인천의 모든 지역구에서 같은 수치, 같은 결과가 나온다는 것(증제1호증)은 통계학상의 논리에도 맞지 않는 것이다.

이러한 상태에서 서울 송파을 등 일부 지역 투표함의 참관인 서명이 훼손(교체 대리 싸인)되었다는 신고가 SNS에 나오고 발견되었다(증제1호증 참조). 노무현 재단 이사장 유시민은 개표도 하기 전에 선거결과를 발제하였고, 선거결과는 그와 일치하는 형국이 되었다. 이것이 과연 우연인가도 수사가 되어야 한다고 본다.

이에 고발인 등은 서울, 경기, 인천의 전 선거구의 사전 투표함이 법령에 의하지 아니하고 개봉되어 미래통합당 후보의 투표지가 다량으로 취거 훼손하여 득표수를 낮추고, 더불어민주당 후보에게 기표하는 방법으로 투표를 위조하여 더불어민주당 후보의 득표수를 증가하게 하였거나 QR코드를 사용하는 중국 공안에 의하여 우리의 사전선거의 결과가 조작되었다는 심각한 위법사태에 대한 확신을 갖게 한다.

피고발인들은 각급 선관위 책임자급 임원으로 이러한 범행을 하였으므로 가중처벌사유에 해당한다.

이에 고발인들은 자유민주주의 기본질서 회복을 위하여 이 고발에 이른 것이다. 중앙선관위의 서버를 압수하고, 서울·경기·인천 각 지역구 사전투표함을 확보하여 신속하고 엄격한 수사를 촉구한다.

고발범죄사실

1. 고발인과 피고발인 관계

고발인1 공정선거국민연대는 4.15 제21대 국회의원선거의 부정을 방지하고 공정선거가 이뤄지도록 감시하기 위하여 결집한 시민단체이다. 고발인2 자유당은 제21대 국회의원 총선거에 비례대표 후보자 4명을 입후보시킨 정당이다. 고발인3 국가원로회는 국가의 헌법체제를 수호하고 안보를 튼튼히 하려는 국가원로들의 모임이다.
피고발인 1·2는 중앙선관위 사무총장, 전산책임자, 피고발인 3~5은 서울, 경기, 인천 지방선관위의 각 사무처장으로서 4.15 선거 사전투표·본 투표에 대한 선거관리를 담당한 책임자들이다.

2. 피고발인 1·2는 공모공동하여

2020. 4. 10. ~ 11. 제21대 국회의원선거 사전투표를 실시함에 있어서 각 선거구에서 이용하는 투표용지의 투표자 인식코드를 공직선거법 제151조 제6항은 바코드로 하도록 하고 있음에도 불구하고, 법규에도 없는 중국 공안이 인민통제용으로 사용하는 QR코드를 인쇄하여 사전선거를 실행함으로써 사기투표,

투표의 위조 및 특정후보의 득표수의 증감이 가능하게 하였다.

3. 피고발인들은 공모 공동하여

가. 2020. 4. 10~11 제21대 국회의원선거 사전투표함을 봉인하여 각 투표소로부터 각 지역구선거관리위원회 투표함 보관소에 옮겨 보관하는 과정에서 해당 선거사무소직원 성명 미상자 수인과 함께 다수인이 집합하여 법령에 의하지 아니하고 사전투표함을 열고, 투표함에 있던 미래통합당 후보(기호 2번)에게 기표한 수량 미상의 투표지를 취거하여 파쇄기로 파쇄하거나 미상의 방법으로 훼손하고,

나. 그 시경 "더불어민주당 후보(기호 1번)에게 기표하는 방법으로 수량 미상의 투표지를 위조하여 투표함에 임의로 투입하여 더불어민주당 후보의 득표수를 증가하게 하였다.

첨부제출 증거

증제1호증 참관인 서명위조, 서울 투표일, 유시민의 발언, 선거논평 등
증제2호증 2020. 4. 10.-11. 사전선거 무효사유에 대한 고찰(조원룡 작성)
증제3호증의 1 서울시 투, 개표상황
증제3호증의 2 경기도 투, 개표상황
증제3호증의 3 인천시 투, 개표상황

2020. 4. 20.

고발사실의 추가

피고발인1·2는 중앙선거위원회의 사무총장, 전산실장으로서 2020. 4. 15. 전자개표기를 사용하여 제21대 국회의원 선거 결과를 집계함을 기화로 미래통합당 후보표 개표가 일정한 순서에 따라 한 장씩 더불어 민주당 후보표로 계산되

게 하는 방법으로 컴퓨터 프로그램을 조작하여 집계함으로써 미래통합당 후보표가 더불어민주당 후보의 득표로 집계되게 함으로써 투표수를 증감케 하였다.

첨부제출

증제4호증 전자개표 조작방법(조원룡 작성)
증제5호증 QR코드를 사용한 사전투표조작사례에 대하여

2020. 4. 27.

고발인1 공정선거국민연대 대표회장 양선엽
고발인2 자유당 대표 손상윤
고발인3 국가원로회 의장 장경순

대검찰청 귀중

*** 위 고발장의 핵심 쟁점은 결국 '왜 QR코드를 사용하였나?'로 귀결된다. 이에 대해서는 건국대 이용식 박사가 제시한 견해가 유력하므로 이를 아래에 참고로 인용하기로 한다.**

선관위가 징계와 처벌을 감수하면서까지 불법적인 QR코드 사용을 고집한 이유에 대해 의견이 분분하다. 위조투표지를 찾아내기 쉬워서라든가, 바코드보다 더욱 많은 정보를 담을 수 있다든가 하는 선관위가 내세운 핑계는 의혹을 잠재우기는커녕 오히려 선관위가 QR코드를 사용한 본래 목적이 QR코드를 이용해 위조투표지를 투입했거나, QR코드에 일련번호만이 아니라 개인정보까지 담지 않았나 하는 의혹을 불러일으켰을 뿐이다.

5월 28일 선관위의 네다바이 시연에서 담당과장은 QR코드를 이용한 이유는 집계를 빠르게 하고 개표를 빠르게 하는 데 필요하다고 말했으나, 그 자리에 동석한 선관위 사무총장 비서실장은 이와는 달리 "사실 이번에는 QR코드를 사용하지 않았다"고 말했다. 이 말은 QR코드를 이용한 개표조작을 하지 않았다는 말로 들린다.

많은 유튜버들이 주장하는 바대로 QR코드에는 숨겨진 정보가 들어 있겠지만, 조작자들이 QR코드를 고집했던 이유는 다른 데 있었던 것으로 보인다.

우선, 밑에 숫자가 보이는 바코드와 달리 QR코드에는 숫자가 보이지 않는다. 일련번호가 들어 있다고는 하나 보이지 않는다. 바코드였다면 마지막 투표자의 투표지 일련번호로 투표함 속 투표지 매수를 알 수 있었겠지만, QR코드를 사용하면 투표함에 몇 장이 들어 있는지 투표자들은 알 수가 없다. 즉, 투표지 매수를 감추기 위해 QR코드를 사용한 것으로 보인다.

두 번째, QR코드를 이용하면 전국 14,330곳 투표소의 모든 투표함 속에 있는 투표지 매수를 파악할 수 있고, 이를 이용해 투표함별로 필요한 위조투표지 투입 매수를 순식간에 계산해 낼 수 있어 위조투표지 투입을 이용한 선거조작이 쉬워진다.

세 번째, 일련번호나 바코드를 사용하면 위조투표지 투입이 쉽게 발각되지만, QR코드가 찍혀 있는 투표지는 위조 여부를 파악하기가 쉽지 않다. 특히 선거에 참여하지 않은 사람의 명의를 도용해서 위조투표지를 만들었다면 더더욱 위조 여부를 알기 어렵다. 이를 확인하기 위해서는 사전선거인명부를 확인해서 투표자 개개인의 인적사항을 확인해 봐야 하는데, 선관위에서 자료를 제출하지 않으면 확인할 길이 없기 때문이다.

실제로 선관위는 선거관리시스템 수립이란 명목으로 500만 명에 달하는 유권자의 인적 사항을 수집해 놓았는데, 여기에 어떤 사람들이 포함되어 있는지 알려져 있지 않다. 이번 사전투표에 위조투표지가 약 360만 장이 투입된 것으로 보이는데, 이들 선거관리시스템에 수록된 사람들의 명의가 도용된 것은 아닌지 확인이 필요하다.

생각해 볼 수 있는 것으로는 거주 불명자가 2018년 기준 33만 4,591명, 정신병원 입원자 8만 명, 교도소나 구치소에 수감되어 실제적으로 투표가 어려운 사람들도 5만 명 이상이다. 그 외에 80세 이상으로 거동이 불편한 사람도 195만 명가량이 된다. 또한 이번에는 우한폐렴 때문에 해외거주 국민 중 거의 절반에 가까운 17개국 8만여 명이 투표를 하지 못했기 때문에, 이들 명의로도 위조투표지 제작이 가능하였다. 이들을 합치면 250만 명이나 된다.

결국 선관위 선거관리시스템에 들어 있는 사람의 인적사항을 확인해 보는 것이 위조투표지 제작과정을 밝힐 수 있는 중요한 조치가 될 것이다.

〈첨부 2〉 〔5.18역사학회〕의 5.18사태 제40주년 성명서

5.18역사학회 성명서 (2020.5.18.)

5.18진실 재조명 없으면, 이 땅에 정치적 평화 없다.
-미래통합당과 미래한국당의 5.18 사죄해위, 경망스럽다.
-지만원 박사에 대한 대법원 명예훼손 판결은 부당하다.
-전두환 전 대통령에 대한 위법한 재판과 시민들의 모욕은 중단되어야 한다.
-반일종족주의 타파하고, 세월호 침몰 원인은 재조사해야 한다.

지난 4.15총선에서, 예상을 깨고, 문재인 대통령이 이끄는 여당인 좌익정당이 놀라운 차이로 압승했다. 압승의 원인을 두고 1) 코로나 지원금을 빙자한 표의 매수(買收), 2) 컴퓨터를 이용한 선거조작, 3) 소위 보수정당들의 부패와 무능이 거론되고 있다. 그런데 가장 중요한 것은 다수 유권자가 좌익정당을 지지하고 있다는 사실이라고 사료된다.

문재인 대통령과 좌익정당이 집권한 지난 3년 동안, 국가안보는 처참하게 해체되었고, 경제도 박살나고 있으며, 부정부패는 산더미처럼 쌓여 있다. 게다가 최근에, 중국 폐렴이 발생했는데도 중국 국경을 조기에 차단하지 않아 대략 250명이 죽었다. 그런데도 불구하고, 국민이 좌익정당에 표를 던지는 이유는 무엇일까? 문재인 대통령과 좌익정당의 거짓말이 먹히는 이유는 무엇일까? 변함없는 전라도 몰표의 원인은 무엇일까?

기본적으로 다수 국민들이, 소위 보수와 진보, 좌우, 영남과 호남이라는 편 가르기에 갇혀 있기 때문이다. 그래서 선거 때가 되면 무조건, 우리 편을 찍기 때문이다. 우리 편이 전혀 아닌데도 말이다.

이러한 편 가르기는 누가 만들었는가? 좌우, 보수, 진보를 망라한 기성 정치인들이 만든 것이다. 왜? 그것이 저들에게 편리하기 때문이다. 국민을 두 편으로 갈라놓으면, 그래서 상대측에 대한 적개심을 고취해 놓으면, 정치인들이 평소에 아무리 개판을 쳐도 선거 때가 되면 저들을 찍어주기 때문이다.

그런데 이와 같은 편 가르기를 공고하게 해주는 장치, 곧 분노를 강화하기 위한 도구가 있다. 바로 광주 5.18과 반일종족주의다. 최근에 세월호 침몰이 추가되었다.

역사 왜곡을 바로잡지 않고서는 국가와 국민 지킬 수 없다.

어둠의 자식들은, 지속적으로 역사를 왜곡하고, 푸닥거리를 통해서 분노를 증폭한다. 그러면서 마치 자신들에게 정당성이 있는 것처럼 대중을 세뇌한다. 그리고 누구든 진실을 파헤치려는 자가 있으면 사정없이 매도한다. 그런데 이를 저지하는 데에 앞장서야 할 정당들은 이를 방관하거나, 오히려 영합한다. 그래서 거짓이 이 사회를 짓누르고 있다. 그런데, 부패한 정치인들은 그렇다 치더라도 미디어와 지식인들, 오피니언 리더들도 하나같이 진실에 무관심하다. 오히려 비아냥거리는 자들도 있다.

거대한 음모, 세월호 침몰

해상 교통사고인 세월호 침몰을 두고, 말이 많다. 세월호 미스테리에 대해서, 조원룡 변호사가 작년 4월 16일에『거대한 음모, 세월호 침몰』이라는 책을 출판했는데, 조원룡 변호사는 이 책에서 세월호를 둘러싼 배경과 출항에서부터 사고수습까지의 전 과정을 심층 분석했다. 베스트셀러인 이 책을 읽다 보면 세월호 침몰은 어둠의 세력에 의해 기획된 침몰이라는 결론에 이르게 된다. 경천동지할 만한 폭로다. 그런데, 피해를 입은 당사자들도, 부패한 정치인들도, 미디어, 지식인, 오피니언 리더들도 모두 입을 처닫고 있다. 놀랍다.

반일(反日) 종족주의, 조상의 얼굴에 침을 뱉는

일제시대의 역사는 크게 왜곡되어 있는데, 2013년 7월, 박유하 교수가『제국의 위안부』라는 책에서 위안부들이 모두 강제로 끌려간 것은 아니라고 폭로하여, 큰 충격을 주었다. 박유하 교수는 이 일로, 지금까지 소송에 시달리고 있다. 그리고 2019년 7월에는 이승만 학당의 이영훈 교수와, 김낙년 교수, 김용삼 기자, 주익종 교수, 정안기 교수, 이우연 교수 등이 『반일 종족주의』라는 책에서, 일제시대의 역사가 거의 모두 왜곡되어 있음을 지적했다. 일제가 위안부를 모두 강제로 끌어갔다거나, 노동자를 강제로 끌어가서 임금도 주지 않았다거나, 청년과 학도를 군대에 마구 강제로 끌어갔다거나, 농지를 빼앗고 식량을 수탈했다는 등의 주장이 모조리 근거 없는 날조임을 논증했다. 나아가, 독도가 우리 땅이라는 주장도 근거가 빈약함을 논증하고, 독도를 이용해서 반일감정을 조장하는 것은 나라를 망치는 행위임을 설파했다. 무거운 주제이지만 『반일 종족주의』도 베스트셀러가 되었다. 그런데, 지식인들은 하나같이 입을 처닫고 있다.

5.18 북한군 폭동설은 과학이다.

광주5.18 북한군 폭동설은, 지만원 박사가 2008. 10. 20.에 출판한 연구서인 『수사기록으로 본 12.12와 5.18』(전4권)에 의해 최초로 학문적으로 논증되었다. 좌익들도 감히 부인하지 못하는, 정부 공식문서인 수사기록 10만 페이지를 분석한 결과, 5.18은 북한군이 아니고서는 설명할 수 없다는 결론에 이르렀다.
5.18 북한군 폭동설은 또, 김대령 박사가 2013. 5. 12.에 출판한 연구서인 『역사로서의 5.18』(전4권)에 의해서 다시 한 번 논증되었다. 광주5.18 측은 당시 광주에 떠돌던 문서들을 유네스코에 보내서, 문화유산으로 기념하도록 했다. 김대령 박사는, 유네스코에 소장되어 있는 5.18기록들을 분석한 결과, 지만원 박사와 마찬가지로, 5.18은 북한군 폭동이 아니고서는 성립할 수 없다는 결론에 이르렀다.

5.18 북한군 폭동설은 또, 2015. 5. 5.부터 약 15개월 동안 지만원 박사와 〈뉴스타운〉 손상윤 회장이 주도한, 소위 광수사진들에 의해서 다시 한 번 증명되었다. 5.18 당시에 광주에서 사진 찍힌 무장폭동 주역들을 남한에서는 전혀 찾을 수가 없는데, 놀랍게도 북한에서 거의 모두 찾을 수 있기 때문이다. 그렇다면 5.18은 북한군 게릴라들의 소행이라고 단정하지 않을 수 없다고 판단된다.

5.18이 북한군 폭동임을 뒷받침하는 다른 증거들도 널려 있다. 그래서 이제,

"광주5.18 북한군 폭동설은 과학이다."라고 말할 수 있다. 그런데 지만원 박사는, 훌륭한 연구에 대해 감사와 존경을 받기는커녕 사법부와 5.18폭력배들로부터 핍박을 받고 있다. 보수 미디어들로부터 외면받고 있다. 심지어 일부 보수 오피니언 리더들에 의해서 조롱을 받고 있다.

역사 왜곡을 바로잡지 않고서는 이 땅에 정치적 평화는 있을 수 없다. 국민이 역사적 진실을 바로 알지 못하면, 오늘 우리 앞에 벌어지고 있는 안보의 해체, 경제의 추락, 부정부패 등 무수한 사건들을 바른 시각으로 볼 수 없다. 진실과 정의는 사라지고, 거짓 선전과 적의가 있을 뿐이다. 결국 대한민국은 패망하고 말 것이다.

5.18 진실을 헷갈리게 하는 보수 논객들

소위 보수 진영에서, 5.18북한군 폭동설을 부정하는 논자들은 조갑제 기자·김진 기자·전원책 변호사·정규재 기자 등이다.

조갑제 기자의 주장의 요지는 두 가지다. 첫째는, 당시 DMZ와 모든 해안선은 철저히 경계되고 있어서, 적군이 절대로 침투할 수 없다는 것이다. 하지만 안보를 가장 중시했던 박정희 대통령 당시에도 DMZ와 해안선은 마구 뚫렸었다. 물샐 틈 없는 경계·철통같은 방위는 국군의 목표이며, 국민의 염원일 뿐이다.

둘째는, "내가 당시에 광주를 직접 둘러보았는데, 북한군은 없었다."이다. 그런데, 조갑제 기자 혼자서 넓은 광주시 모든 곳의 상황을 한꺼번에 관찰할 수 있는가? 불가능하다. 새벽에 폭도들이 20사단 지휘부차량을 습격하는 것과 아시아자동차 공장에서 장갑차를 탈취하는 것과 44개 무기고에서 무기를 탈취하는 것과 교도소를 공격하는 것 등을 보았나? 아니다. 그런데, 조갑제 기자는 자신이 마치 모든 상황을 본 것처럼 허황된 주장을 하고 있다. 그리고 간첩이 이마에 간첩이라고 써 붙이고 다니나? 북한군이 북한 군복을 입고 다니나? 보았다 해도 알 수 없는 것이다.

조갑제 기자는 지난 2월 15일 『조갑제의 광주사태, 40년 동안 다섯 가지 루머와 싸워 이긴 이야기』라는 책을 출판했다. 그런데 그 다섯 번째 이야기는 5.18 북한군 폭동설이다. 조갑제 기자가 5.18북한군 폭동설을 두고 지만원 박사와 싸운 적이 있나? 지만원 박사가 공개토론하자고 여러 차례 제안했지만, 일체 외면했다. 링에 올라오라는 지 박사를 피해 도망 다니고서, 어떻게 싸워 이겼다고 말을 할 수 있는가. 참으로 대담하다.

참고로, 조갑제 기자는 2006. 12. 21. "한미연합사는 해체되고 주한미군도 나가야 하며 한미공조도 타파해야 한다. 북한의 자주성은 평가돼야 한다."고 발언한 바 있다. 이후에도 같은 주장을 반복했다.

김진 기자는 북한군 폭동설은 언어도단이라며, 대규모 시민이 지켜봤고 대규모 국군이 있었고, 다수 국내외 기자들이 지켜봤는데, 북한군은 없었다는 것이다. 위장한 북한군을 무심코 보고서 그 정체를 알 수 있는가? 김진 기자는 또, 당시 시민군의 구호가, '북괴는 오판하지 말라.'였다고도 말한다. 간첩이나 게릴라들의 위장술과 선전술에 대한 이해가 전혀 없다.

전원책 변호사도 북한군 개입설은 말이 안 된다며, 왔다면 적발 못 했을 리가 없다며, 자신이 1980년 당시에 광주 상무대에서 훈련을 받던 중에 외박을 나와서 식당과 술집에서 여러 사람들과 이야기 해 보았는데, 아무도 북한군이 왔다고 말하지 않았다고 증언했다. 그러면서 탈북자들의 증언은 전문증거여서 증거가치가 없다고 평했다. 자신의 증언은 전문 아닌가.

정규재 기자, 북한군 없어도 5.18폭동이 설명 가능하다고

조갑제 기자가 5.18을 '광주시민들의 우발적인 민주항쟁'으로 보는 반면, 정규재 기자(〈팬앤마이크〉 대표이사)는 이를, '광주전라지역 강경 투쟁파에 의해 치밀하게 계획된 폭동'으로 보는 것으로 판단된다. 당시 박정희 대통령 서거 후의 정권 공백기에, 광주전라지역에서 DJ를 추종하는 일부, 폭력을 행사해서라도 정치적 지분을 차지하고자 하는 세력들이, 치밀하게 준비해서 일으킨 폭동이라고 보는 듯하다. 그러면서 지만원 박사의 북한군 폭동설을 강력 비판한다.

지만원 박사는, 광주에 북한군이 왔었다는 증거로, 시민군의 20사단 지휘부 차량 습격, 아시아자동차 차량 탈취, 장갑차 운전, 44개 무기고 무기 탈취, 교도소 습격 등을 들고 있다. 그런데, 정규재 기자는, 지만원 박사의 주장이, '광주 시민들이 저러지는 못했을 것이다는 가정'을 근거로 5.18을 북한군 폭동이라고 주장한다고 비판한다. 5.18북한군 폭동설은 가설에 근거한 것이므로 허구라는 것이다. 그러면서, 북한군이 없어도, '만일 광주의 예비군들이 사전에 치밀하게 기획했다면,' 20사단 지휘부 차량 습격, 아시아자동차 차량 탈취, 장갑차 운전, 무기고 무기탈취, 교도소 습격 등을 모두 할 수 있다는 것이다.

우리는 정규재 기자의 주장에 동의하지 않는다. 우선 정규재 기자의 '만일 사전에 치밀하게 기획했다면'이야말로 가설임을 지적하고자 한다. 지만원 박사는, 당시에 북한군이 광주전라지역 토착 간첩단과 동조자들의 '은밀한 지원'을 받았다는 것을 당연한 것으로 전제한다. 하지만 예컨대, 정규재 기자가 지적한 행위들은, 당시 상황에서 광주전라지역민들로서는 불가능했다는 것이다. 그런데, 정규재 기자의 가설이 맞다고 하더라도, 북한군이 없었다면 도저히 해석할 수 없는 증거들이 무수히 많다. 몇 가지 예를 들어본다.

북한군이 없었다면, 도저히 설명할 수 없는 것들

다음의 사실들은 5.18폭동의 주인공이 북한군이 아니라면, 도저히 설명할 수 없는 것들이다.

1) 5.18당시에 광주에서 찍힌 광수 사진들 중에, 소총을 북한식으로 거꾸로 매고 있는 자들이 있다.

2) 광수 사진 중에, 북한식의 걸음걸이를 보여주는 자가 있다.

3) 광수 사진 중에 교통정리를 하는 순경이 있다. 당시에 경찰이 모두 도망갔는데, 순경이 교통정리 하고 있을 수 있나, 이것은 분명한 쇼다. 광주전라인들이 폭동을 주도했다면 저런 부조화는 없었을 것이다.

4) 도청 앞에 모여 있는 군중 속에, 어린이들이 다수 끼어 앉아 있다. 광주전라인 부모라면 절대로 어린 아이를 저런 위험한 장소에 보내지 않았을 것이고, 데리고 가지도 않았을 것이다. 이 쇼는 남한 사정에 어두운 자가 기획한 것이다.

5) 광수 사진들과 북한 고위층 인물들을 짝지은 것 중에, 우리가 눈으로 보아도 동일인임을 인정하지 않을 수 없는 사진들이 다수 있다.

6) 1999년 5월 한 달 동안, 지상파 3사인 KBS, MBC, SBS가 광수 사진 속의 주인공 찾기 캠페인을 벌였는데, 단 한 사람도 나오지 않았다.

7) 2015. 10-2016. 3, 6개월간, 광주5.18 측에서 광수 사진의 주인공을 찾

는다며, 광주 번화가에서 광수 사진전을 벌였는데, 아무도 나타나지 않았다.

8) 당시에 연·고대생 600명이 광주에 왔다는 설이 파다했는데, 연고대생으로 보이는 청년들 다수가 한데 모여 쪼그리고 앉아 있는 사진이 있다. 그런데 그 사진의 주인공들이 단 한 명도 나타나지 않고 있다. 이들은 총을 들고 있지 않다. 그러므로 정규재 기자가 우려하는 바, 양심의 가책을 느낄 것도 없는데 말이다.

9) 5.18 직전에 광주 인근 여기저기에 수상한 청장년들이 다수 은거했다는 증언들이 무수히 많다. 그들이 광주전라지역민들이라면 수상한 사람들이라는 증언이 나오지 않았을 것이다.

10) 자동차를 타고 달려온 폭도들이 길을 몰라, 주민들에게 길을 물었다는 증언들이 많이 있다. 지역민들이라면 있을 수 없는 일이다.

11) 광주5.18 측은, 계엄군이 시민들 시체를 교도소 주변에 암매장했다고 주장하며, 수차례 땅을 팠는데, 아무 것도 나오지 않았다. 그런데 2014년 5월에 청주에서 유골 430구가 우연히 발굴되었다가 갑자기 사라졌다. 인권을 부르짖는 좌익들은 왜 아무 말이 없는가. 이 유골들은 5.18 당시에 광주에서 사살된 북한군 시체를 청주 야산으로 가져다가 가매장한 것으로 추정된다. 광주전라인들의 시체라면 절대로 청주로 가져가지 않았을 것이다.

12) 2017. 4. 19. 당시 윤장현 광주시장은, 광주시민은 광주교도소를 절대 습격하지 않았다고 증언했다. 공격한 자들이 유령이 아니라면 북한군이 했다고 보는 것이 타당하다.

이상 북한군이 없었다면 5.18을 설명할 수 없는 근거들을 열거해 보았는데, 이어서, 정규재 기자가 코메디라고 비웃는 광수 사진에 대해 고찰해 보고자 한다,

정규재 기자의 광수사진 조롱에 대한 비판

정규재 기자는, 지만원 박사가 발표한 노숙자 담요의 광수 사진 분석을, 정체불명자의 분석이며, 한국인 얼굴들이 비슷한데, 희미한 사진에 이리저리 줄을 긋고, 광수 사진 속의 이 사람이 북한의 누구다고 주장하고 있다고 힐난한다.

하지만 광수 사진에는 희미한 것들만 있는 것이 아니다. 초기에 짝을 지은 사진들 중에는, 눈으로 보아도 동일인임이 명백한 사진들이 많이 있다. 그런데, 컴퓨터가 이들을 엄청나게 많은 사진들 속에서 찾아낸 것이다. 얼굴인식 기술은 놀랄 만큼

정교하다. 그렇다면 사람 눈으로 보기에는 희미할지라도, 컴퓨터는 식별해낼 수도 있을 것이다. 그러므로 정규재 기자는, 정체불명자가 희미한 사진에 제멋대로 줄을 그었다고 비웃기 전에, 국가의 비용으로 국제적으로 신뢰받고 있는 전문가 집단에 검증을 요청해보자고 제안해야 마땅하다고 사료된다. 그렇지 않은가.

정규재 기자는 또, 광수 사진 속의 소위 황장엽이 바로 나다고 주장하는 사람이 실제로 나타났고, 소송에서 지만원 박사가 패소한 것이, 광수사진 분석을 믿을 수 없는 증거라고 주장했다. 그러자, 어떤 독자가, 그 사건을 판결했던 광주 판사가, 지만원 피고를 대리하는 변호사 앞에서는 원고의 증언이 위증임을 인정했으나, 판결문에서는 지만원 박사에게 손해배상금 8천2백만 원을 때린 사실을 모르느냐고 묻자, 정규재 기자는 이에 답하지 않고, 나는 광수를 믿지 않는다고만 말했다. 지성인답지 않다.

정규재 기자는 또 지만원 박사가 탈북시인 장진성을 광수로 지목한 것도 비웃었다. 지만원 박사에 의하면, 장진성의 한국 본명은 장철현이고, 북한 이름은 위철현이란다. 학력, 경력도 모두 위조했다고 한다. 그래도 우스운가? 그리고, 컴퓨터가 장진성을 지목했다는데, 유명인이니까 빼고 나머지만 발표해야 하나. 유명인은 의심하면 안 되는가?

정규재 기자는 또, 광수 주인공은 광주사태의 성질상 나올 수 없다고 주장한다. 당시에 정의감에 흥분해서 국군을 향해 총을 쏘고, 차를 몰고 공수부대에 돌진했지만, 나중에는 양심에 가책을 느끼게 되고, 사람을 죽였다는 자책감에 도저히 나타날 수 없다는 것이다.

그렇다면 지만원 박사에게 소송을 제기한 황장엽이란 자 등 4인은 왜 나타났나? 손해배상금 8천2백만 원 승소했는데, 또 나와야 할 것이 아닌가? 4인이 나타날 수 있다면 40명도, 400명도 나타날 수 있는 것이 아닌가. 또 인간은 다양한 것이다. 더구나 폭동 참가자 수가 수백 명이라면 다양한 반응이 있는 것이 정상이다. 그런데, 위증이 명백한 것으로 판단되는 4인 외에 아무도 나오지 않았다. 사진에는 총을 들지 않은 청년 무리도 있다, 그들은 왜 나서지 못하는가?

또 사진은 동네 사람들이나 친구들이 먼저 알아본다. 본인이 감추려 해도, 옆에서 말이 나온다. 그런데 아무런 말이 없다. 정규재 기자의 광수 사진 비난은 부당하다고 사료된다.

6가지 나라 걱정에 잠 못 이룬다는 정규재 기자

정규재 기자는, 만일 5.18에 북한군이 와서 활약했다면, 6가지 감당할 수 없는 문제에 봉착한다고 걱정을 한다. 그런데, 부수적인 것들을 과도하게 강조하면 본질을 호도할 수 있어, 위험하다. 왜 본질에 천착하지 않고, 부수적인 것들을 장황하게 걱정하는지 알 수 없다.

첫 번째 걱정은, 북한군 폭동설을 인정하면, 북한군이 신출귀몰하는 신의 군대가 된다는 것이다. 한미합동의 경비가 삼엄한데, 안개처럼 나타났다가 바람처럼 사라지는, 대대급 조직이 40여 개 무기고 습격하고 흔적도 없이 사라지는, 놀라운 능력의 군대가 된다는 것이다.

생각건대, 5.18이 나중에 한국정치에 미친 부수적인 영향을 평가하면 북한군의 작전은 대성공이지만, 당시 그들이 기도했던 목표인 폭력혁명은 실패했다. 신출귀몰하는 신의 군대가 아니다. 6.25 당시에 우리 특수부대 김동석 대령도 북한을 마음대로 드나들었다. 국군의 DMZ와 해안선의 경비는 국방부의 호언처럼 철통같은, 물샐틈없는 것이 전혀 아니다. 안보태세가 가장 튼튼했던 박정희 대통령 때에도 간첩과 공비들이 제멋대로 넘나들었다. 지금도 DMZ에서 녹크 귀순하고, 삼척 항구에 목선을 타고 온 북한인들이 상륙해서 공중전화를 걸기까지 했다.

특히 5.18 당시는 박정희 대통령 서거 후의 권력 공백기로 기강이 크게 해이해졌던 때였다. 또 당시 전라도는 정권에 대한 반감이 팽배해 있었다. 그래서 광주 전라지역에는 토착 간첩들과 동조자들이 더 많았을 것이다. 게다가 전라도 해안선은 복잡하다. 그래서 해안선을 이용한 침투와 탈출도 매우 용이했을 것으로 본다. 또 흔적도 없이 사라진 것이 아니고, 무수한 증거들을 남기고 갔다.

정규재 기자의 두 번째 걱정은, 김일성이 대단한 지도자가 된다는 것이다. 제갈

공명 같은 병법의 고수가 된다는 것이다. 쓸데없는 걱정이다. 김일성은 국제법을 어긴 전범이 된다.

세 번째 걱정은, 5.18에 북한군이 와서 활약했다면, 국군은 바보가 된다는 것이고, 네 번째는 전두환 전 대통령은 역적이 된다는 것이다. 과연 그런가? 본시 열 사람이 지켜도 한 도둑 못 막는다는 말이 있다. 국군은, 경계에 실패했지만, 사태를 성공적으로 수습했다. 국군과 전두환 장군은 바보가 아닌, 사태를 잘 수습한 영웅이다.

물론, 아직 풀리지 않은 미스터리들도 있다. 돌을 던지고 달아나는 청년들을 왜 무리하게 체포하도록 명령했는지, 왜 적은 인원으로 시가지를 거점 방어하도록 해서, 계엄군이 얻어맞도록 했는지, 의문이다. 폭동이 일어나, 경찰들이 파출소와 경찰서를 버리고 피신했다면, 군수산업인 아시아자동차의 경비를 강화해야 마땅한데, 왜 순순히 문을 열어주고, 장갑차를 내어주었는지도 의문이다. 각지의 예비군 무기고를 방치한 것도 의문이다. 나중에 많은 폭도들을 체포했는데, 왜 주동자를 한 명도 잡지 못했는지도 의문이다. 당시에 계엄군이 광주를 완전 포위한 것으로 알려졌지만, 광주 동편의 무등산으로 올라가는 무등산 옛길과 또 증심사와 원효사 간의 산악소로는 전혀 봉쇄되지 않았다. 전두환 정권은 당시에, 정치적 불안과 특히 광주전라지역 정서를 고려해서, 적극적인 수사를 하지 않은 것으로 추정된다.

다섯 번째 걱정은, 북한군 폭동을 인정하면 광주시민들은 저항권으로서 폭력을 행사한 적이 없는 것이 되고, 그래서 청구권이 없어지게 된다는 것이다. 아니, 부당한 청구권은 박탈해야 마땅한 것 아닌가, 그리고, 북한군 폭동설에 의하면 절대다수 광주전라도민은 폭동에 가담하지 않은 준법시민이 되게 된다. 광주전라도민은 꼭 폭도여야 하는가?

마지막 여섯 번째의 걱정은, 북으로 돌아간 광수들이 고위직에 올랐다는 것은 믿을 수 없다는 것이다. 북한군 특수부대라면 하층민이 분명한데, 북한은 철저한 계급사회인데, 계급을 뛰어넘는 것은 불가하다는 것이다. 그래서 광수는 코메디라는 것이다.

하지만 광수 1, 2, 3번이, 북한의 어떤 회의장의 앞줄에 나란히 앉아 있는데,

어쩌랴. 누구든 눈으로 보아도 동일인임이 분명한데, 어쩌랴. 특수부대원은 하층민이다는 상식은 철칙이 아니다. 또 북한은 김씨 왕조다, 왕이 원하면 불가능할 것도 없다.

핍박받는 5.18진실과 지만원 박사, 그리고 전두환 전 대통령

이상과 같이, 5.18진실이 소위 보수 오피니언 리더들로부터도 조롱을 받고 있는 것은, 여야 정권이 모두 5.18진실을 억압하기 때문이다. 진실을 밝히고, 국가를 보위하는 데 앞장서야 할 정부가, 오히려 앞장서서 진실을 짓밟고 있기 때문이다.

김영삼 대통령는 1995. 8. 1.부터 폭로되기 시작한 비자금 사건으로 자신이 정치적 곤경에 처하자, 이에서 탈피하기 위해서, 전두환 대통령을 좌익들에게 먹이로 던져 주었다. 그래서 1995.12.21. 국회에서 공소시효를 정지하는 특별법이 제정되었고, 1997년 대법에서 5.18폭동은 민주화운동으로 뒤집혔다. 전두환 대통령은 졸지에 살인자가 되었다. 국회의 특별법은 위헌이며, 대법원의 판결은 관심법에 의한 정치판결이었다.

2002.8.16.-17. 지만원 박사는 광주5.18에 북한군이 개입했다고 폭로하는 광고를 동아일보와 문화일보에 게재했다. 이 사건으로 2002.10.22. 지 박사는 광주검찰에 의해 광주로 끌려가면서 승용차 안에서 폭행당했다.

참고로, 2008.10.20. 광주5.18에 대한 최초의 연구서인 지만원 박사의 『수사기록으로 본 1212와 518, 전4권』이 출판되었다.

2010.7.9, 김동문 기자 등은 광주에서 5.18 진실을 밝히기 위한 기자회견을 하려다가 괴한들에게 폭행당했다.

2012.12.27. 대법원에서, 5.18에 대한 논의는 학문의 자유, 표현의 자유 등에 해당되어, 자유롭게 논의해도 된다고 판결했다. 그래서 2013.1월 초부터 종편에서 5.18진실찾기 토론이 봇물 터지듯 열렸다. 그러자, 박근혜 대통령의 비서실장인 정홍원, 국방장관 김관진, 방송위원회 등이 나서서 찬물을 끼얹었고, 방

송심의위원회 박만 위원장이 나서서 종편을 중징계했다. 대법원이 자유롭게 논의해도 된다고 판결한 지 반 년 만에 박근혜 정권이 헌법과 인권과 5.18진실을 유린하였다.

2013.6.10. 광주에서 올라온 5.18 관련자들이 종편 채널A에 몰려와서 유리창을 발로 차고, 철봉을 휘둘렀다.

2016.5.19. 지만원 박사는, 서울 중앙법원의 재판정에서 나오다가 광주에서 올라온 폭도들에게 집단 폭행당했다.

2018.3.13. 광주5.18측의 주동으로 5.18진상규명특별법이 제정되었고, 2018.9.14. 시행되었다. 이 법은 진실을 밝히기 위한 것이 아니고, 진실을 덮기 위한 악법이다. 여하튼 이종명 의원 등이 노력해서, 이 법에 5.18북한군 개입 여부도 규명해야 한다는 조항을 끼워 넣었다.

2018.12.13. 지만원 박사에 대한 광수 사진을 이유로 한 명예훼손 판결에서, 대법원은 원고 측의 위증에도 불구하고 지만원 박사에게 유죄를 선고했다. 손해배상금 8,200만 원을 지급하라고 명령했다.

2019.1.14. 자유한국당은, 5.18진상규명 조사위원회 구성을 위한 위원 추천에서, 5.18연구의 최고 권위자인 지만원 박사를 배제하기로 결정했다.

2019.2.8. 자유한국당 이종명 의원 등이 국회의원회관에서 지만원 박사와 함께 5.18 진상규명 공청회를 개최했고, 이를 이유로 자유한국당은 이종명 의원, 김진태 의원, 김순례 의원을 중징계했다.
2019.3. 방송심의위원회는 5.18에 대한 진상조사를 착수하기도 전에, 유튜브에 있는 5.18에 대한 동영상을 마구 삭제했다. 법적 근거도 없었다. 폭도들 사진은 소리 없이 사라졌다.

한편 전두환 전 대통령은 2017.4.3.『전두환 회고록』에서 헬기 사격이 없었다고 증언했고, 며칠 뒤인 4.27.에 광주검찰에 고소되었고, 2018.5.3. 광주법원에 불구속 기소되었다. 물론 헬기 사격이 없었지만, 여하튼 전두환 대통령은 주소지인 서울에서 재판을 받아야 마땅하다. 그런데 연로한 전 대통령을 광주로 끌어다 놓고, 교사들은 어린 학생들을 시켜서, “전두환 살인마”를 외치게 하였다.

2020. 4월부터는 전두환 대통령의 동상을 만들어 무릎을 꿇리고, 등 뒤로 수갑을 채우고, 목을 밧줄로 조르고, 주먹과 구둣발과 뽕망치로 전두환 전 대통령의 얼굴과 머리를 때리고 있다. 명예훼손을 주장하면서, 명예를 짓밟고 있다. 광주5.18이 추구한다는 민주화가 정녕 이런 것인가?

2020.5.12. 문재인 대통령은, 광주MBC 5.18특집 인터뷰에서, 개헌하게 되면 헌법에 5.18정신을 꼭 넣겠다고 약속했다. 문 대통령은 자신의 대선공약으로 5.18을 헌법 전문에 넣겠다고 약속한 바 있다. 개헌을 하겠다는 것도, 5.18 진상을 조사하기도 전에 헌법에 넣겠다고 다짐하는 것도 모두 망언이다.

2020.5.16. 미래통합당 주호영 대표는 2019.2.8.에 있었던 이종명, 김진태, 김순례 의원의 발언을 사과하고, 5.18단체들을 법정단체로 만드는 데 협조하겠다고 약속했다. 그리고 5월 18일, 광주를 찾아가서 사죄하겠다고 말했다. 5.18진상을 조사하기도 전에, 사죄 먼저 하겠다고 한다. 미래한국당 원유철 대표는 5.18기념식에 초대받지 못하자, 그래도 내려가서 몸으로 부딪쳐 보겠다고 말했다.

이상과 같은 폭력과 광기 앞에, 정의와 인권을 외치던 인간들은 말이 없다. 제5공화국 하에서 지위를 누리던 자들은 모두 꽁꽁 숨었다. 자유와 민주를 외치던 자들도 입을 굳게 처닫고 있다.

부패한 정치인들도 문제지만, 지식인들도 비겁하거나 사악해

국가와 국민을 지키려면, 정치가 바로서야 하고, 정치를 바로 세우려면 역사를 바로잡아야 한다. 이 땅에서 자식을 키우는 모든 국민들은, 나라 지키기에 나서야 한다. 5.18, 일제시대 역사 그리고 세월호에 대한 왜곡을 시정해야 한다. 시정을 촉구해야 한다. 그런데, 오늘 소위 보수 진영의 미디어와 학자들, 오피니언 리더들은, 위 3가지 중대한 문제에 대해서 모두 입을 처닫고 있다. 비겁하거나 사악하다고 사료된다. 핵심을 비껴가는 애국적 발언들은 쇼다.

전몰, 상이군경을 외면하는 사회는 반드시 패망한다.

우리는 오늘 5.18 제40주년을 맞아, 518 진실에 대해 국민 여러분의 관심을 촉구하면서, 마지막으로, 5.18 당시에 국가의 명을 받아 광주에 파견되어, 위험을 무릅쓰고 폭동을 진압한 계엄군 용사들을 기억하고자 한다. 그들은 모두 진정한 애국자들이며, 영웅들이다. 특별히 당시 전투 중에 다치거나 전사한 장병들과 가족 여러분들에게 위로와 감사와 존경을 표한다. 폭도들의 총에 맞았든, 아군 간의 오인으로 교전사 했든 모두 영웅이다. 그리고 이와 같은 영웅들과 유가족을 외면하고 있는 우리 사회의 위선과 비겁함을 엄중히 책망하는 바이다.

2020. 5. 18.

5.18역사학회
회장 조원룡, 변호사

김대령, Maryland 역사학과 졸, Fuller신학교 석사 및 박사(Ph.D.), 구국각성운동 대표
김수남, 정치학박사, 전)국방대학원 교수, 육사19기, 전남 광주고 졸
김영균, 법학박사, 전)대진대학교 공공인재법학과 교수
김영택, 육사총구국동지회 회장, 전군구국동지연합회 회장, 구국포럼 회장, 육사16기
김필수, 서울대 대학원 응용수학박사, 전남 광주숭일고 졸
박명규, 법학박사, 전)MBC-TV PD, 전)동아방송대 조교수, 전남 광주일고 졸
배종면, 의학박사, 제주대 의학전문대학원 예방의학과 교수
양동안, 한국학중앙연구원 명예교수, 『이 땅의 우익은 죽었는가?』 필자, 전남 순천고 졸
양정성, 화학박사, 경남대학교 화학과 명예교수
이상로, 경영학박사, 방송통신심의위원회 위원, 전)MBC-TV 기자 (파리특파원)
이상진, 경영학박사, 육사22기, 자유시민연대 공동대표
이용수, 전)국가공무원, 법학사
이용식, 의학박사, 건국대 의과대학 두경부외과 교수

이정휴, 법학박사, 전)동국대 법대 교수, 전남 순천고 졸
이주천, 역사학박사, 자유민주연구학회 회장, 전)원광대사학과 교수
조우석, 문화평론가, 전) 중앙일보 기자, 전) KBS이사회 이사
조원룡, 변호사, 서울법대 졸, 법무법인 광화 대표
지만원, 시스템공학박사, 육사22기, 시스템 클럽 대표, 500만야전군 의장
최인식, 시민운동가, 자유민주국민운동 대표, 법학사, 행정대학원 수료, 전북 김제 출신
최종원, 변리사, 육사32기, 5.18당시 계엄군 20사단 62연대 2중대장
하봉규, 정치학박사, 부경대 정치외교학부 교수
(가나다순)

〈첨부 3〉 〔나라지킴이고교연합〕의 성명서

■나라지킴이고교연합 성명서■

중앙선관위는 4·15총선의 부정의혹을 명쾌하게 해명하라!
미래통합당은 수수방관 말고 진실 규명에 앞장서라!
아무 반증 없이 선거부정의혹 제기를 비판하는 애국논객들은 자중하라!

자유민주국가에서 선거는 국민의 주권행사 절차로서 공정하게 실시되어야만 국민의 의사가 국정에 올바르게 반영된다. 그러나 이번 4·15총선은 개표종료 직후부터 수많은 단체·학자·국민들로부터 부정 의혹이 쏟아져, 한 달이 넘도록 각종 증거·증언·고발들이 이어지고 있다.

특히 사전투표 결과와 당일투표 결과와의 큰 차이를 비교하며 인위적 조작 없이는 불가능한 사례라는 국내외 통계전문가들의 분석이 잇따르며 의혹은 계속 증폭되고 있다. 그럼에도 중앙선관위는 적극적인 해명 없이 함구로 일관하고 있다. 투·개표 과정에 한 줌의 부끄러움도 없다면 선관위가 그 공정성과 투명성을 적극 입증함으로써 불신을 말끔히 해소할 수 있을 텐데 말이다.

통계전문가들은 현실적으로 도저히 일어날 수 없는 확률의, 똑같은 수치와 비율들이 여러 선거구에서 나타났다고 분석했으며 이 때문에 경합 후보의 당락이 뒤바뀐 선거구가 수십 곳이라는 의혹이 계속 달아오르고 있다. 외국의 통계학자까지 부정 가능성을 지적했다. 전자개표는 개표의 편리성과 신속성을 보장할 수는 있으나 컴퓨터 시스템을 통한 디지털 조작으로 선거결과의 조작 가능성까지 완전히 배제할 수는 없다.

더욱이 지난 대선에서의 드루킹 사건, 그리고 조작 가능성 때문에 우리가 수출한 전자개표 시스템이 해외에서 사용금지 결정이 내려진 사례 등으로 미루어 봐도 디지털 부정 가능성 논란은 쉽사리 수그러들기 어렵다. 최근에는 개표기 속에서 노트북 컴퓨터와 무선랜(LAN) 카드가 발견되었다는 주장도 나와 개표 과정에서 프로그램을 이용한 디지털 조작 가능성까지 거론되고 있다. 공직선거법

제161조 6항을 위반해 사전투표 용지에 QR코드를 인쇄해 넣은 것도 의심의 대상이다.

투표상자의 봉인이 훼손되고 서명이 변조된 사례 등이 곳곳에서 발견되는 가운데, 선관위 서버 임대업체에 대한 의혹·전직 중앙선관위 노조위원장의 증언·진위를 분간하기 어려운 개표부정과 관련한 양심고백 등이 줄을 잇고 있다. 참관인이 전자개표기 및 계수기에서 더불어민주당 후보 득표 칸에서 기표되지 않은 투표지나 다른 당 기표 투표지를 발견하기도 했다.

이런 사례들에 대한 고발이 이어지는 가운데 지난 4월29일 인천광역시 연수구 선관위가 판사의 보전처분 결정 집행을 거부하는 사태가 일어났다. 그 자리에는 신청인인 현역 국회의원·변호인·판사·선관위 직원 외에 언론과 일반 국민들까지 있었지만, 선관위 사무국장이 비례대표투표지의 인도를 거부함으로써 가장 중요한 증거자료인 투표지가 보전되지 못했다. 공직선거법에 따라 후보자가 신청한 보전처분 결정이 보장되지 않는다면 부정선거 의혹은 해명될 수 없을 뿐 아니라, 선관위는 공정선거를 주장할 자격이 없다.

일부 애국논객들은 이 같은 구체적인 의혹을 도외시하며 확실한 반증도 없이 “요즘 세상에 어떻게 부정선거가 가능하냐,” "개표과정에 부정이 개입될 여지가 전혀 없다"는 등의 막연한 주장으로 새로운 분란을 야기하고 있다. 패자의 품위를 지키자거나 부정선거 주장이 해프닝으로 끝날 경우의 후폭풍을 우려해서일 수도 있겠지만, 민주사회에서 선거 결과에 대한 의혹 제기는 패자의 부당한 ‘떼쓰기’가 아니라 국민에게 보장된 권리이다. 재검표 등 증거를 통해 의혹을 해소하는 것은 국가, 국민, 그리고 당선자들을 위해서도 바람직하다.

산처럼 쌓이는 의혹과 의문들을 무시하고, 선거부정 의혹을 제기하지 않는다면 민주주의의 요체인 공정선거 원칙은 영원히 사라질 수도 있다. 그럼에도 보수진영은 투·개표 부정을 놓고 찬반으로 갈려 서로 조롱하며 비방하고 있다. 만일 여야의 입장이 바뀌었다면 전국 방방곡곡에서 촛불이 줄을 잇고 폭동이 일어나지 않았을까?

정부가 투·개표 과정에서 제기된 숱한 의혹과 불신을 해소하지 못한다면 부정선거라는 불신은 계속 커질 수밖에 없다. 정부가 국민의 신뢰를 회복하고 사회의 분열을 수습할 수 있도록 아래와 같이 촉구한다.

1. 중앙선거관리위원회는 국민이 제기한 부정선거 의혹과 관련한 모든 증거자료들을 보존하고 적극적으로 의혹을 해명하라.

2. 검찰은 부정선거 의혹과 관련된 고발을 신속, 광범, 엄정하게 수사하라.

3. 여당과 야당은 당리당략이 아니라 자유민주주의 직접선거제도를 지키는 책무를 이행하는 차원에서 부정선거 의혹의 진실을 밝혀내라. 특히, 미래통합당이 앞장서라.

4. 부정선거 의혹은 우리뿐 아니라 전 세계가 주목하는 중차대한 사안이므로 정부가 앞장서서 공명정대하게 진실을 규명하라.

5. 제도권 언론과 선거부정의 가능성을 지레 부정하는 일부 애국논객들은 의혹이 조속하고 공정하게 규명될 수 있도록 중립적 자세를 유지하라.

2020년 5월 18일

나라지킴이고교연합

〈첨부 4〉 〔국민주권회복운동본부〕의 중앙선관위 시연에 대한 성명서

4.15총선 부정선거에 대한 수많은 의혹이 쏟아지는 가운데, 선거 관리를 총괄적으로 책임지고 있는 중앙선거관리위원회(이하, 중앙선관위)는 40여 일이 지났음에도 단 한 마디 사과 없이, 아무런 해명이나 반박도 하지 않았다. 그러다가 궁여지책으로 갑자기 내놓은 것이 중앙선관위의 시연 카드이다.

중앙선관위는 지난 5월 28일 오후 2시 대회의실에서, 부정선거의혹을 해소하겠다며 사전투표 및 개표 공개시연회를 열고 자체 통신망(서버 포함)의 보안 체계·사전투표 장비·투표지 분류기·심사계수기 등 선거 장비의 구성과 작동 원리 등에 대해 검증하는 과정을 거쳤다. 그 결과, 이번 4.15총선은 부정선거가 원천적으로 불가능하다는 점을 확인했다고 자평하고 있다.

그러나 이러한 중앙선관위의 이러한 셀프 검증 행위는 도저히 묵과할 수 없을 뿐더러, 다음의 이유로 승복할 수 없다.

첫째, 부정선거로 고발되어 있는 기관이 자신의 혐의를 덮기 위해 시연하는 건 엄연히 불법이다. 마치 범죄 혐의를 받고 있는 피의자가 한 달도 훨씬 지나 갑자기 나타나, 자신에게 유리한 증거를 들이대고 무죄라고 주장하는 것과 뭐가 다르단 말인가? 굳이 이를 검증하려면 공정하고 객관적인 기관이나 최고의 전문가가 참여해야지, 당사자인 선관위가 주도할 일이 아니다. 더욱이 이는 나아가 재판의 방해 행위로 볼 수밖에 없다.

둘째, 검정해야 할 장비나 자료가 선거 당일과 똑같은 상황에서 시뮬레이션 했다고 하나, 과연 실제 선거 때 사용했는지는 확인할 수 없다. 즉, 얼마든지 다른 장비나 자료로 대체할 개연성이 충분하다는 합리적 의심이 들 수밖에 없다.

셋째, 중앙선관위가 과연 국민들로부터 신뢰를 받을 수 있느냐에 대한 의문이다. 중앙선관위의 부실 관리가 여러 곳에서 드러난 정황에서 중앙선관위를 믿을 수 없다는 비판이 광범위하게 일고 있는 가운데, 중앙선관위는 검증을 통해 깨끗하게 치러진 선거라고 주장하지만 마치 콩으로 메주를 쑨다고 해도 많은 사람들이 믿지 않는 것이 현실이다. 그만큼 중앙선관위는 선거의 준비 단계부터 최종 개표에 이르기까지, 국민이 피부로 느끼는 공정성을 확보하며 국민에게 잘 알렸는지 되묻고 싶다.

위에서 밝힌 이유에서 보듯이, 이번 중앙선관위의 셀프 검증은 자신의 잘못이나 불법을 덮으려는 여론 호도용 원맨쇼이자 대국민 사기극이다. 따라서 〔국민주권회복운동본부〕는 중앙선관위가 검증을 통해 부정선거가 확실히 아니라는 주장하는 건 인정할 수 없다.

중앙선관위는 자체 검증을 통해 모든 부정선거 의혹을 해소했다고 단정하지 말고, 애국 시민단체가 제기하는 모든 의혹을 불식시키는 조치를 내놓아야 한다. 즉, 국민들로 하여금 부정선거가 아니라는 것을 믿을 수 있도록 애국 시민단체가 주도적으로 참여하는 제3의 객관적인 별도 기구를 구성해 철저히 조사하고, 그 결과를 국민들에게 발표하는 조치를 취해야 한다.

중앙선관위가 지금까지 나온 의혹을 명쾌하게 세부적으로 해명하지 못한다면, 〔국민주권회복운동본부〕는 여러 시민단체와 연합하여 철저한 사실 규명과 수사를 촉구하는 국민운동을 지속적으로 펼쳐나갈 것이다.

이러한 우리의 각오를 천명하는 것은, 민주주의 꽃인 선거에서 빼앗긴 주권을 회복함으로써 대한민국의 자유민주주의를 수호하기 위한 처절한 국민의 호소이자 최소한의 자기 방어인 것이다. 이러한 절규를 무시하거나 좌시한다면, 사즉생(死卽生)의 각오로 뭉쳐진 투쟁을 통한 국민적 저항과 준엄한 심판이 따를 것임을 경고하는 바이다.

2020년 5월 29일

〔국민주권회복운동본부〕 상임대표 조원룡

〈첨부 5〉 김종인의 중학교 동창생의 김종인 비판

---------- Forwarded message ---------
From: 최정규 〈jgchoi9999@naver.com〉
Date: Wed, May 13, 2020, 10:11 AM
Subject: [崔正珪 斷想] 나의 光州西中동창 김종인에게 한마디!
To: 남신우 〈sun@namnkp.com〉

[崔正珪 斷想] 나는 金鍾仁과 같이 光州西中을 1952년 봄에 입학, 1955년 봄 졸업했다. 그러니까 중학 동창이다. 그래서 한마디 하겠다. 김종인은 지난 3월 26일 황교안 대표의 제의를 수락, 미래통합당의 4.15총선 총괄선거대책위원장을 맡았다. 미래통합당의 4.15총선 최고책임자가 된 것이다. 지금 Youtube에서는, 총선 결과에 대해 국내 전문가들에 의한 전산개표조작 의혹과 부정선거 의혹의 합리적인 지적이 범람하고 있다. 미국의 저명한 세계적 선거분석전문가 Michigan대학의 Walter Mebane 교수도 2차에 걸쳐 4.15총선이 선거사기라고 발표하였다. 그러나 미래통합당이 사실상 부정선거 의혹으로 인한 최대 피해자인데도 거기에 대해 일체 공식적인 대응을 제대로 하지 못하고 있다. 최고책임자인 김종인이가 직무유기, 방치방기하고 있기 때문이라고 본다. 거기에 국내 방송·언론까지 역시 이러한 의혹에 대해 거의 무시외면하고 있는 것이 현실이다. 의혹해명 해결 없이 이대로 시간이 흘러가서, 이제 곧, 5월 30일이 되고, 지금의 당선자들이 21대 국회에 입성한다. 문제는 여기서 출발한다. 의혹 해명이나 해결 결과에 따라 당락이 반드시 뒤바뀔 일부 사람들, 즉 실질적인 낙선자가, 개표조작 등으로 당선자가 되어 버젓이 국회의원으로서 선서하고 국회의원이 된다는 그런 추측 예상도 가능하다고 생각한다. 이것은 간단한 문제가 아니다. 그야말로 대한민국의 법의 지배가 무너지는 웃지 못할 일이 벌어질 것이라고 본다. 의혹 규명이 되면, 낙선자가 될 사람들이 아직은 당선자가 되고, 그들이 입법 활동을 계속한다고 가정한다면, 있을 수 없는 일이 벌어지는 것 아니냐? 이러한 일이 벌어진다면, 그 책임은, 나는, 김종인과 정부 여당에게 있는 것 아니냐라고 본다. 일부 언론 등이 4.15선거는 여당이 압승, 야당이 참패했다고 말하지만, 일부 선거분석가들은, 조작의혹이 해소 해결되면, 오히려, 야당이 승

리, 여당이 패배한다는 분석도 나온다고 한다. 여야의 판세가 뒤바뀔 수 있다는 말이다. 그렇다면, 내가 만약, 김종인이라고 한다면, 나는, 총괄선거대책위원장, 즉 최고책임자로서, 당당히 정부여당에게, 부정선거 의혹규명을 요구 선언하고, 내가 승리한 투명한 총선 결과를 내놓으라고 당차게 요구해야 마땅하다고 생각한다. 당연히 승리한 총선 결과를, 바보처럼 정부여당의 견강부회와 압승 주장을 무언과 무대응으로 의혹 투성이의 압승을 인정하는 그런 모습에서 벗어나지 못하고 있다면, 그것은 최고책임자로서의 책무를 유기하고 국민에게 큰 죄를 짓는 것이라고 본다. 마땅히, 선거부정 의혹을 공식선언하고 개표조작 의혹의 해소와 시정복구 내지는 재선거 실시를 요구해야 마땅하다고 생각한다. 정부여당도 그런 의혹을 등에 지고 21대 국회를 개원해서는 안 될 일이라고 생각한다. 김종인은 5월 30일이 오기 전에 반드시 이러한 정당한 국민적 요구를 정부여당에게 하는 것이 총괄선거대책위원장으로서 해야 할 마지막의 책무라고 나는 확신한다. 김종인은 국민에게 미래통합당의 총괄선거대책위원장으로서 총선 마무리책임을 결코 망각해서는 절대로 안 될 일이라고 확신한다. 2020-05-13, jgchoi 作成

왜 사전투표가 승부를 갈랐나?

지은이 | 조원룡·한성천
만든곳 | 도서출판 광화
(등록 제2019-000196호 2019.8.29)

만든날 | 2020년 6월 17일
펴낸날 | 2020년 6월 27일

주소 | 서울시 서초구 서초대로51길 25 로펌타워 501호
전화 | 02-594-5670
팩스 | 02-594-5671
이메일 | gwanghwa731@gmail.com

공급처 | 031-915-6900
홈페이지 | www.bookmanager.co.kr

ISBN 979-11-89903-07-7

이 도서의 국립도서관 출판사도서목록(CIP)은 서지정보유통지원시스템 홈페이지(http://seoji.nl.go.kr)와 국가자료종합목록시스템(http://www.nl.go.kr/kolisnet)에서 이용하실 수 있습니다.
(CIP제어번호 : CIP2020025338)